DIESES Buch GEHÖRT

. . . .

DER MENSCH

oder Das Wunder unseres Körpers
und seiner Billionen Bewohner

Für Saar, Louise und Bibi

Jan Paul Schutten

Der Mensch
oder Das Wunder unseres Körpers
und seiner Billionen Bewohner

— Illustriert von Floor Rieder —

Aus dem Niederländischen von
Verena Kiefer

 GERSTENBERG

Bereits erschienen:

Jan Paul Schutten · Floor Rieder
Evolution oder Das Rätsel von allem, was lebt
ISBN 978-3-8369-5797-7

Wir danken dem Nederlands Letterenfonds für die Förderung
der Produktion und der Übersetzung ins Deutsche.

N ederlands
l etterenfonds
dutch foundation
for literature

1. Auflage 2016

Übersetzung: Verena Kiefer
Druck und Bindung: Livonia Print, Riga
Printed in Latvia
www.gerstenberg-verlag.de
ISBN 978-3-8369-5910-0

INHALT

TEIL 9:
RENNEN, SPRINGEN, FLIEGEN, TAUCHEN, FALLEN, AUFSTEHEN, WEITERMACHEN

TEIL 10:
ÜBERLEBEN

BEVOR ES LOSGEHT

EIN GANZES BUCH ÜBER DICH

WARUM WISSENSCHAFTLER WICHTIGTUER SIND

Dein Körper ist eine unglaublich komplizierte Maschine. Daher wissen wir erst seit einigen Jahrzehnten, wie manche Körperteile tatsächlich funktionieren. Das verdanken wir der Medizin. Mediziner sind richtig gut darin, zu entdecken, wie unser Körper gebaut ist – aber sie sind auch gewaltige Wichtigtuer. Sie müssen nämlich unbedingt für alles ein schwieriges Wort benutzen. Du hast also keinen Po oder einen Hintern, sondern einen »gluteus«. Deine Nase ist ein »nasus«, dein großer Zeh ein »hallux«. Und die Mediziner haben sich noch viel mehr solche komplizierten Begriffe aus den »digiti«, äh Fingern, gesogen.

Natürlich werde ich diese Begriffe möglichst selten benutzen, aber für manche Dinge gibt es noch gar kein einfaches Wort, wie zum Beispiel für »Mitochondrien«, »extrazelluläre Matrix« oder »endoplasmatisches Retikulum«. Die findest du dann zwar auch im Text, doch die brauchst du dir zum Glück nicht zu merken. Auch Floor, die dieses Buch illustriert hat, ist ganz verrückt auf schwierige Begriffe. Deswegen findest du in den Zeichnungen besonders viele davon. Die brauchst du dir schon gar nicht zu merken, denn oft kommen sie im Text überhaupt nicht vor! Und wenn du wirklich wissen willst, was denn noch mal ein Ribosom war oder eine Aminosäure, kannst du hinten im Register nachschlagen, wo das Wort zum ersten Mal im Text stand. Dort findest du dann die Erklärung. Und sonst liest du einfach weiter. Das Wichtigste ist, dass du in diesem Buch entdeckst, wie dein Körper funktioniert, wie genial er konstruiert ist und wie du gesund und fit bleibst. Denn du hast ja keine Ahnung, wie besonders du bist. Noch nicht. Aber das wirst du bald merken.

WARUM DU EIN BUCH ÜBER DICH VERDIENST

Es gibt ein Buch, das heißt: *Einsteins Hund. Relativitätstheorie (nicht nur) für Vierbeiner.* Oder eins mit dem Titel: *Begegnung mit dem Serienmörder. Jetzt sprechen die Opfer.* Und was hältst du hiervon: *Wie man im Wald sch... Basiswissen für draußen.* Diese Titel gibt es wirklich, und wenn du im Internet surfst, findest du bestimmt noch viel seltsamere Themen und Bücher. Aber zum Glück ist jetzt auch dieses Buch erschienen mit dem besten Thema, das es je gab, denn es handelt von ... dir. Und das wurde auch Zeit. Denn natürlich verdienst du ein Buch über dich. Genauer gesagt, über deinen Körper: Wie ist er gebaut und warum macht er die Dinge, die er macht?

Die Wissenschaft, die sich mit dem Aufbau des Körpers befasst, heißt »Anatomie«. »Aná« ist altgriechisch für »offen« und »tomé« bedeutet »Schnitt«. Aufschneiden also. Mach dir keine Sorgen – mit ziemlicher Sicherheit bleibst du dabei heile. Du wirst zwar durch eine deiner Zellen reisen und hier und da ist von jeder Menge Blut die Rede, aber dir wird dabei nichts geschehen.

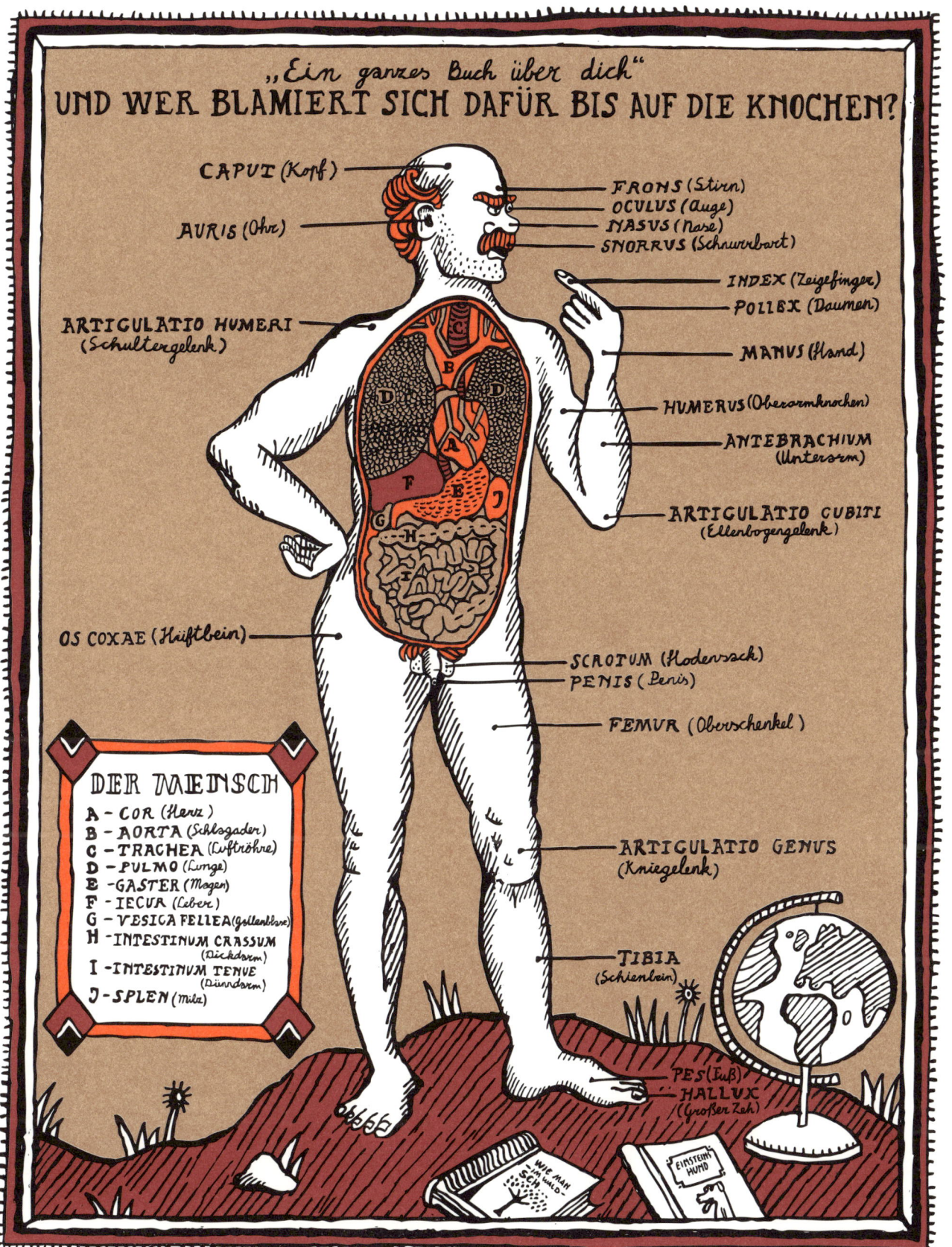

„Ein ganzes Buch über dich"
UND WER BLAMIERT SICH DAFÜR BIS AUF DIE KNOCHEN?

CAPUT (Kopf)

FRONS (Stirn)
OCULUS (Auge)
NASUS (Nase)
SNORRUS (Schnurrbart)

AURIS (Ohr)

INDEX (Zeigefinger)
POLLEX (Daumen)

ARTICULATIO HUMERI
(Schultergelenk)

MANUS (Hand)

HUMERUS (Oberarmknochen)

ANTEBRACHIUM
(Unterarm)

ARTICULATIO CUBITI
(Ellenbogengelenk)

OS COXAE (Hüftbein)

SCROTUM (Hodensack)
PENIS (Penis)

FEMUR (Oberschenkel)

DER MENSCH
A – COR (Herz)
B – AORTA (Schlagader)
C – TRACHEA (Luftröhre)
D – PULMO (Lunge)
E – GASTER (Magen)
F – IECUR (Leber)
G – VESICA FELLEA (Gallenblase)
H – INTESTINUM CRASSUM
(Dickdarm)
I – INTESTINUM TENUE
(Dünndarm)
J – SPLEN (Milz)

ARTICULATIO GENUS
(Kniegelenk)

TIBIA
(Schienbein)

PES (Fuß)
HALLUX
(Großer Zeh)

DAS RENNEN DEINES LEBENS

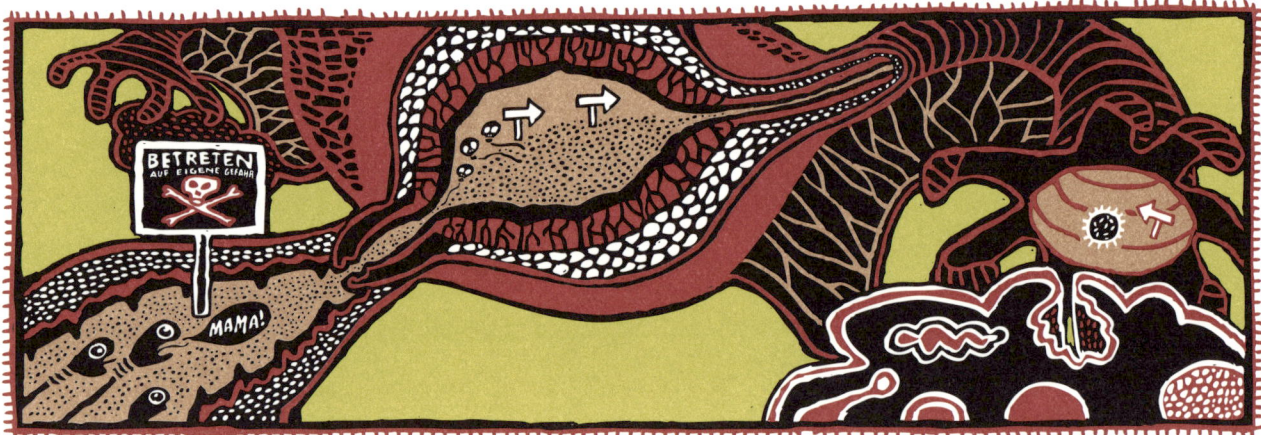

WARUM DU EIN GLÜCKSPILZ BIST

Manchmal geht so ziemlich alles schief und du hast das Gefühl, dass du alles falsch machst, dass die anderen viel besser und schlauer sind und nur du nie Glück hast. Vergiss es, nichts davon stimmt. Du bist ein Gewinner! Und das hast du auch schon einmal unter Beweis gestellt. Denn du warst der Schnellste und Beste in einem Wettbewerb mit Millionen anderen. Außerdem hast du sehr viel Glück gehabt. Lies den Wettkampfbericht von damals. Es ist das Rennen, aus dem du entstanden bist:

»Willkommen beim schwierigsten Wettbewerb deines Lebens. Du wirst gegen 300 Millionen Konkurrenten antreten. Und nur der Gewinner überlebt. Das sind nicht die einzigen schlechten Nachrichten: Meistens gibt es keinen einzigen Teilnehmer, der diesen Wettkampf lebend übersteht. Aber wenn du geboren werden willst, bleibt dir nichts anderes übrig, als mitzumachen. Also auf die Plätze, fertig …? Los! Huch? Was geht denn hier ab? Keiner weiß, wohin! Es ist ein einziges großes Chaos. Nirgends ein Wegweiser. Aber keine Zeit für eine Beschwerde bei der Wettkampfleitung, du musst weiter! Was für ein Schlachtfeld! Die Umgebung ist so gefährlich, dass

99 Prozent deiner Konkurrenten von Anfang an schon so gut wie keine Chance haben. Das heißt, dass nur noch etwa drei Millionen Kandidaten für die zweite Runde übrigbleiben. Und natürlich ist die um einiges schwerer. Mittlerweile bist du nämlich nicht nur in einer Art Labyrinth, sondern kannst auch jeden Moment entdeckt und vernichtet werden …

WARUM DU EIN SIEGER BIST

Nicht nur Schnelligkeit und Geschicklichkeit spielen eine Rolle, sondern auch Glück. Nach links abbiegen oder nach rechts? Es geht um Leben oder Tod! Zum Glück hast du dich richtig entschieden. Mit noch etwa einer Million anderer Kandidaten.
Jetzt kann sich keiner mehr verirren. Der Endspurt entscheidet. Alles dreht sich um Schnelligkeit, Durchhaltevermögen und den ersten Platz. Der zweite zählt nicht. Zweiter werden ist genauso tödlich wie Letzter sein. Zurzeit hast du eine Spitzengeschwindigkeit von gut vier Millimetern pro Minute. Pass nur auf, dass du nicht aus der Kurve fliegst! Du gibst noch mal Gas und … klappt es? Und? Ja! Du hast gewonnen! Du hast 300 Millionen Artgenossen geschlagen! Du hast die Chance, geboren zu werden. Herzlichen Glückwunsch!«

Du hast natürlich längst durchschaut, dass es bei diesem Rennen um den Weg ging, den die Samenzelle deines Vaters zur Eizelle deiner Mutter zurückgelegt hat. Eigentlich ist das nur die halbe Geschichte. Du warst die Samenzelle, aber nicht nur die. Du warst auch die Eizelle. Denn die gehört genauso zu dir. Und die gab es sogar schon vor der Geburt deiner Mutter, gemeinsam mit etwa zwei Millionen anderen Eizellen. Jeden Monat kann nur eine einzige Zelle heranreifen. Die Wahrscheinlichkeit, dass ausgerechnet diese eine Eizelle und die eine Samenzelle, aus denen du entstanden bist, zueinanderfinden, ist unvorstellbar klein. Kleiner als die Wahrscheinlichkeit, gleichzeitig Schwimmweltmeister und Lottokönig zu werden.

Und trotzdem hast du es geschafft!
Das ist übrigens noch gar nichts verglichen mit den anderen Gründen, weshalb du so besonders bist. Denn es gibt noch viel über dich zu erzählen. Über kleinste Teilchen in deinem Körper. Über Körperteile, die du einfach mit bloßem Auge sehen kannst, wie äh ... dein Auge zum Beispiel. Aber auch über einzelne Teile, bei denen du kaum fassen kannst, wie groß sie sind, und die dennoch in deinen Körper passen. Lies also einfach schnell weiter und entdecke, wie wahnsinnig erfinderisch du konstruiert bist. Denn geboren werden ist schon eine tolle Leistung, aber am Leben bleiben ist noch viel großartiger.

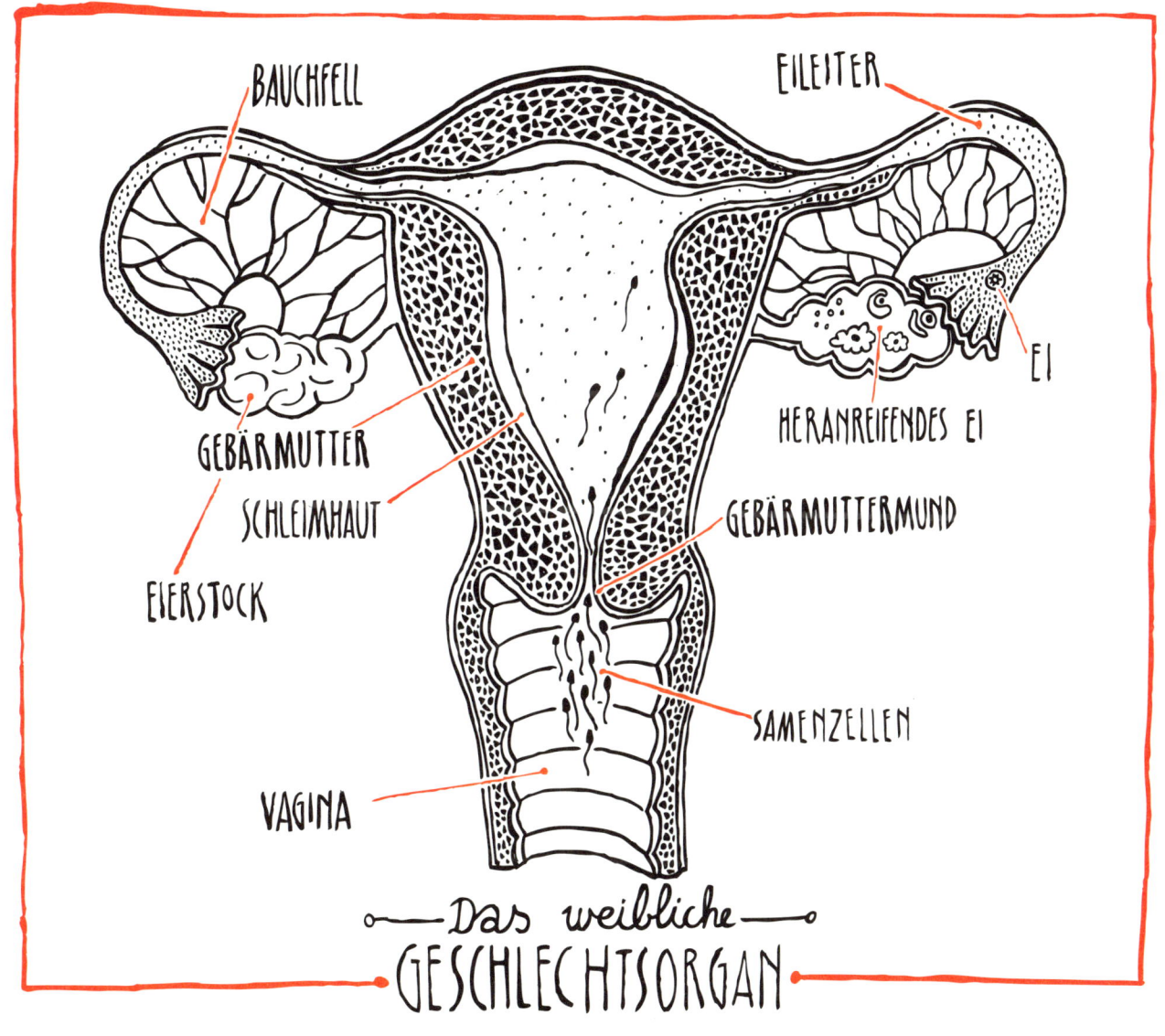

BAUCHFELL

EILEITER

GEBÄRMUTTER

HERANREIFENDES EI

EI

SCHLEIMHAUT

GEBÄRMUTTERMUND

EIERSTOCK

SAMENZELLEN

VAGINA

Das weibliche GESCHLECHTSORGAN

EINE AMEISE IST KEINE AMEISE

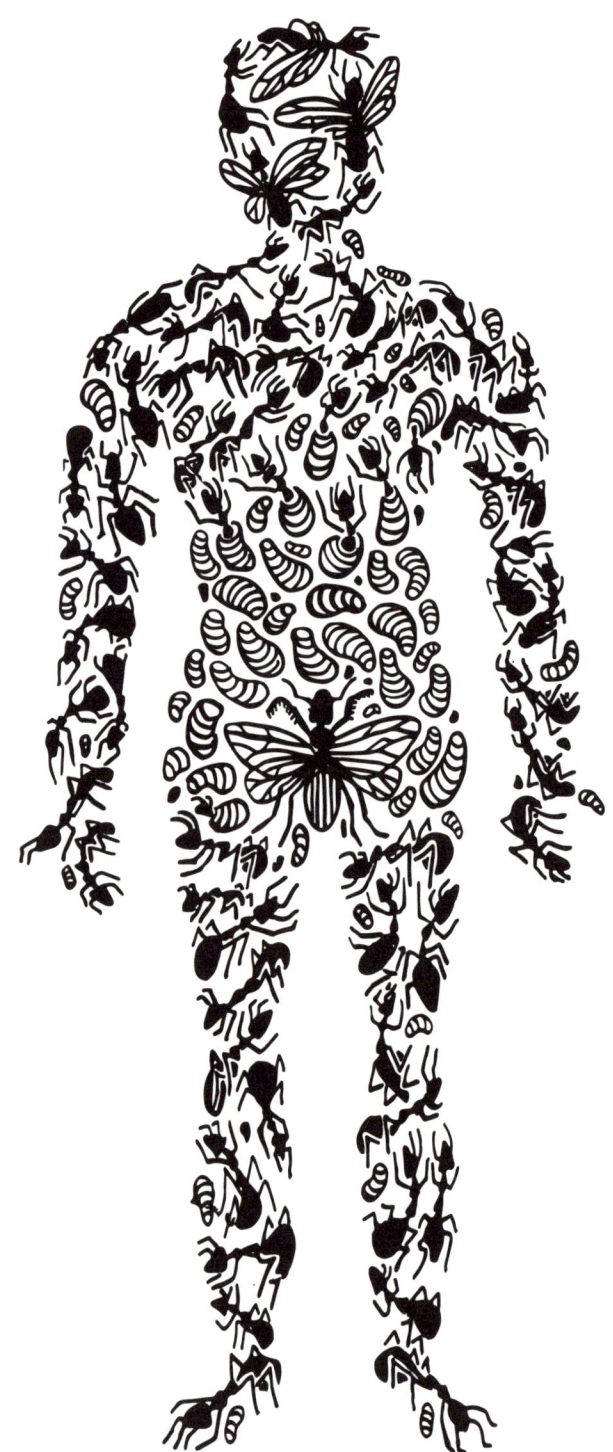

WARUM EINE QUALLE EIGENTLICH EINE GANZE KOLONIE VON QUALLEN IST

Hast du schon mal einen Ameisenhügel im Wald gesehen, mit Hunderten von Ameisen? So ein Bau ist wie ein großes Königreich oder ein Staat. Oft ist er ein kompliziertes Bauwerk aus Gängen und Räumen. Ganz und gar selbst errichtet von den Ameisen. Das geht natürlich nur, wenn die Ameisen zusammen-arbeiten. Eine Ameise allein kann wenig, aber gemeinsam sind sie unschlagbar. Mit ein wenig Fantasie könnte man all diese Ameisen als *einen* Körper sehen. Dann wären die für das Sammeln der Nahrung zuständigen Kundschafter Augen und Ohren, Mund und Nase des Körpers. Die Königin, die nicht viel anderes macht, als Eier zu legen, wäre dann das Fortpflanzungsorgan. Und die Arbeiterinnen, die den Hügel bauen, die Hände und Arme.

Und hast du schon mal etwas von einer Portugiesi-schen Galeere gehört? Die kommt weder aus Por-tugal, noch ist sie eine echte Galeere. Man hätte sie genauso gut »Schwedischer Küchentisch« nennen können, aber in Wirklichkeit ist sie eine Qualle. Nein, sie *sieht aus wie* eine Qualle. Man sieht *ein* Tier, aber eigentlich ist es eine ganze Kolonie von Polypen. Das sind kleine Hohltiere. Eine Portugiesische Galeere setzt sich aus Hunderten dieser Polypen zusammen. Ein einzelner Polyp bildet die sackförmige Gasblase, die für den Auftrieb sorgt und als Segel dient, damit das Schiff auf dem Ozean vorankommt. Andere Polypen bilden die giftigen Fangfäden oder Tentakel, die allerlei Beutetiere ausschalten, etwa kleine Fische. Der Magen und die Eingeweide bestehen aus wiede-rum anderen Polypen, und dann gibt es noch welche, die dafür sorgen, dass neue Polypen entstehen. Kleine Polypen, die allein nicht überlebensfähig sind, aber gemeinsam erfolgreich: als Portugiesische Galeere. Aber was ist das jetzt? *Ein* Tier oder viele?

WARUM DU NIE ALLEIN BIST

Aber reden wir doch mal von dir, denn darum geht es hier schließlich. Bist du denn eigentlich nur *ein* »Du«? Oder bist du eine Ansammlung von Körperteilen? Eine Menge aus Armen, Beinen, einem Gehirn, Nieren, einem Magen, einem Herz und einer Leber ... Und diese Körperteile selbst bestehen auch wieder aus kleineren Einzelteilen wie Muskeln, Blutgefäßen, Knochen und anderem Gewebe, die sich ihrerseits aus noch kleineren Teilen zusammensetzen: aus lebenden Zellen.

Der Körper eines durchschnittlichen Erwachsenen besteht aus ungefähr 37 Billionen Zellen. Deiner hat vielleicht gut 20 Billionen. Eine einzige dieser Zellen kann noch weniger als eine Ameise oder ein Polyp allein. Daher kannst du auch keine einzelne Zelle in deinem Körper spüren oder sehen. Immerzu sterben

Zellen in deinem Körper und ständig werden neue gebildet. Und doch sind sie alle zusammen »du«. Allein rund 86 Milliarden Nervenzellen im Gehirn sorgen für deine Gedanken, dein Gedächtnis und deine Gefühle. Würden diese Zellen nicht zusammenarbeiten, hättest du schätzungsweise so viele Gedanken und Gefühle wie ein Blumenkohl.

Und dann hast du noch etwa hundert Billionen Bewohner in und auf deinem Körper. Ja, wirklich, du hast mehr lebende Wesen in und auf dem Körper als Zellen, die deinen Körper bilden! Das sind die winzigen Bakterien auf deiner Haut, in deinem Mund und im Darm. Sie gehören zu dir. Und sie verrichten oft genauso nützliche Arbeit wie eine durchschnittliche Nerven- oder Blutzelle. Jetzt wird dir schon ein wenig klarer, warum du so etwas Besonderes bist. Aber nach dem nächsten Kapitel fällst du bestimmt vor lauter Staunen vom Stuhl ...

UPS! SORRY!

Tja, das hatte ich doch glatt vergessen. Wenn du Auto fahren willst, musst du erst die Verkehrsregeln kennen. Das gilt auch für das nächste Kapitel: Um das lesen zu können, brauchst du bestimmte Vorkenntnisse. Die vermittle ich dir jetzt in einem Schnellkurs Chemie und Biologie. Auch ganz interessant. Und danach wird es *wirklich* nett. Versprochen!

Hast du dich mal gefragt, woraus du eigentlich gemacht bist? Jeden Monat wirst du ein Stückchen größer. Deine Haare und Nägel wachsen. Deine Knochen werden länger. Du bekommst mehr und längere Muskeln. Aber woher kommt dieses Zusatzmaterial? Aus deinem Essen natürlich. Trotzdem – in aller Regel isst du keine Nägel, Haare oder Knochen. Alles, was du isst, besteht aus Teilchen, die in deinem Körper zerlegt und dann neu zusammengesetzt werden als Knochen, Muskeln oder Haare. Logisch, oder? Die wichtigsten Bausteine sind die Eiweiße. Sie stecken in Lebensmitteln wie Fleisch, Fisch,

Milchprodukten und Hülsenfrüchten, zum Beispiel Bohnen. Du brauchst diese Bausteine übrigens gar nicht erst auf deinem Teller zu suchen, denn oft sind sie nur ein Millionstel von einem Millimeter groß.

WARUM DU AUS WASSERSTOFF EINE BOMBE BAUEN KANNST UND AUS WASSER NICHT

Die Eiweiße selbst bestehen aus noch kleineren Bausteinen, den Aminosäuren. Ein Eiweiß setzt sich oft aus tausend Aminosäuren zusammen. Aber es können auch leicht hunderttausend sein. Und es kann passieren, dass ein Eiweiß in deinem Körper zu Aminosäuren abgebaut und anschließend zu einem anderen Eiweiß umgebaut wird.

Die Aminosäuren ihrerseits bestehen auch wieder aus kleineren Bausteinen. Sie sind aus Molekülen hergestellt. Moleküle sind die kleinsten Teile eines Stoffs, die alle Eigenschaften dieses Stoffs aufweisen.

Ein Wassermolekül verhält sich also wie Wasser und ein Sauerstoffmolekül wie Sauerstoff. Aber sobald man die Moleküle auseinandernimmt, ändert sich das. Sie bestehen nämlich aus wiederum kleineren Teilchen, den Atomen. Ein Wassermolekül setzt sich aus zwei Wasserstoffatomen und einem Sauerstoffatom zusammen. Wasserstoff ist damit etwas vollkommen anderes als Wasser. So ist ein Glas Wasser köstlich, wenn du Durst hast, aber ein Gläschen Wasserstoff käme dir eher gelegen, wenn du eine Bombe bauen wolltest ...

Ein Erwachsener besteht aus ca. 18 Kilogramm Kohlenstoff, einem großen Marmeladenglas voller Stickstoff, 50 Liter Wasser, dem Phosphor, das man von etwa 2000 Streichhölzern abschaben kann, einem Eisennagel und außerdem aus etwa zwanzig weiteren Stoffen, die in keinem Chemiesaal fehlen. Aber es ist ganz schön schwierig, diese Stoffe zusammen zum Leben zu erwecken, während ein Mensch vor Leben nur so sprüht. Und wie kommt das? Weil es in unseren Zellen vor Leben brodelt. Du wirst schon sehen!

— TEIL 1 —

DAS WUNDER DEINER ZELLEN

IN DER FLÜSSIGKEIT ZWISCHEN DEN ZELLEN

WARUM KEINE ZELLE WIE DIE ANDERE IST

Wenn du mal annimmst, deine Zellen wären Lego-steine, dann könntest du dich aus etwa zweihundert verschiedenen Steinen bauen. Diese Zellen unter-scheiden sich untereinander sehr. Eine Nervenzelle kann zum Beispiel gut einen Meter lang sein. Sie ist nur so extrem dünn, dass du sie doch nicht mit blo-ßem Auge sehen kannst. Muskelzellen sind manchmal ein paar Zentimeter lang und auch sehr dünn. Aber eine durchschnittliche Zelle ist nur ein Fünfzigstel bis zu einem Hundertstel Millimeter groß.

In alten Büchern über den menschlichen Körper ist das Kapitel über Zellen oft ziemlich langweilig und vieles ist falsch. Früher konnten wir Zellen noch nicht so gründlich untersuchen, weil die Mikroskope nicht so gut waren. Dank der heutigen Technik wissen wir genau, was in einer Zelle passiert: viel. Unvorstellbar viel. Jetzt könnte ich zwar beschreiben, wie eine Zelle aussieht, aber es macht viel mehr Spaß, wenn du es selbst erlebst. Begeben wir uns also auf eine Reise durch eine Zelle in deinem Körper.

WARUM DEINE ZELLE WÄCHTER BRAUCHT

Stell dir vor, du hättest einen Taucheranzug an und würdest in einer Schrumpfmaschine zu einem Tausendstel Millimeter verkleinert. Du bist jetzt so klein, dass ein Kopfhaar so breit ist wie ein großer Fluss, dessen Ende so weit weg scheint, dass du es nicht mehr sehen kannst. Stell dir dann noch vor, dass du mit einer Injektionsnadel in deinen eigenen Arm gespritzt wirst. Und dann passiert Folgendes …

Willkommen in deinem Körper! Jetzt bist du sicher froh um deinen Taucheranzug, denn das ist eine ziemlich nasse Angelegenheit. Hoffentlich kannst du schwimmen!

Diese Flüssigkeit zwischen deinen Zellen heißt »interzelluläre Flüssigkeit«. Das ist einfach ein schwieriger Begriff für ... nun ja ... äh, »Flüssigkeit zwischen den Zellen«. Aber diese Kügelchen, die du überall herumtreiben siehst, das sind die Zellen. Sie sind ungefähr zehnmal größer als du jetzt. Und siehst du die Ästchen an der Außenwand jeder Zelle? Das sind Rezeptoreiweiße. Die sorgen dafür, dass wichtige Stoffe in die Zelle gelangen. Das geht nur über die Rezeptoreiweiße, denn die Zellwände selbst haben praktisch keine Öffnungen. Die dürfen sie auch nicht haben, denn Unbefugten ist der Zutritt strengstens verboten.

Die Rezeptoreiweiße haben also einen Art Türsteher-job. Sie lassen nur die richtigen Stoffe durch. Wenn du die Zellwand noch genauer betrachtest, siehst du ganz winzige Löcher, die kleine Moleküle wie Sauerstoff und Wasser doch einlassen. Denn Moleküle sind wiederum unvorstellbar viel kleiner und stellen keine Gefahr dar. Im Gegenteil: Sie werden dringend gebraucht.

Aber gut, ich hatte etwas Aufsehenerregendes versprochen. Das kommt jetzt, denn es ist an der Zeit, die Zelle zu betreten. Um alles gut zu sehen, musst du noch ein Stückchen kleiner werden. Nun bist du ein Hunderttausendstel Zentimeter groß. Die Zelle ist damit tausend Mal größer als du. Und das ist nur eine einzige, x-beliebige Zelle von Hunderten und Aberhunderten Milliarden in deinem Körper. Du musst dir das nicht alles merken, schau dich einfach nur um.

IN DER ZELLE

WARUM IN DEINER ZELLE KLEINE MOTOREN STECKEN

Schau mal, die Abbildung deiner Zelle. Schön, was? Von innen sieht sie aus wie ein Raumschiff! Voll mit langen Rohren und beeindruckenden Bauwerken. All diese Einzelteile in deiner Zelle heißen Organellen. Und die Suppe, durch die du gerade schwimmst, heißt Zytosol. Es sieht aus, als würde jede Menge Abfall darin treiben, aber das sind Baustoffe, Nährstoffe und andere Hilfsstoffe. Die haben wichtige Arbeiten erledigt oder haben sie noch vor sich. Das Rohrgestänge in deiner Zelle ist eigentlich ihr Skelett. Es besteht unter anderem aus Mikrotubuli, dünnen Röhrchen, die sich automatisch verlängern und verkürzen können. Die Mikrotubuli bilden die Autobahn für die Motoreiweiße, welche aussehen, als hätten sie zwei Beinchen. Über die Mikrotubuli rasen sie durch die ganze Zelle, um wichtige Stoffe zu transportieren.

Ja, du hast richtig gelesen: Eiweiße mit Beinchen. In deinen Zellen. Hättest du das gedacht? Und sie machen bestimmt hundert Schritte in der Sekunde! Ein normaler Motor fährt mit Benzin, aber womit fährt ein Motoreiweiß? Mit ATP-Molekülen. Das sind die Batterien deiner Zelle. ATP wird aus allem hergestellt, was du isst. Zum Beispiel aus den Kohlenhydraten in deinem Brot und dem Fett aus der Schokocreme, mit der du es bestrichen hast. Die Nährstoffe gelangen in ganz kleinen Päckchen über die Ästchen, äh, die Türstehereiweiße, äh, die Rezeptoreiweiße, in deine Zelle.

WARUM DU ENERGIEZENTRALEN IN DEINER ZELLE HAST

Siehst du die Dinger, die aussehen wie riesige Raupen? Das sind die Mitochondrien, kleine Energiezentralen, die Kohlenhydrate und Fette in ATP umsetzen. Das machen sie mit Turbomaschinen, die sich rund tausend Mal pro Sekunde drehen, ein bisschen wie der Dynamo an deinem Fahrrad. In deinen Zellen befinden sich also Energiezentralen mit Dynamos, die sich tausend Mal pro Sekunde drehen ... Übrigens nicht nur in deinen Zellen, sondern auch in denen deiner Oma, ihrer Katze und sogar in den Zellen der Begonien auf ihrer Fensterbank.

Schauen wir uns in deiner Zelle mal weiter um. Die Kügelchen da hinten, das sind Ribosomen. Ribosomen sind regelrechte Eiweißfabriken. Sie können allerlei Eiweiße aus den Stoffen in ihrer Umgebung machen. Was sie herstellen, bestimmen sie nicht selbst, sondern sie bekommen ihre Anweisungen aus der Zentrale. Und diese Zentrale ist der Zellkern. Das ist das Ungetüm, das du da hinten herumtreiben siehst. Der Zellkern ist die größte Organelle in deiner Zelle.
Kommst du mit?

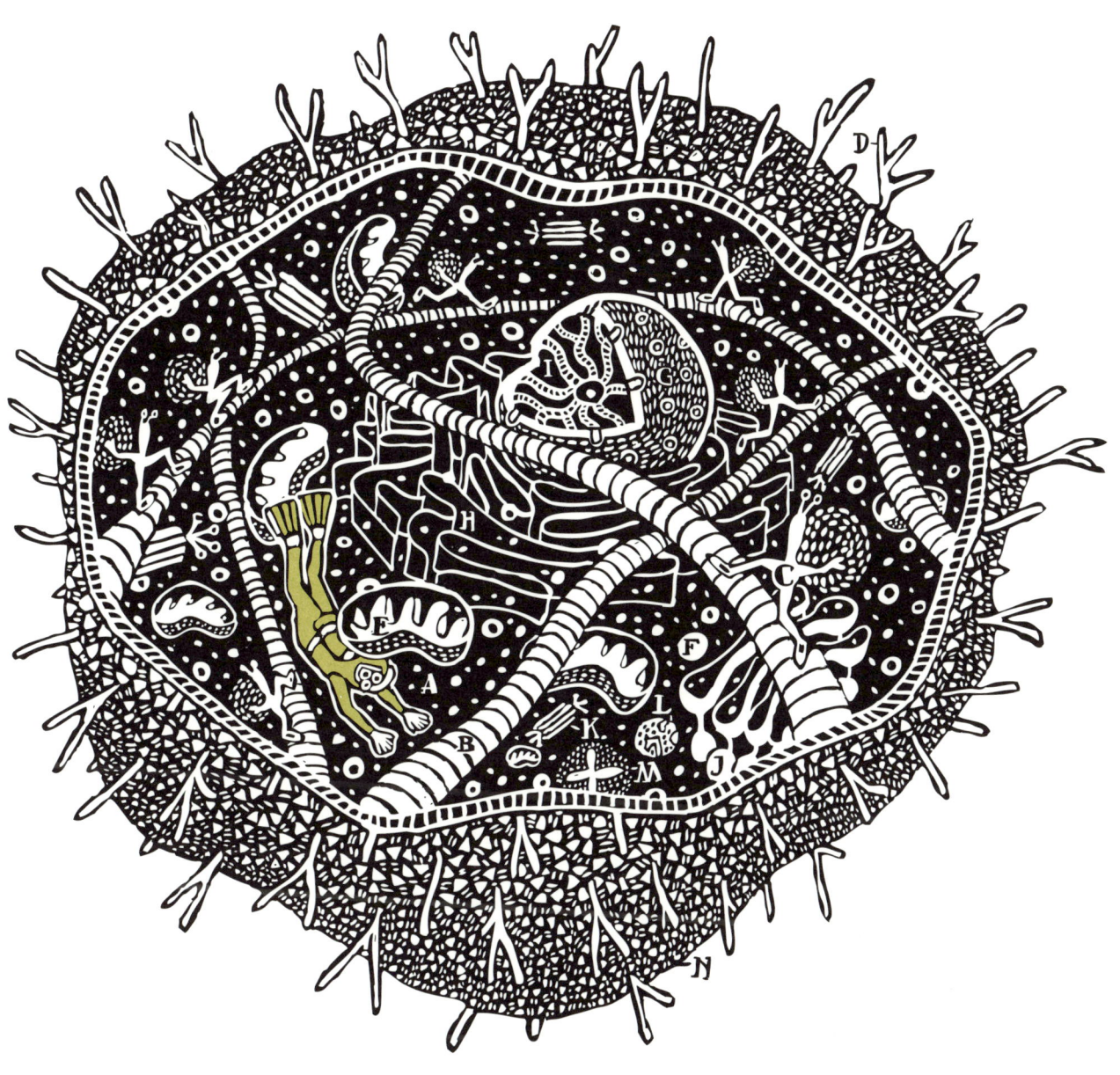

Zytosol	**A**	**H** Endoplasmatisches Retikulum
Mikrotubuli	**B**	**I** Chromosomen und DNA
Motoreiweiße	**C**	**J** Golgi-Komplex
Türstehereiweiße / Rezeptoreiweiße	**D**	**K** Zentriolen
Mitochondrien	**E**	**L** Lysosomen
Ribosomen	**F**	**M** Peroxisom
Zellkern	**G**	**N** Membran

IN DER ZELLZENTRALE

WARUM DU GAR NICHT SO LEICHT IN DEN ZELLKERN HINEINKOMMST

Um in die Zentrale deiner Zelle zu gelangen, müssen wir an einem kleinen Irrgarten vorbei. Das ist das endoplasmatische Retikulum. Hier werden Eiweiße hergestellt und Stoffe transportiert, wenn du es unbedingt wissen willst. Aber unser Ziel ist der Zellkern. Der sieht von Nahem aus wie ein riesiger Schokoladentrüffel mit ein paar Löchern darin. Diese geben den Weg in den Kern frei, denn sie sind groß genug, um Moleküle hindurchzulassen. Auch manche Eiweiße passen hindurch, aber längst nicht alle. Wenn du noch ein wenig schrumpfst, schlüpfen wir hinein.

Gut so. Schau mal, da sind die Chromosomen. Sie sehen aus wie Stäbchen, die in der Mitte verbunden sind. Fast so, als hätte ein kleines Kind versucht, ganz oft X zu schreiben. Wir Menschen haben 23 von diesen Chromosomenpaaren. Wenn du sie genau betrachtest, siehst du, dass sie aus ellenlangen Schnüren bestehen, die aus der Nähe ziemlich langen Strickleitern ähneln. Diese Strickleitern sind deine DNA-Moleküle. Und die DNA ist die Geschäftsführung der Zentrale. Hier wird alles in deinem Körper ausgeheckt. Alles? Na ja ... viel jedenfalls.

WARUM DEINE DNA DEIN CHEF IST

Wenn du dir in den Finger schneidest, heilt die Wunde innerhalb weniger Tage von selbst. Und wem hast du das zu verdanken? Deiner DNA! Einst warst du ein Säugling mit einem großen Kopf und kurzen Armen und Beinen. Und dann wurdest du so groß, wie du jetzt bist. Dank deiner DNA. Wer hat die Farbe deiner Haare bestimmt? Deine DNA. Deine Augenfarbe? Deine DNA. Die Länge deiner Nase oder die deines großen Zehs? Deine DNA. Wer bestimmt, ob du mit einem Piercing in der Nase herumlaufen darfst? Deine äh ... Eltern. Okay, das Piercing wird also nicht von der DNA bestimmt, aber sonst sind das ganz schön herrische Moleküle. Und sie sind unglaublich clever gebaut.

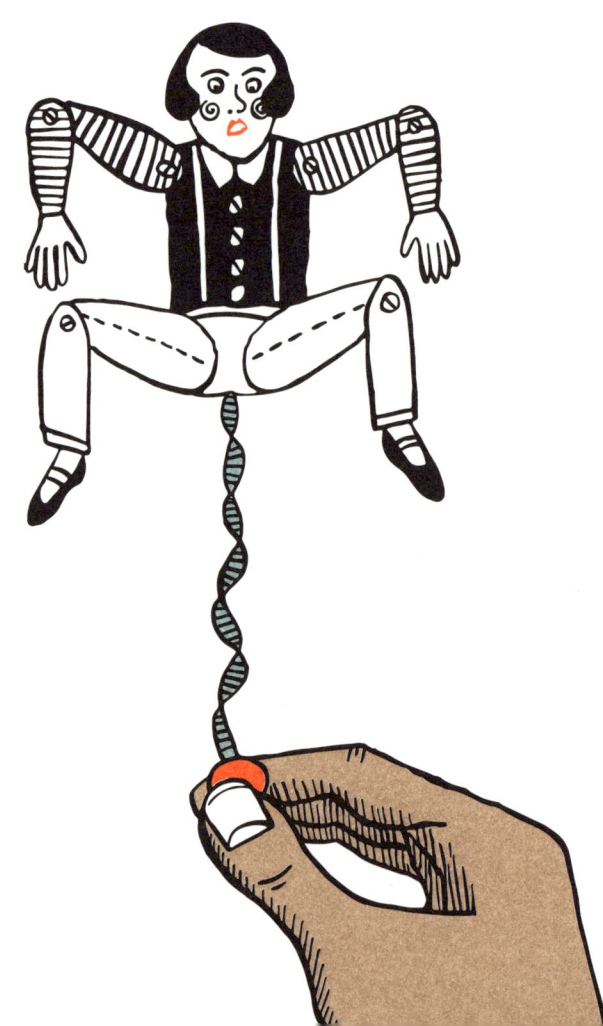

Wenn du die DNA-Moleküle einer Zelle auseinander-
ziehst, sind sie etwa 180 cm lang – und extrem dünn,
denn sonst würden sie nie in deinen Zellkern passen.
Auf diesen 180 cm stehen alle Anweisungen für
deinen Bauplan. Wenn wir ein Stück DNA beschreiben müssten, sähe das vielleicht so aus: »... *und links
oberhalb der Nase kommt dann das linke Auge hin.
Dieses wird wie das rechte Auge dunkelbraun und ...*«
In deiner DNA steht es so: »AT, AT, TA, GC, CG,
TA, GC, GC, CG, AT, AT, AT, GC, TA, CG, CG, AT.«
Die Vorschriften für deinen Körper werden also mit
vier Buchstaben angegeben: A, T, C und G. Das sind
natürlich keine echten Buchstaben. Es sind die Stoffe
Adenin, Thymin, Cytosin und Guanin. Jede Stufe
deiner Strickleiter besteht aus jeweils zwei Stoffen.
Links hast du Adenin (A) und rechts Thymin (T)
oder andersrum. Die nächste Stufe kann dann aus
Cytosin (C) und Guanin (G) sein. A und T gehören
immer zusammen, ebenso wie C und G. Wenn du also
nur eine Hälfte der Leiter siehst, kannst du die andere
dennoch ergänzen.

WARUM DEINE RIBOSOMEN GENAU
WISSEN, WAS SIE MACHEN MÜSSEN

Die DNA in der Zentrale gibt ihre Befehle in denselben »Buchstaben« A, T, C und G. Ein DNA-Leser
fährt an einem Stück DNA entlang und macht eine
ganz lange Kette daraus. Diese Kette heißt nicht mehr
DNA, sondern RNA. Und die RNA geht vom Zellkern zu einem Ribosom, der kleinen Eiweißfabrik.
Das Ribosom liest die RNA und weiß dann, was es
tun muss – es stellt das Eiweiß her, das gebraucht
wird. Und das alles passiert in deinen Zellen. Milliarden Mal pro Sekunde ...

Wir verlassen den Zellkern jetzt wieder, denn es gibt
noch viel mehr interessante Organellen in deiner
Zelle, wie den Golgi-Komplex, die Zentriolen, die
Lyosomen und ... warte mal. Oh nein. Das ist nicht
gut. Das ist überhaupt nicht gut ...

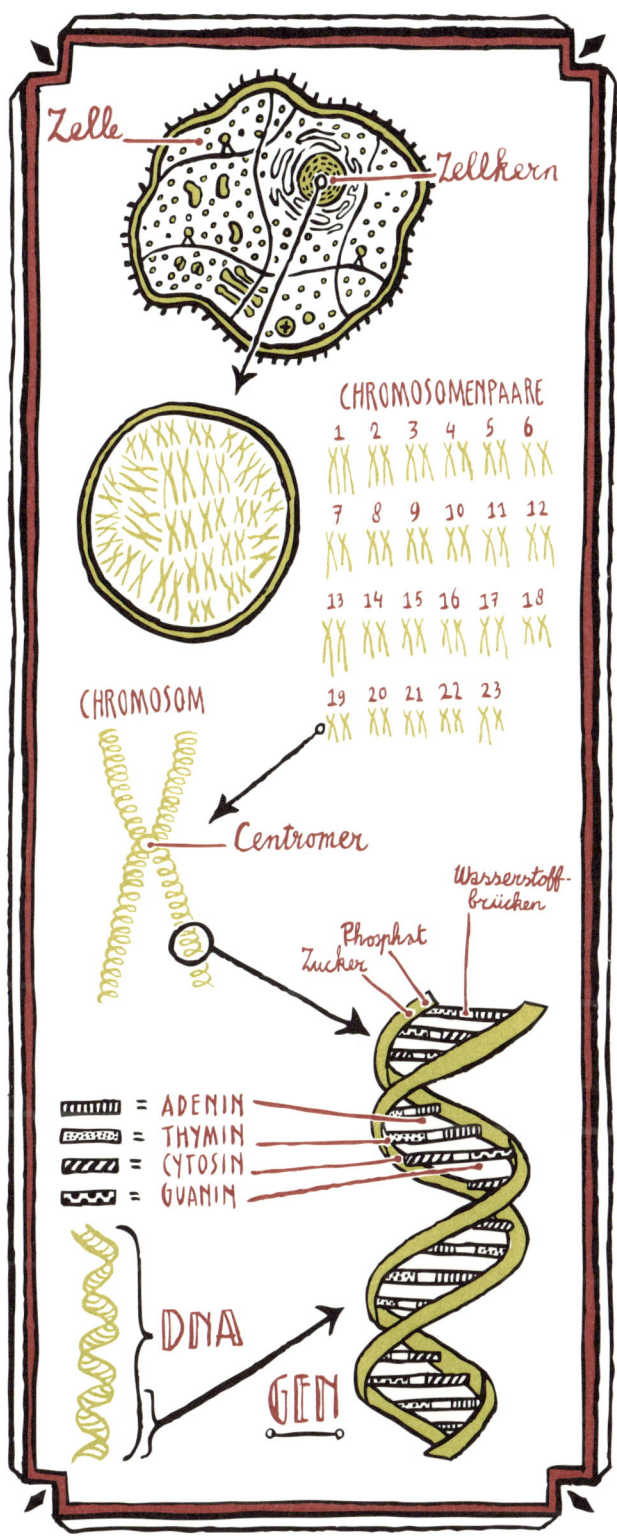

ALARMALARMALARMALARMALARMALARM!!!

WARUM WIR DIESES KAPITEL MAL KURZ UNTERBRECHEN MÜSSEN

Ausgerechnet jetzt wird dein Körper von einer Virusattacke heimgesucht. Ja, wirklich! Dein Körper. Jetzt. Und die Zelle, in der du dich befindest, ist auch in Gefahr. Viren bedrohen deine Zellen wie eine Armee von Weltraumwesen in Science-Fiction-Filmen einen Planeten. Nur ist Science-Fiction ausgedacht und das hier ist echt. Außerdem kannst du Weltraumwesen töten und Viren nicht. Denn Viren leben nicht. Sie essen nicht, sie trinken nicht und sie bewegen sich nicht. Sie sind wie Roboter, die nur eins wollen: die Herrschaft über deinen Körper. Und sie sind viele. Wie viele? Millionen und Abermillionen. Jetzt verstehst du die Panik. Zum Glück gibt sich dein Körper nicht so einfach geschlagen und ist immer auf einen Angriff vorbereitet. Die erste Verteidigungslinie bilden die Antikörper. Das sind Eiweiße, die Viren erkennen können. Sie hängen sich an die Viren und arbeiten als Kundschafter. Sie warnen die weißen Blutkörperchen in deinem Körper, damit sie aktiv werden

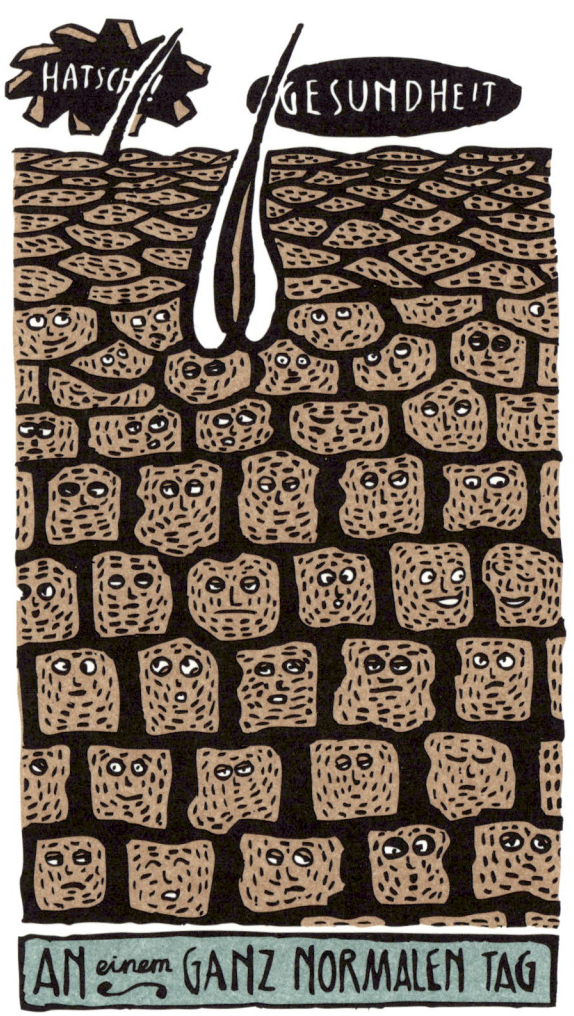

können. Die weißen Blutkörperchen können die Viren zwar nicht töten – wie gesagt leben sie ja gar nicht! –, aber sie können sie immerhin vernichten. Und das ist natürlich auch prima. Die meisten Viren gehen dabei drauf. Aber längst nicht alle. So sind noch immer Hundertausende auf dem Weg zu deiner Zelle ...

WARUM VIREN NINJA-ROBOTER SIND

Bei deiner Zelle kommt die zweite Verteidigungslinie zum Zuge: die Zellwand. Die Viren können sie nicht durchdringen. Und an den Eingängen warten die Türsteher, um die Viren aufzuhalten. Außerdem patrouillieren auch noch andere Wächter über die Zellwand. Wird so ein Virus entdeckt, hat es keine Chance mehr, weil dann schnell ein Antikörper andockt.

Deine Zelle scheint also sicher zu sein. Aber manche Viren schaffen es insgeheim doch, einzudringen. Das sind dann keine normalen Roboter mehr, sondern eher Ninja-Roboter. Eiweiße und Stoffe, die an den Türstehern vorbei in eine Zelle gelangen, müssen erst zu einer Art Sortierstation. Die Viren auch. Diese Sortierstation baut alle Stoffe ab und macht handliche Päckchen daraus. Auch die Viren werden auf diese Weise vernichtet. Gute Nachrichten, sollte man denken. Aber bei einigen Viren entkommt ein Eiweiß, das die Wand der Station zerstört, sodass die anderen Viren dann durch die kaputte Sortierstation eindringen können! Sie sind nur noch nicht genau da, wo sie auch hinwollen. Denn Viren mögen zwar Ninja-Robotern ähneln, zum Glück sind sie vollkommen steuerlos. Sie haben weder Arme noch Beine und

auch keinen Motor, der sie dorthin bringt, wo sie hin möchten. Sie sind der Strömung in deinem Körper ausgeliefert. So treiben die meisten Viren hilflos herum und damit endet ihr Angriff hier.

WARUM VIREN NINJA-ROBOTER-ZOMBIES SIND

Aber manche Viren bekommen doch noch Hilfe und werden von Motoreiweißen (genau, die mit den Beinen) aufgegriffen und zum Zellkern gebracht. Motoreiweiße machen das den ganzen Tag lang. Dabei denken sie natürlich nicht nach. So führen sie den Feind direkt in die Zentrale, und das ist nun wirklich das Letzte, was man will! Viren essen und trinken nicht, aber sie pflanzen sich fort. Sie bestehen nämlich aus dem Material, aus dem alles gemacht ist, was lebt: kleinen DNA-Stückchen. Aber leider einer DNA mit tödlichen Anweisungen.

Es sind daher eigentlich keine Ninja-Roboter, son-dern eher Ninja-Roboter-Zombies auf der Suche nach dem Zellkern, in dem sie ihre tödlichen Anweisungen ausführen können.

Von der ganzen Armee aus Millionen und Aber-millionen Viren sind zum Glück nur noch ein paar übrig. Außerdem sind ihre Chancen ausgesprochen klein. Jeden Moment können sie von Eiweiß ab-bauenden Organellen vernichtet werden. Eines nach dem anderen wird daran glauben müssen. Bis auf eines. Das ist wiederum die schlechte Nachricht. Denn leider reicht ein einziges Virus, um deine gesamte Zelle zu vernichten. Und nichts steht dem Virus dabei noch im Weg. Viren sind sehr klein, aber zu groß, um durch die Öffnung der Zellkernwand ein-dringen zu können. Wieder sind es die Motoreiweiße, die alles vermasseln! Von verschiedenen Seiten zerren sie an dieser Öffnung am Virus und ziehen es so auseinander. Jetzt passt das tödlichste Teilchen des Ninja-Roboter-Zombies in deinen Zellkern. Seine Mission ist vollbracht.

WARUM EIN WINZIGES VIRUS EINE KOMPLETTE ZELLE VERNICHTEN KANN

Allein kann sich ein Virus nicht fortpflanzen. Dazu braucht es den Zellkern. Und genau dort übernimmt es die Macht. Die kleinen Maschinen in deinem Zellkern kopieren das Stückchen Virus-DNA und schicken es aus dem Zellkern. Deine Ribosomen führen den Auftrag aus und stellen von jetzt an nichts anderes mehr als Viren her! Deine Zelle wird zu einer Todesfabrik. Sie erzeugt zehntausend neue Viren. Als letzten Ausweg hat dein Zellkern ein Notsignal an die weißen Blutkörperchen abgesetzt. Aber die Zelle selbst ist verloren, sie zerplatzt. Tausende von Viren können sich jetzt in die anderen Zellen ausbreiten. Doch noch ist nicht alles verloren.

KNOCHENRINDE

KNOCHENHAUT

KNOCHENMARK
Virusbekämpfungskontrollzentrum

Denn das Notsignal wurde aufgefangen! Hilfstruppen sind im Anmarsch. Dein Körper stellt nun so ungefähr 5000 Antikörper pro Sekunde her. Eine gigantische Antikörper-Flotte stürzt sich gemeinsam mit den weißen Blutkörperchen auf die neuen Viren. Weil diese Armee gewarnt wurde, weiß sie genau, was zu tun ist. Ein Virus nach dem anderen wird vernichtet. Als zusätzliche Vorsorgemaßnahme töten sich gesunde Zellen mithilfe eines intelligenten Selbstzerstörungsprogramms, um zu verhindern, dass die Viren die Macht übernehmen können. Die Ninja-Roboter-Zombies haben keine Chance. Du hast den Kampf gewonnen!

WARUM DU EINE TRIEFNASE BEKOMMST

Dein Körper wird dieses Virus nie mehr vergessen. Dein Knochenmark speichert alle Informationen über diesen Feind, damit er dir nichts mehr anhaben kann. Doch es gibt immer neue Viren, die einen Angriff starten. Und dagegen hilft nur Impfen!

KNOCHENSCHWAMM

BLUTGEFÄSSE

MARKHÖHLE

Beim Impfen bekommst du ein bisschen Virusmaterial verabreicht, so wenig, dass deine Antikörper und deine weißen Blutkörperchen leicht damit fertig werden. Dein Körper merkt sich das Virus, sodass du nie mehr daran erkranken kannst. Leider entstehen unablässig neue Viren, gegen die es noch keinen Impfstoff gibt.

Daher gibt es einen ewigen Kampf zwischen Mensch und Virus. Meistens bekommst du davon nichts mit, es sei denn, deine Nase läuft. Dann hat dein Körper eine Warnung erhalten, dass sich ein Virus in der Nähe herumtreibt, und produziert eine Rotzschicht aus weißen Blutkörperchen und Antikörpern, die den Feind aufhalten soll. Reicht das nicht, ist Fieber ein gutes Rettungsmittel. Viren können hohe Temperaturen nämlich gar nicht gut verkraften. Wenn also deine Körpertemperatur über 38 Grad steigt, weißt du, dass dein Körper gerade alles daran setzt, eine riesige Ninja-Roboter-Zombie-Flotte in die Flucht zu schlagen.

IM REST DEINER ZELLE ... ODER LIEBER DOCH NICHT

WARUM NIEMAND BEHAUPTEN DARF, DU SEIST FAUL

Gut. Wir waren also beim Golgi-Komplex, den Zentriolen ..., ach, lass mal. Sonst hocken wir in einem Jahr noch hier. Wenn schon in einer einzigen Zelle so viel passiert, kannst du dir vorstellen, was im Rest deines Körpers wohl alles los ist. Niemand darf je behaupten, du seist faul – selbst wenn du den ganzen Tag fernsiehst. Denn du machst unglaublich viel. Auch jetzt: Du liest, du denkst, du atmest, dein Herz schlägt, du hältst deinen Körper im Gleichgewicht, damit du nicht umfällst. Und noch mehr, denn jede Minute passieren Millionen Sachen, bloß damit du am Leben bleibst. Von wegen faul! Das ist wirklich kein Kinderspiel. Du hast ja schon gelesen, was ein winziges Virus alles anrichten kann. Aber es kann noch viel mehr schiefgehen.

TO DO

atmen	✓
schlucken	✓
Blut fließen lassen	✓
fühlen	✓
gähnen	
kacken	✓
popeln	✓
schlafen	✓
strecken	✓
umdrehen	✓

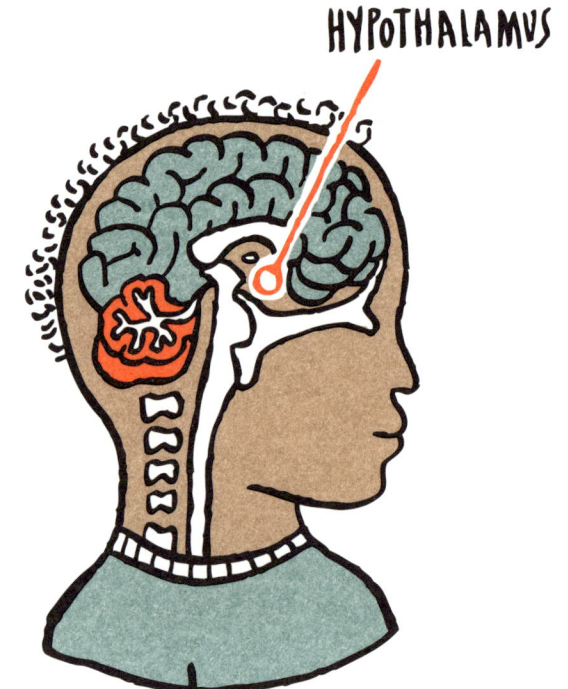

HYPOTHALAMUS

WARUM DU IMMER 37 GRAD BEIBEHÄLTST

Nimm nur mal deine Körpertemperatur. Im Inneren deines Körpers muss es ungefähr 37 Grad warm sein, damit alles gut funktioniert. Wird dein Körper zu warm, werden Zellen zerstört. Wird er zu kalt, hört dein Herz auf zu schlagen und du wirst bewusstlos. Zum Glück hast du einen Wärmeregler im Kopf, den Hypothalamus, der die Temperatur genau wahrnimmt und im Ernstfall eingreift. Ist dir zu kalt, wird die Blutzufuhr in die äußersten Körperteile gestoppt, damit das warme Blut an den wichtigsten Stellen bleiben kann. Als Erstes werden also deine Finger und Zehen kalt, danach die Arme und Beine. Außerdem fängt dein Körper an zu zittern. So kommen deine Muskeln in Bewegung und es entsteht Wärme. Zusätzlich verbrennt dein Körper Energie, wodurch Wärme freigesetzt wird. Wird dir zu warm, reagiert dein Körper anders, dann fängst du an zu schwitzen. Der Schweiß verdunstet auf deiner Haut, sie kühlt ab und so sinkt deine Körpertemperatur. Ein Feuerwehrmann kann innerhalb weniger Minuten literweise Schweiß in den Flammen verlieren.

Ein anderes Beispiel: Wie oft bist du *nicht* mit dem Rad gestürzt, weil du im letzten Moment gegenlenken konntest? Oder du bist einem Ball ausgewichen, der mit Hochgeschwindigkeit auf dich zukam? Das konnte nur klappen, weil dein Gehirn die Gefahr im Bruchteil einer Sekunde erkannte, sodass deine Muskeln blitzschnell reagieren konnten. Und dann gibt es noch die Fälle, in denen es doch schiefging und du dich verletzt hast. Dann ist die Wunde ohne allzu große Anstrengung von selbst verheilt, weil deine Blutzellen, deine Hautzellen und noch viele andere Zellen genau das taten, was sie tun sollten.

WARUM DEIN GROSSER ZEH DEINEN MUND BRAUCHT

Das restliche Buch dreht sich daher auch um dein Blut, dein Gehirn, deine Haut und all die anderen Körperteile, die dich am Leben halten. Bloß ... wo sollen wir anfangen? Beim Herz, das schon zu schlagen beginnt, wenn du, gerade mal 22 Tage alt, ein Häufchen Zellen im Bauch deiner Mutter bist? Bei der Lunge, die dein Blut mit Sauerstoff versorgt? Beim Gehirn, das alle Vorgänge in deinem Körper steuert? Am Anfang anfangen? Aber alles hängt mit allem zusammen. Ohne deine Lunge gelangt kein Sauerstoff ins Blut. Ohne Herz funktioniert dein Gehirn nicht. Und ohne Gehirn funktioniert so gut wie nichts mehr. All deine Körperteile arbeiten zusammen. Du kannst keinen Finger rühren, ohne dass dein Gehirn seine Zustimmung dazu erteilt und Lunge und Herz für Energie und Sauerstoff gesorgt haben. Und du brauchst deinen Mund, deinen Magen und den Darm, um diese Energie aufzunehmen. Eine Zelle in deinem großen Zeh braucht daher dringend alle Kollegen aus Herz und Gehirn, aus der Leber und der Lunge. Weißt du was? Wir fangen einfach überall an.

— TEIL 2 —

ERKUNDUNGEN IN DEINEM KÖRPER

MITTEN IN DER NACHT AUF DEM FRIEDHOF

AM BESTEN SUMMST DU BEIM LESEN EINE UNHEILVOLLE MELODIE …

WARUM ANDREAS VESALIUS LEICHEN STIEHLT

Mitternacht auf einem dunklen Friedhof. Eine Ratte huscht über ein Grab. Die herumflatternden Fledermäuse wirken wie Schatten von Geistern. Spinnen weben ein Netz zwischen den Grabsteinen. Sie leben im Reich der Toten. Und heute Nacht sind wir dabei …

Wir befinden uns knapp fünfhundert Jahre vor unserer Zeit in Padua, Italien. Hier stehen wir im Stockfinsteren auf dem Friedhof, gemeinsam mit Andreas Vesalius (auch wieder so ein Wichtigtuer – eigentlich heißt er einfach Andries van Wesele und kommt aus Brüssel). Was wir vorhaben? Wir suchen nach frischen Gräbern … Vesalius braucht nämlich Leichen für seine Forschung. Er will wissen, wie unser Körper gebaut ist, denn darüber weiß man noch kaum etwas. Die beste Beschreibung des Körpers steht in einem Buch des griechischen Arztes Galenus, und das ist zu der Zeit schon 1400 Jahre alt. Fast alle Erkenntnisse, die Ärzte der Zeit über den Körper haben,

stammen aus diesem uralten Buch. Ferner schneiden Professoren etwa zweimal im Jahr den Leichnam eines zum Tode Verurteilten auf, um ihren Studenten etwas über den Körper zu vermitteln. Aber das reicht Vesalius nicht, er will ganz genau wissen, wie der Mensch konstruiert ist. Muskel für Muskel, Knochen für Knochen, Ader für Ader. Darum ist er selbst auf Erkundungstour. Ob es erlaubt ist, Leichen auf dem Friedhof einfach auszubuddeln? Natürlich nicht! Darum macht er es ja mitten in der Nacht, um nicht erwischt zu werden.

Je frischer die Leiche, desto besser. Der Körper eines Verstorbenen beginnt schon nach einigen Tagen unbändig zu stinken, wenn er nicht gut gekühlt wird. Bei manchen Gräbern ist der Gestank nicht auszuhalten. Findet Vesalius einen Körper, der gerade erst begraben wurde, nimmt er ihn mit. Und wenn ein Verbrecher gehängt wurde, geht er noch am selben Abend zur Richtstätte, um den Leichnam vom Galgen zu schneiden und mitzunehmen. Noch frischer geht's nicht …

WARUM EIN EINZELNER MUSKEL NICHTS BRINGT

So ein aufgeknüpfter Bösewicht eignet sich wunderbar zur Leichenschau. Vesalius kann den Leichnam in seinem Untersuchungszimmer erneut aufhängen. So kann er die Haut von oben nach unten aufschneiden. Wenn er das richtig und auf beiden Seiten macht, kann er sie anschließend lösen und in einem Stück vom Körper ziehen. Dabei fällt auf, wie groß die Hautoberfläche ist: wie ein Strandlaken! Sowohl an der Haut als auch an den Muskeln klebt hellgelber Glibber. Das ist das Körperfett. Je dicker ein Mensch ist, desto mehr Fett hat er. Und es sitzt auch noch tiefer im Körper. Vesalius zieht zuerst die Gesichtshaut ab. Denn sollte er von wütenden Angehörigen entdeckt werden, können diese die Leiche nicht mehr erkennen.

Ist die Haut erst einmal entfernt, hat Vesalius Zugang zu den Muskeln. Einige Stunden nach dem Tod werden diese ganz steif. »Rigor mortis« heißt das, Leichenstarre. Nach zwei bis drei Tagen löst sich die Starre und die Muskeln sind wieder beweglich. Muskeln sind wie Gummis, die sich nicht selbst dehnen, sondern lediglich zusammenziehen können. Deswegen braucht man Muskeln auf zwei Seiten, um Arme und Beine bewegen zu können. Willst du deinen Arm beugen, spannst du die Muskeln der Arminnenseite an. Dabei entsteht ein Muskelpaket am Oberarm. Willst du den Arm anschließend wieder strecken, ziehen sich die Muskeln an der Ellenbogenseite zusammen. Ein Muskel allein bringt also nichts. Wenn er nicht von einem anderen gestreckt werden kann, ist er so unbeweglich wie ein Stück Fleisch beim Metzger.

WARUM DU KNOCHEN BRAUCHST, UM DICH ZU BEWEGEN

Vesalius sieht nicht nur Muskeln, sondern auch Knochen. Die geben dem Körper Halt. Er erkennt auch die Sehnen, die eine Verbindung zwischen den Knochen und den Muskeln herstellen. Sie sind leicht von Muskeln zu unterscheiden, denn Sehnen sehen aus wie glatte, weiße Kabel. Bei seinen Experimenten sieht Vesalius, wie all diese Muskeln, Knochen und Sehnen zusammenarbeiten müssen, um eine einzige einfache Bewegung auszuführen. Allein beim Beugen des Arms und der Finger treten Dutzende Muskeln in Aktion. Muskeln sind wie Fäden einer Marionette. Aber so richtig viele Fäden, von denen jeder einzelne wahnsinnig kompliziert aufgebaut ist.

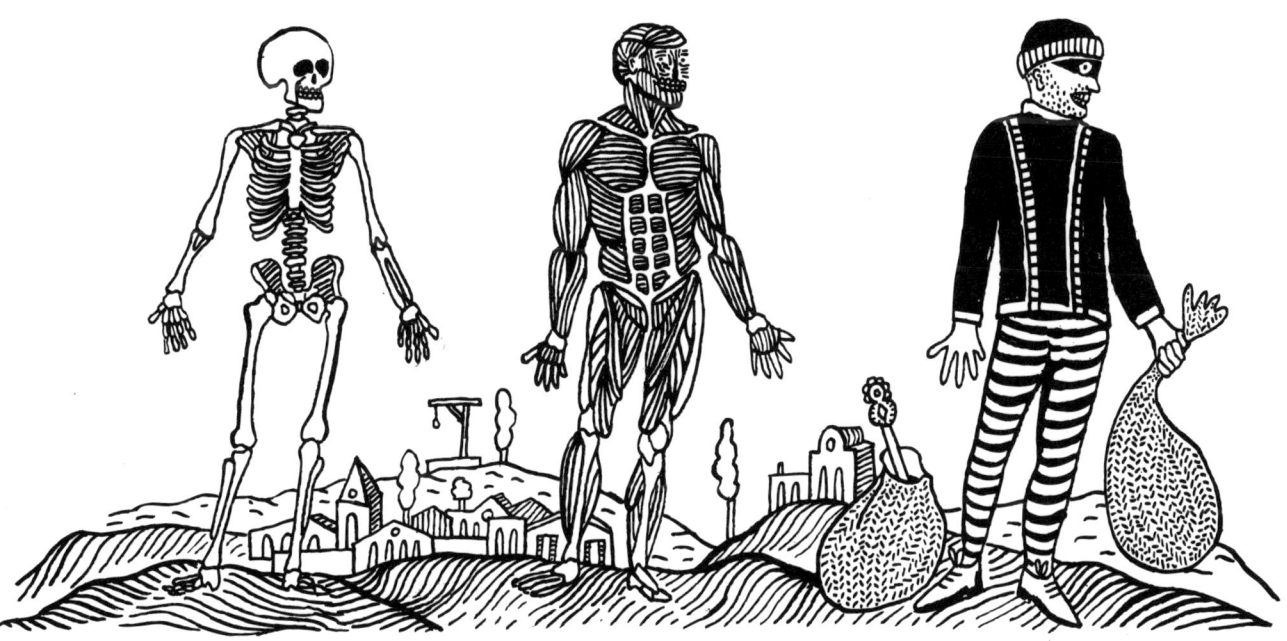

IM TIEFSTEN KÖRPERINNEREN

WARUM LEICHEN ÖFFNEN SCHWIERIGER IST, ALS DU DENKST

Es ist absolut kein Vergnügen, einen verwesenden Leichnam auseinanderzunehmen – Vesalius muss wirklich sehr am menschlichen Körper interessiert gewesen sein. Auch heute noch gibt es Autopsien und sogar Medizinstudenten mit Erfahrung schauen voller Abscheu weg, wenn bestimmte Körperteile aufgeschnitten werden – du darfst raten, welche. Und leicht ist Vesalius' Arbeit auch nicht gerade. Denn er erfährt jedes Mal aufs Neue, wie gut unsere Körperteile geschützt sind. Will man zum Gehirn vordringen, braucht man eine gute Säge und viel Kraft, um den Schädel zu öffnen. Herz und Lunge sind sicher hinter einem kräftigen Brustkorb verstaut und selbst der Darm liegt hinter einem dicken Panzer aus Haut, Fett und drei Gruppen von Bauchwandmuskeln. Ohne brutale Gewalt erfährt man also ausgesprochen wenig. Vesalius arbeitet nicht allein. Er hat Hilfe von Studenten und außerdem einen Zeichner, der alle Körperteile ganz genau nachzeichnet. Dieser Zeichner ist wahrscheinlich ein Schüler des berühmten Malers Tizian. Dank seiner Zeichnungen kann Vesalius allerlei Einzelheiten ganz ausführlich studieren. Regelmäßig fallen ihm dabei neue Dinge auf. Eine Zeichnung bleibt lange erhalten und stinkt zum Glück nicht wie halb verweste Eingeweide und Fleisch.

WARUM DEIN ESSEN EINEN TAG BRAUCHT, BEVOR ES DEINEN KÖRPER VERLÄSST

Wenn die Rippen entfernt sind, hat Vesalius gute Sicht auf das Herz und die Lungenflügel. Er sieht, dass das Herz in einer Art Beutel mit zwei großen Hohlräumen steckt und dass jede Menge dicke Adern aus dem Herz herausführen. Wenn er diese Adern verfolgt, sieht er, dass sie sich wie ein riesiger Baum verzweigen und als winzige Adern bis in die entferntesten Ecken des Körpers weiterführen. So kommt dein Körper also an all das Blut, vom Scheitel bis zur Spitze deines kleinen Zehs. Vesalius kann sehen, dass die Luftröhre von der Kehle bis zur Lunge läuft. Vielleicht hat er ja mal mit einem Röhrchen Luft in die Lunge geblasen und so entdeckt, dass sich die Lungenflügel dann wie ein Ballon mit Luft füllen und viel größer werden. Dann wird er auch erfahren haben, dass die Lunge absolut keine Luft entwischen lässt.

Vesalius hat bestimmt auch den gesamten Verdauungsapparat auseinandergenommen – vom Eingang, durch den die Nahrung hineinkommt, bis zum Ausgang. So hat er gesehen, dass der Mund in die Speiseröhre übergeht, die von dort zum Magen führt, dann übergeht in den Dünndarm und den Dickdarm (bestimmt noch voller Kot), um schließlich an der Stelle anzukommen, bei der alles wieder rausgeht, dem Anus. Die Gesamtstrecke von Mund bis Po beträgt sechs Meter. Für diese Strecke benötigt deine Nahrung ungefähr einen Tag. Vesalius wird sich auch die Knochen angeschaut und sich gewundert haben, wie stark das gesamte Knochengerüst ist, obwohl es gar nicht mal so viel wiegt. Viel stärker als Holz zum Beispiel. Und natürlich hat er den Kopf studiert, mit allem Drum und Dran und Drin: Ohren, Augen, dem Mund voller Zähne, dem Gehirn ...

WARUM VESALIUS IN SEINER ZEIT NICHT BELIEBT WAR

Man sollte meinen, dass Vesalius von seinen Kollegen ungeheuer geschätzt wurde. Aber das hielt sich in Grenzen. Für sie war der menschliche Körper ein Werk Gottes. In ihren Augen beleidigte Vesalius eigentlich den Schöpfer. Die meisten seiner Kollegen blieben daher lieber bei Galenus und seinem Buch, das vor Fehlern nur so strotzte. Dennoch war Vesalius' Arbeit von unschätzbarem Wert. Dank seiner Entdeckungen haben Wissenschaftler viel mehr über den menschlichen Körper erfahren. Aber auch wenn Vesalius mehr von Anatomie verstand als irgendjemand sonst zu seiner Zeit, wusste er nur einen winzigen Bruchteil dessen, was wir heute wissen. Er betrachtete den Körper wie jemand, der ohne Technikkenntnisse einen Motor anschaut: Man sieht, wie alles liegt, aber man hat keine Ahnung, wie es funktioniert. Wenn du dieses Buch zu Ende gelesen hast, wirst du mehr wissen, als Vesalius je erfahren hat. Und das ganz ohne Gestank!

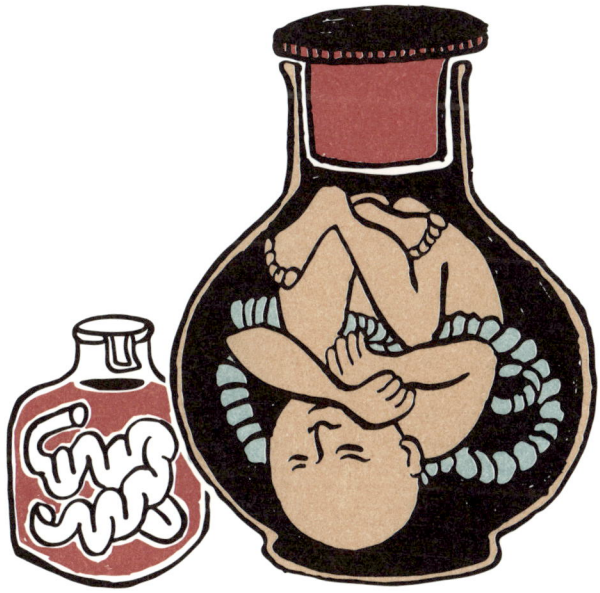

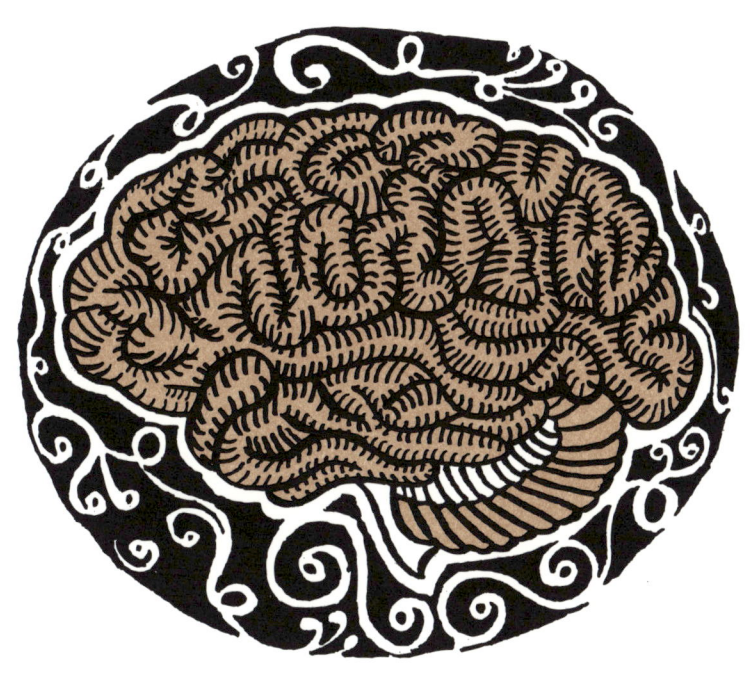

STOFF ZUM NACHDENKEN

IM KONTROLLRAUM DEINES KÖRPERS

WARUM HERZCHEN MALEN ZIEMLICH DUMM IST

Hast du dich mal gefragt, woher deine Gedanken kommen? Oder deine Gefühle? Ja, aus deinem Kopf. Logo! Aber wo aus deinem Kopf? Und wie sehen die Gedanken und Gefühle aus? Kann man sie überhaupt sehen? Übrigens, so logisch ist es nun auch wieder nicht, dass unsere Gedanken aus unserem Kopf kommen. Jahrhundertelang glaubte man, unsere Seele und unsere Gedanken befänden sich in unserem Herzen und das Gehirn spielte dabei keine Rolle. Darum zeichnen wir immer noch Herzchen, wenn wir verliebt sind. Aber das Gehirn wäre ein viel besseres Symbol für die Liebe, denn dort passiert alles. Auch wenn du deinen restlichen Körper ebenfalls dringend brauchst, um verliebt zu sein ...

WARUM DEIN GEHIRN KEIN COMPUTER IST

Die meisten Menschen vergleichen unser Gehirn mit einem Computer. Das ist nicht so abwegig, denn wie ein Computer hat dein Gehirn einen Datenspeicher, es kann Berechnungen anstellen und es funktioniert mit Elektrizität. Im Moment verbraucht dein Gehirn so viel Energie wie eine Lampe, übrigens auch, wenn du schläfst! Aber es gibt gewaltige Unterschiede. Ein Computer hat keine Gefühle. Er kann sich also nicht in dein Telefon oder in deinen Bettbezug verlieben. Ein Computer bietet auch keine kreativen Lösungen für Probleme. Er kann Schach und Dame spielen und sogar Texte schreiben – aber sich eine spannende Geschichte auszudenken, wird schon schwierig. Und noch viel wichtiger: Ein Computer lässt sich nicht durch allerlei chemische Stoffe beeinflussen – dein Gehirn schon. Wie du dich fühlst, worauf du Lust hast und wie aktiv du bist: Das alles bestimmen diese chemischen Stoffe, gemeinsam mit deinem Gehirn.

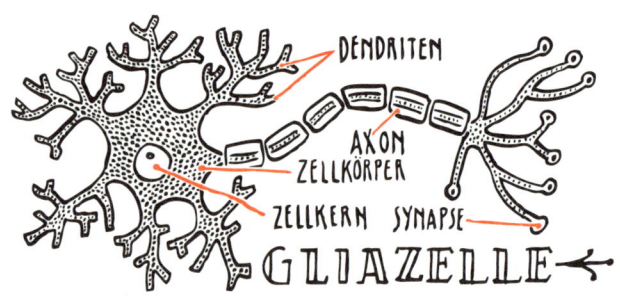

WARUM DEIN DARM KLÜGER IST, ALS DU VIELLEICHT DENKST

Dein Gehirn besteht aus etwa 86 Milliarden Nervenzellen, auch Neuronen genannt. Daneben hast du auch noch etwa 100 Milliarden Gliazellen. Mindestens. Wahrscheinlich noch viel mehr. Was sie genau machen, ist noch nicht bekannt. Wir wissen jedoch, dass sie die Nervenzellen unterstützen und beschützen, damit diese ihre Arbeit gut verrichten können. Das Gehirn von Albert Einstein, einem der intelligentesten Menschen überhaupt, enthielt viel mehr Gliazellen als ein normales Gehirn. Möglicherweise heißt das: Je mehr Gliazellen, desto schlauer ist ein Mensch. Dennoch wird die eigentliche Arbeit von den Neuronen erledigt. Oder besser gesagt: von den Verbindungen zwischen diesen Nervenzellen. Und o ja, die Neuronen befinden sich nicht nur im Kopf, sondern in deinem gesamten Körper! Im Darm zum Beispiel. Der ist also intelligenter, als du denkst. Aber

auch deine Nerven bestehen aus Neuronen. Deswegen heißen Gehirnzellen auch Nervenzellen. Nerven sind eigentlich eine Art Ausläufer deines Gehirns. Sie schicken Informationen vom Gehirn in jeden noch so weit entfernten Winkel deines Körpers, aber auch vom Körper zum Gehirn, etwa, ob du Schmerzen empfindest oder ein Kribbeln.

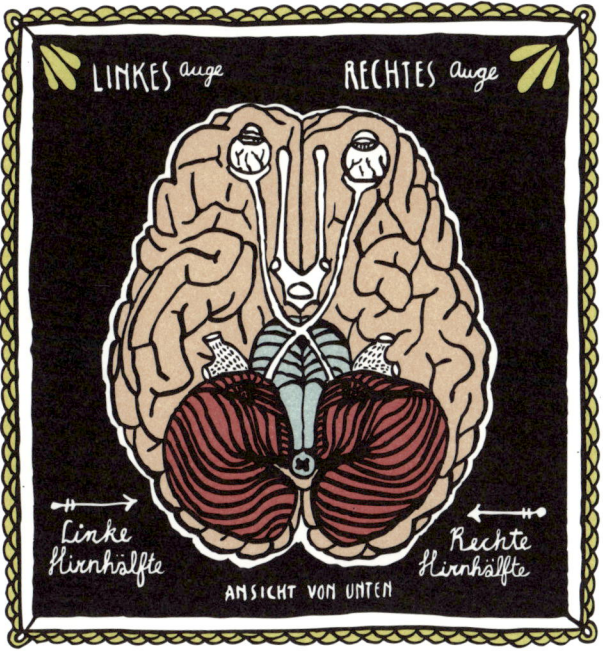

Dein Gehirn besteht aus einer linken und einer rechten Hälfte. Die rechte kümmert sich um alles, was du mit links machst und wahrnimmst, und die linke Gehirnhälfte ist für die rechte Seite zuständig. Aber du kannst dein Gehirn auch in drei Schichten unterteilen, vergleichbar einem Gebäude mit drei Stockwerken. Bestimmt weißt du schon, dass wir zur Familie der Menschenaffen gehören. Die Menschenaffen wiederum stammen von anderen Säugetieren ab, diese ihrerseits von Therapsiden und anderen Reptilien. Das nennt man Evolution. Die Evolution findet sich in den Stockwerken unseres Gehirns wieder. Reptilien haben nur eine Gehirnschicht: das Erdgeschoss. Säugetiere haben zwei: Erdgeschoss und erster Stock. Viele Säugetiere haben sogar noch eine kleine obere Etage dazu. Aber wir Menschen haben die größte obere Etage: insgesamt also drei Stockwerke. Deswegen ist unser Gehirn so groß.

IN DEN ERSTEN BEIDEN STOCKWERKEN DEINES GEHIRNS

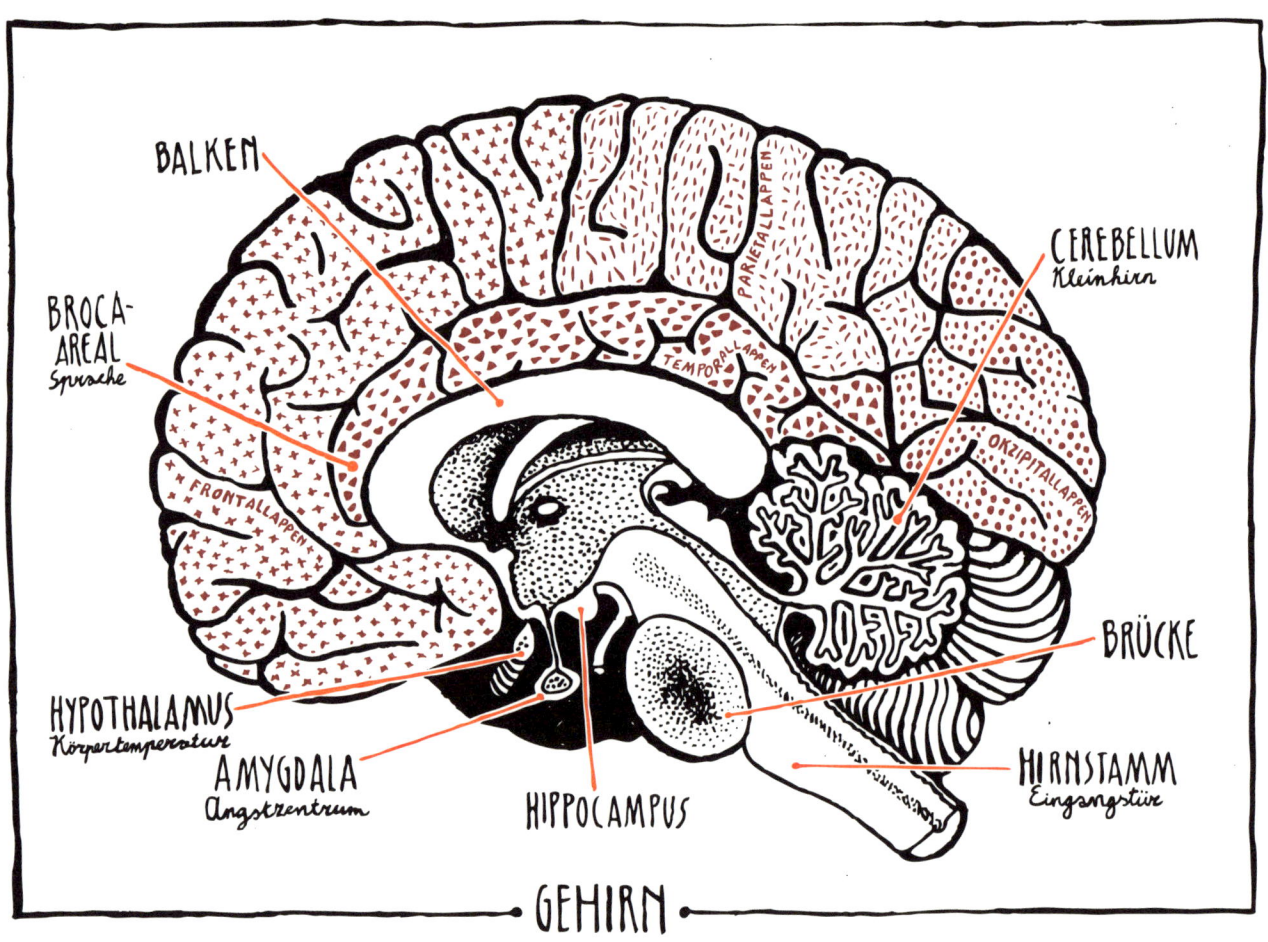

BALKEN

CEREBELLUM
Kleinhirn

BROCA-
AREAL
Sprache

PARIETALLAPPEN

TEMPORALLAPPEN

FRONTALLAPPEN

OKZIPITALLAPPEN

BRÜCKE

HYPOTHALAMUS
Körpertemperatur

AMYGDALA
Angstzentrum

HIPPOCAMPUS

HIRNSTAMM
Eingangstür

· GEHIRN ·

WARUM DEIN GEHIRN SO GROSS IST

Wenn du dir dein Gehirn vorstellst wie ein dreigeschossiges Gebäude, dann befindet sich die Eingangstür an deinem Hirnstamm. Der Hirnstamm trägt die Verantwortung für allerlei wichtige Angelegenheiten; er kümmert sich unter anderem um deinen Herzschlag, den Blutdruck, deine Atmung und um die Muskeln in deinem Darm. Darüber brauchst du nicht bewusst nachzudenken. Du kannst dich in aller Ruhe auf Wichtigeres konzentrieren, zum Beispiel auf dein *Donald-Duck*-Heft oder darauf, in der Nase zu bohren. Im Erdgeschoss findest du noch das Cerebellum, auch Kleinhirn genannt. Dort hat unter anderem dein Gedächtnis für Bewegung seinen Sitz. Hier ist alles gespeichert, was du je über Gehen, Radfahren oder Schlittschuhlaufen gelernt hast. Dieser Teil deines Gehirns reagiert sehr empfindlich auf Alkohol. Deswegen schwankt man in betrunkenem Zustand. Dieses Experiment brauchst du übrigens nicht selbst durchzuführen, das habe ich schon für dich erledigt. Außerdem werden hier unten wichtige Informationen verarbeitet, die du über deine Augen und Ohren hereinbekommst. Die unterste Etage ist daher total wichtig, um am Leben zu bleiben. Deswegen liegt sie auch so gut unter den beiden anderen verborgen.

Wenn das Erdgeschoss das Reptiliengehirn ist, kann man den ersten Stock als Säugetierhirn bezeichnen. Hier befinden sich die Gehirnteile, die etwas mit Gefühlen oder Emotionen zu tun haben. Hast du jemals eine fröhliche Eidechse, eine griesgrämige Schildkröte oder eine traurige Schlange gesehen? Bestimmt nicht. Aber ganz sicher ist dir schon einmal ein fröhlicher Hund, eine wütende Katze oder ein ängstliches Kaninchen begegnet. Emotionen gehören mehr zu den Säugetieren als zu den Reptilien. Deswegen findet man im ersten Stock deines Gehirns unter anderem die Amygdala, das Angstzentrum deines Gehirns. In gefährlichen Situationen bestimmt dieser Teil deines Gehirns, was du tun sollst. Auch alle Erinnerungen, die mit Angst und Gefahr verbunden sind, werden hier gespeichert. Diesen Teil deines Gedächtnisses wirst du nicht so schnell verlieren. Man könnte also denken, es wäre eine gute Idee, den Stoff für die nächste Erdkundearbeit auf einem Hochseil über einem Krokodilteich zu lernen. Das könnte dir dabei helfen, dir alles zu merken. Aber richtig gut behältst du etwas nur, wenn es zu einer unangenehmen Erfahrung wird, und das liegt am Hippocampus.

WARUM DU SCHÖNE DINGE VERGISST UND UNANGENEHME NICHT

Der Hippocampus spielt eine sehr wichtige Rolle in deinem Gedächtnis. Er bestimmt nämlich, ob etwas wichtig genug ist, um es gut zu behalten, und in welchem Teil deines Gehirns es gespeichert werden soll. Das klingt prima, oder nicht? Aber der Hippocampus hat andere Interessen als du. Wenn du die Hauptstädte von Europa lernen sollst, wäre es angenehm, wenn du deinen Hippocampus beauftragen könntest, sich alles auf einmal zu merken. Leider funktioniert das so nicht. Und das ist nicht das einzige Problem. Dein Hippocampus und die Amygdala scheinen eine Vorliebe für unangenehme Ereignisse zu haben. Dinge, die du gern vergessen würdest, landen so in deinem Langzeitgedächtnis und Angenehmes vergisst du im Nu. Trotzdem hat auch das einen gewissen Vorteil, denn so kannst du unangenehme Dinge in Zukunft leichter vermeiden. Letzten Endes kommt dir das dann zugute. Aber für eine gute Note in Erdkunde solltest du lieber alle Hauptstädte pauken.

WARUM MAN 24 STUNDEN AM TAG AUF DICH AUFPASSEN MÜSSTE, WENN DEIN HYPOTHALAMUS EINEN DEFEKT HÄTTE

Auf dieser ersten Etage liegt auch der Hypothalamus, der Teil des Gehirns, der deine Körpertemperatur reguliert. Wer einen defekten Hypothalamus hat, kann schon von einem Spaziergang in der Sonne Fieber bekommen oder sich wegen eines zu dünnen Pullovers erkälten. Auch das Schlafbedürfnis und das Gefühl, genug oder sogar zu viel gegessen zu haben, wird vom Hypothalamus gesteuert. Ein Defekt am Hypothalamus kann dazu führen, dass du immer weiter isst oder überhaupt nicht mehr schläfst. In einem solchen Fall bräuchtest du jemanden, der 24 Stunden am Tag gut auf all diese Dinge achten müsste, sonst ginge alles schief. Zum Glück ist ein solches Leiden höchst selten. Der Hypothalamus kümmert sich auch um deine Emotionen. Wenn du also vor Wut kochst, weil dir dein Bruder den letzten Schluck Cola weggetrunken hat, macht dein Hypothalamus Überstunden.

SO EIN HIPPOCAMPUS MACHT DICH SO *richtig* FROH

IN DEINEM OBERSTÜBCHEN

WARUM AFFEN KEINE MATHEGENIES SIND

Was passiert, wenn du ein Schimpansenbaby wie ein Menschenkind aufziehst? Wird es am Ende sprechen lernen? Das wollte Winthrop Kellogg auch wissen. Als sein Sohn Donald 1932 geboren wurde, ergriff er die Gelegenheit beim Schopf. Seine Frau und er adoptierten Gua, ein Schimpansenmädchen im gleichen Alter wie Donald. Die Babys wurden exakt gleich erzogen. Und was passierte? Gua war anfangs in allem besser. Sie konnte früher laufen und mit einem Löffel essen. Aber dann begann Donald zu sprechen und Gua nicht. Donald wurde immer schlauer, während sich Gua nicht weiterentwickelte. Im vorigen Jahrhundert machte ein solches Experiment noch Sinn. Heutzutage brauchen wir es nicht mehr durchzuführen, denn jetzt verstehen wir die Zusammenhänge. Das Ganze hat mit der Großhirnrinde zu tun, der obersten Etage unseres Gehirns. Das Stockwerk mit der besten Aussicht – und das ist bei uns viel größer als bei anderen Säugetieren. Hier liegen die Areale, die uns von Schimpansen und anderen Tieren unterscheiden.

So liegt das Broca-Areal in unserer Großhirnrinde. Das ist ein Gehirnteil, der sich mit Sprache beschäftigt. Wenn damit etwas nicht in Ordnung ist, klappt das mit dem Sprechen nicht mehr so gut. Ganz in der Nähe befindet sich ein Teil, der dir beim Schreiben hilft, und etwas weiter ist der Mathematik-Höcker. In Wirklichkeit ist es kein Höcker und er hilft dir auch nicht nur bei Mathe, sondern auch bei der Sprache. Weit vorn liegt der präfrontale Cortex als Teil des Stirnhirns. Den Computer, die Mondlandung, die Pizza Quattro Formaggi und das Reserverad verdanken wir allesamt diesem Stückchen Gehirn, denn dort findet die komplizierte Denkarbeit statt. Pläne schmieden zum Beispiel oder an die Zukunft denken. Andere Säugetiere haben viel weniger von diesem Teil des Gehirns. Eichhörnchen schaffen es

gerade noch so, sich auf den Winter oder den Frühling vorzubereiten, aber die Planung einer Gruppenreise nach Rom wird ihnen nie gelingen.

WARUM IN JEDEM VON UNS EIN MÖRDER STECKT

Wenn die Amygdala dein Angstzentrum ist, dann erzählt dir dein präfrontaler Cortex, was du mit dieser Angst machen sollst. Man könnte sagen, dass die Amygdala sich mit der aktuellen Angst beschäftigt, während sich der präfrontale Cortex auf die längerfristig lauernden Gefahren konzentriert. Angenommen, du stehst vor deinem allerersten Fallschirmsprung und hängst schon halb aus dem Flugzeug, dann läutet die Amygdala alle vorhandenen Alarmglocken. Hätte sie das Sagen, würdest du möglichst schnell ins Flugzeug zurückklettern. Aber der präfrontale Cortex denkt etwas gelassener darüber nach und argumentiert: *Du hast einen Fallschirm, der dafür sorgt, dass es dich nicht zerschmettert. Fallschirmspringen ist eine sichere Sache. Und während du durch die Luft schwebst, hast du eine fantastische Sicht auf die*

Erde. Es soll wunderbar sein ... Deswegen kannst du deine Angst überwinden und den Sprung wagen. Auch deine Persönlichkeit wird zu einem großen Teil vom präfrontalen Cortex bestimmt. Ob du Mitgefühl hast zum Beispiel oder gewissenlos bist. Bei vielen Bösewichtern liegt an dieser Stelle tatsächlich eine Störung vor. Aber jeder kann sich eine solche Störung zuziehen, selbst Menschen, die nie auch nur einer Fliege etwas zuleide getan haben. Wenn sie einen Tumor oder eine andere Hirnschädigung in diesem Teil des Gehirns bekommen, können sie sich in einen bösartigen Mörder verwandeln. Zugegeben, das ist ein krasses Beispiel, aber der Charakter eines Menschen kann sich nach einer schweren Hirnschädigung sehr verändern.

WARUM JUGENDLICHE ÖFTER IN DER NOTAUFNAHME LANDEN ALS BIBLIOTHEKARINNEN

Risiken eingehen, sich beherrschen, über die Folgen einer Tat nachdenken, Pläne schmieden, nett sein zu anderen: Dein präfrontaler Cortex ist für all diese Dinge verantwortlich. Und ausgerechnet in diesem Teil der Großhirnrinde ändert sich während der Pubertät ungeheuer viel. Jede Sekunde werden dann Tausende und Abertausende neue Verbindungen angelegt und du musst lernen, wie du mit diesen neuen Verbindungen umgehst. Außerdem produziert dein Körper allerlei Stoffe, die dein Verhalten total verändern und alles durcheinanderbringen. Deswegen tritt Vandalismus häufiger bei Jugendlichen auf als bei Senioren. Und deswegen trifft man in Krankenhäusern auch Jugendliche, die versucht haben, mit überkreuzten Armen Fahrrad zu fahren, aber selten Bibliothekarinnen. Die schlechte Nachricht ist, dass es eine ganze Weile dauert, bis der präfrontale Cortex komplett entwickelt ist: Erst zwischen deinem 23. und 25. Lebensjahr wirst du dich »erwachsen« verhalten.
Es ist nie nur die Amygdala, der Hippocampus oder der Hypothalamus allein, die aktiv werden, wenn du

mit irgendwas beschäftigt bist. Es sind immer verschiedene Teile, die zusammenarbeiten. Allein um gut sehen zu können, benutzt du gleichzeitig eine ganze Menge unterschiedlicher Teile in deinem Gehirn: Den Teil, der dein Auge auf das Objekt scharf stellt, das du betrachten willst. Den Teil, der die Farben, die du siehst, verarbeitet. Den Teil, der Formen unterscheidet. Den Teil, der dafür sorgt, dass du räumlich siehst. Den Teil, der Bewegung wahrnimmt. Den Teil, der die Dinge, die du siehst, mit deinem Gedächtnis verbindet, damit du die Dinge erkennst. Und so weiter. Zum Glück können manche Teile deines Gehirns verschiedene Dinge gleichzeitig, wie der Hypothalamus, der ganz nebenbei, während er Temperatur, Herzschlag und Atmung regelt, auch noch deine Laune bestimmt. Wäre das nicht so, wäre unser Gehirn so groß, dass es nicht mehr in unseren Schädel passen würde.

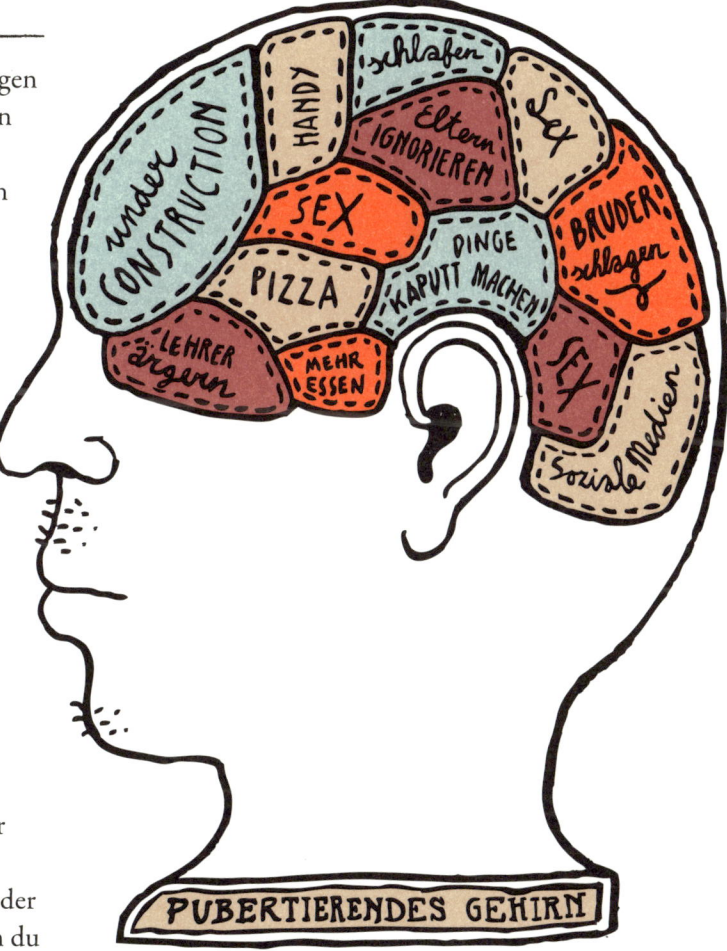

IM KELLER DEINES GEHIRNS

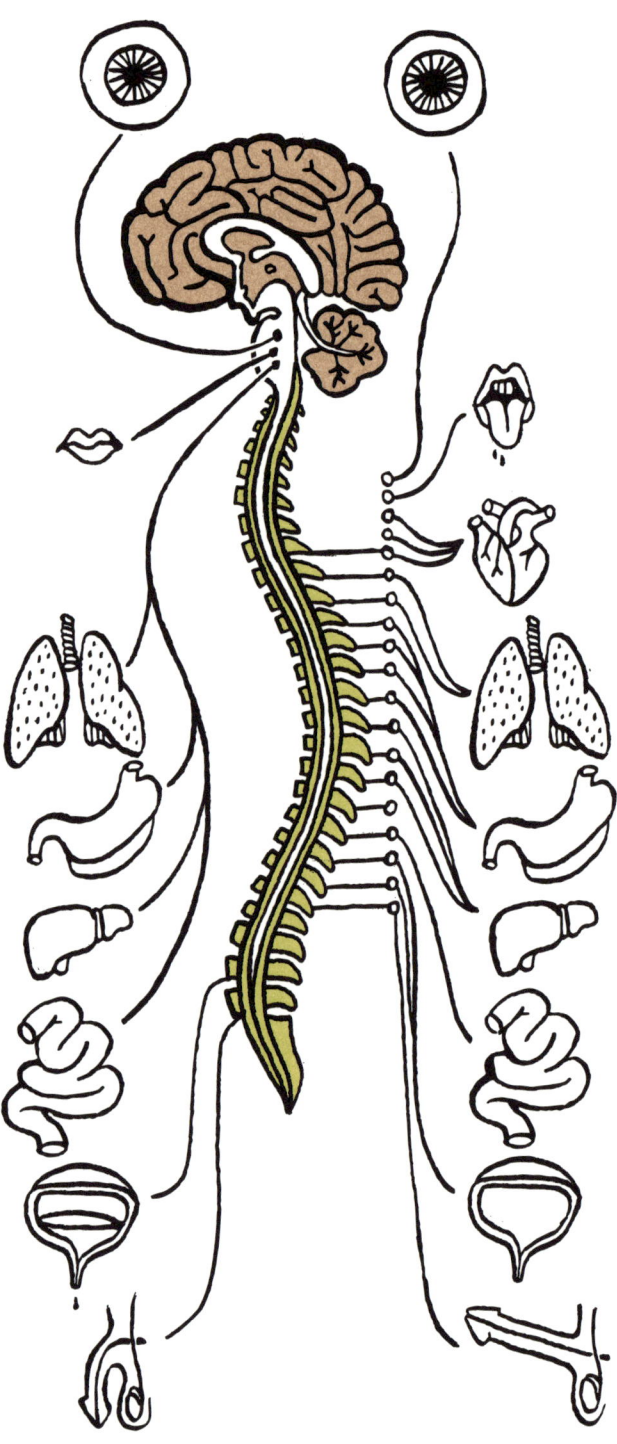

WARUM DU MANCHMAL SCHNELLER BIST, ALS DU DENKEN KANNST

Wenn du dir dein Gehirn als ein dreigeschossiges Gebäude vorstellst, dann bilden die Neuronen im Rest deines Körpers den Keller und das Fundament. Vor allem die Nervenzellen, die an deiner Wirbelsäule entlang verlaufen, sind wichtig. Die treffen nämlich allerlei Entscheidungen für dich, ohne dass dein Kopf davon etwas mitbekommt. Bei Tieren ist gut zu sehen, wie wichtig dieser »Keller« ist. Im Internet wimmelt es vor scheußlichen Filmen mit frisch enthaupteten Hühnern, die kopflos herumrennen, Schlangen, die sich noch bewegen, wenn sie in Stücke gehackt wurden, und anderen Tieren, die kopflos noch einen Moment weiterleben. Kakerlaken halten es sogar noch wochenlang ohne Kopf aus.

In deinem Körper befinden sich noch mehr Nervenbahnen, die in engem Kontakt mit deinem Gehirn oder deiner Wirbelsäule stehen. Sie reichen Informationen über deinen Körper an dein Gehirn weiter, aber sie geben auch die Befehle vom Gehirn an die Muskeln durch. Wenn du dir einen Zeh am Tischbein stößt, geht ein elektrisches Signal von den Nervenzellen im Zeh zu deinem Rückenmark. So kannst du auch blitzschnell zur Seite springen, wenn du aus Versehen in Brennnesseln gelandet bist. Anfangs hat dein Gehirn überhaupt nichts zu melden. Bevor deine Hirnzellen irgendetwas mitkriegen, treffen die Nervenzellen in deiner Wirbelsäule die Entscheidung, deinen Fuß zurückzuziehen. Die Entfernung vom Zeh zur Wirbelsäule ist kürzer als die vom Zeh zum Gehirn, also kannst du schneller reagieren. Du *kannst* nicht einmal *nicht* reagieren, weil deine Nerven schon eingegriffen haben, bevor dein Gehirn irgendwas mitkriegt.

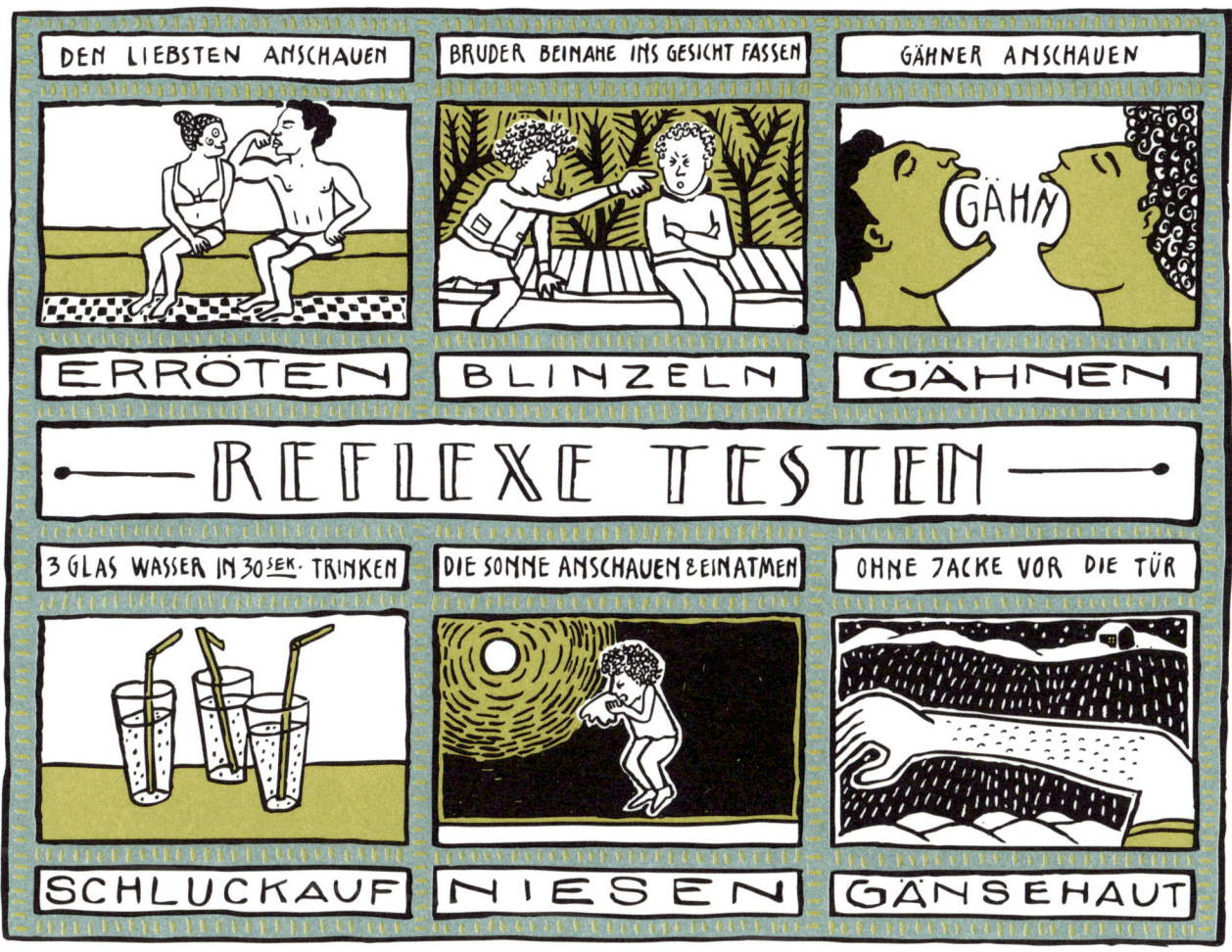

WARUM DICH DEIN GEHIRN ZUM NARREN HÄLT

So eine unbewusste Reaktion heißt Reflex. Ärzte testen deine Reflexe, indem sie beispielsweise mit einem Hämmerchen gegen dein Knie klopfen. Wenn die Reflexe gut funktionieren, bewegt sich dein Unterschenkel durch diese Berührung von selbst. In einem solchen Fall hinkt dein Gehirn ein wenig hinterher. Reflexe können ziemlich unangenehm sein. Schluckauf zum Beispiel. Und weil du hickst, bevor dein Gehirn das weiß, kannst du deinem Körper keinen Befehl geben, damit aufzuhören. Reflexe sorgen auch dafür, dass du sofort hinfällst, wenn du mit überkreuzten Armen Rad fährst. Dein Bewusstsein weiß genau, dass du die Arme falsch herum hältst, aber du korrigierst unbewusst mithilfe der Reflexe.

Das geht also immer schief. Doch oft sind Reflexe sehr nützlich. Beim Sport zum Beispiel. Angenommen, ein Tennisball saust mit Hochgeschwindigkeit auf dich zu. Noch bevor du es kapierst, sorgt deine Amygdala dafür, dass du ausweichst. Erst später wird dem Rest deines Gehirns klar, was passiert ist. Wenn man dich dann fragt, was du gemacht hast, sagst du: »Ich sah einen Ball auf mich zukommen und bin ihm ausgewichen.« Unsinn! Deine Amygdala reagierte, ehe du wusstest, was los ist. Und später machte dein Gehirn diese Geschichte daraus.
So halten wir uns selbst Tag für Tag zum Narren. Nun ist dies nur ein kleines unschuldiges Beispiel; es gibt viel schlimmere! Dazu gleich mehr. Denn wenn du wissen willst, was in unserem Kopf alles schiefgehen kann, musst du erst einmal wissen, wie dein Gedächtnis funktioniert.

IN DEN WINDUNGEN DEINES GEDÄCHTNISSES

WARUM DU GLAUBST, DASS DU DINGE VERGESSEN HAST

Stell dir mal vor, dein Gehirn wäre eine Europakarte und deine Hirnzellen die Dörfer und Städte auf dieser Karte. Dein Gedächtnis liegt nicht in diesen Orten, sondern in den Verbindungen zwischen den Orten. Solche Verbindungen zwischen deinen Gehirnzellen heißen Synapsen. Eine Erinnerung an deinen Geburtstag vor zwei Jahren liegt dann zum Beispiel auf der Strecke Amsterdam – Utrecht – Düsseldorf – Köln – Bonn – Diez – Antwerpen.

Angenommen, du müsstest dir die Zahlenkombination 0708452957 merken. Du hast schnell darüber hinweggelesen, nur wenn du ein Supergedächtnis hast, kannst du sie schon herunterschnurren. Sie ist wie eine Strecke durch einen Wald, die du schon einmal gelaufen bist. Deine Fußabdrücke sind für kurze Zeit sichtbar, verschwinden aber schnell wieder. Doch wenn du die Zahlen wiederholst oder dieselbe Strecke öfter läufst, bleibt immer mehr hängen. Schließlich wird aus der Spur ein Trampelpfad. Und dann hast du es dir gemerkt. Den Pfad musst du weiterhin ab und zu begehen, sonst verschwindet er wieder.

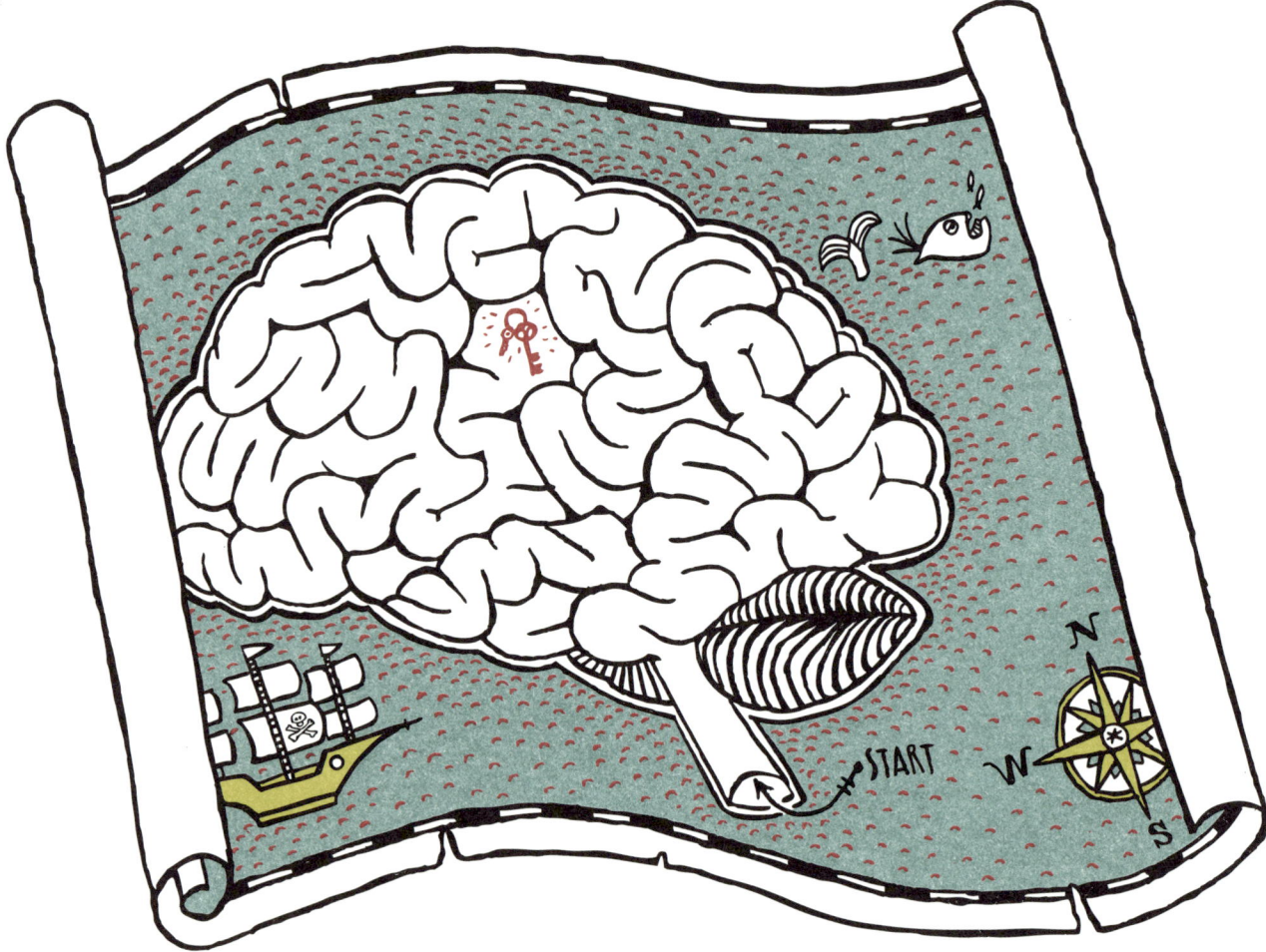

Zwischen all diesen Orten sind unvorstellbar viele Verbindungen möglich. Und du hast sogar etwa 86 Milliarden Nervenzellen im Gehirn mehr, als es Orte in Europa gibt. Jede Zelle kann mit 10 000 bis 100 000 anderen Zellen verbunden sein. Die Anzahl der möglichen Verbindungen ist un-vor-stell-bar groß. In dein Gedächtnis passen daher enorm viele Informationen. Manches scheinst du vergessen zu haben, aber wenn man bestimmten Bereichen deines Gehirns mithilfe von Elektroden einen kleinen Stromstoß verpasst, kann das verschüttete Erinnerungen zum Vorschein holen und plötzlich kannst du auf etwas Vergessenes wieder zugreifen. Leider weiß man nie, welche Erinnerungen man damit zum Vorschein bringt – wenn du deinen Fahrradschlüssel verloren hast, wirst du vermutlich selbst suchen müssen.

WARUM DEIN GEDÄCHTNIS MANCHMAL NACH EINER GEHIRNERSCHÜTTERUNG NICHT MEHR FUNKTIONIERT

Weißt du noch, was Ribosomen, Mitochondrien und Zytosol sind? Das wäre beeindruckend, vermutlich hast du es eher vergessen. Aber als du den Abschnitt über diese Themen gelesen hast, wusstest du es genau, weil da die Informationen noch in deinem Kurzzeitgedächtnis lagen. Wie der Name schon sagt, funktioniert das nur kurz. Nur wenn etwas Wichtiges passiert oder wenn du öfter damit zu tun hast, wird es in deinem Langzeitgedächtnis gespeichert.

Genau wie Straßen zwischen Orten gesperrt sein können, können auch Teile deines Gehirns nicht mehr zugänglich sein, zum Beispiel nach einer Gehirnerschütterung. Gehirnteile schwellen manchmal so an, dass es zu Quetschungen an anderer Stelle kommt. Der abgeklemmte Teil steht dann mit dem Rest des Gehirns nicht mehr in Verbindung, sodass dein Kurzzeitgedächtnis möglicherweise nicht mehr funktioniert. Neue Erfahrungen kannst du dann nicht behalten. Sobald deine Gehirnerschütterung vorüber ist, funktioniert das Gedächtnis meistens wieder gut. Die Schwellung ist abgeklungen und die Neuronen stehen wieder miteinander in Verbindung.

WARUM DU GLAUBEN KANNST, EWIG DREISSIG ZU SEIN

Neben dem Kurzzeitgedächtnis hast du auch ein Langzeitgedächtnis. Wir wissen viel darüber dank eines Mannes, der seines durch eine Operation verlor. Weil er nichts Neues mehr in sein Langzeitgedächtnis schieben konnte, blieb für ihn alles so wie an dem Tag, als er operiert wurde. In seinem Kopf blieb er immer dreißig Jahre alt. Der Präsident seines Landes blieb immer derselbe – sogar als der schon seit Jahren tot war. Und Menschen, die er danach kennen lernte, mussten sich ihm immer wieder neu vorstellen. Dinge aus der Vergangenheit wusste er noch, aber für neue Erfahrungen war so etwas wie eine Antihaftschicht in seinem Gehirn, an der nichts mehr hängen blieb. Auch als er längst nicht mehr wie dreißig aussah, glaubte er noch immer, jung zu sein. Irgendwann musste er umziehen und das stellte ihn vor ein großes Problem, denn er konnte sein neues Haus nicht finden. Er ging immer zu seiner alten Adresse zurück. Die Leute in seiner Umgebung konnten ihm zwar erzählen, er habe sein Gedächtnis verloren, aber nun ja, das hatte er kurz darauf schon wieder vergessen … Nach seinem Tod haben Hirnforscher sein Gehirn in Hunderte von Scheibchen geschnitten und Scheibchen für Scheibchen genau untersucht. So entdeckten sie, wo genau es in seinem Kopf schiefgegangen war.

IM RARITÄTENKABINETT DES GEHIRNS

WARUM DU BLIND SEIN KANNST, OBWOHL DEINE AUGEN PERFEKT FUNKTIONIEREN (1)

Das Gehirn war lange Zeit ein großes Mysterium. Vor allem als es noch keine Scanner gab, mit denen man in den Kopf hineinschauen konnte, war es schwierig herauszufinden, wie unser Gehirn funktioniert. Nur wenn im Gehirn erkennbar etwas fehlschlug, erhielten die Forscher neue Informationen, wie bei dem Mann, der nichts Neues in sein Langzeitgedächtnis hineinbekam. Dafür war es nicht immer notwendig, das Gehirn in Scheibchen zu schneiden. Hatte sich jemand beispielsweise eine Kugel im Broca-Areal eingefangen und konnte danach nicht mehr sprechen, wussten Ärzte, dass das betroffene Gebiet etwas mit unserer Sprache zu tun hatte.

Die Probleme von Menschen, bei denen ein Teil des Gehirns seine Arbeit nicht mehr gut erledigt, bieten uns einen Blick hinter die Kulissen. So gibt es Menschen, die keine beweglichen Gegenstände wahrnehmen können, weil in ihrem Gehirn der Teil nicht funktioniert, der für die Registrierung von Bewegungen zuständig ist. Dabei sind ihre Augen vollkommen in Ordnung. Aber wenn die Bilder ins »Bewegungsregistrierzentrum« des Gehirns wollen, ist der Weg blockiert. Es ist, als hätten sie die Bilder nie gesehen. Ihr Gehirn ist für bewegliche Objekte einfach blind. Dinge, die sich nicht bewegen, können sie dagegen hervorragend erkennen, denn bei unbeweglichen Bildern wird das Bewegungsregistrierzentrum übersprungen. Diese Bilder kommen also im Gehirn an.

WARUM JEMAND DEN KOPF SEINER FRAU MIT EINEM HUT VERWECHSELN KANN

Wenn in deinem Gehirn etwas nicht stimmt, können die seltsamsten Sachen passieren. So gibt es Leute, die glauben, ein Arm oder Bein gehöre gar nicht zu ihnen. Sie sehen ihr eigenes Bein und denken, es gehöre einem Fremden. Am liebsten wäre ihnen, ein Chirurg würde es absägen. Lieber eingeschränkt bewegungsfähig als ein fremdes Bein. Zum Glück gibt es keine Chirurgen, die das einfach so machen. Obwohl, zum Glück? Darüber denken die Menschen mit einem solchen Problem anders.

Es gibt auch Menschen, für die offenbar jeder Buchstabe eine bestimmte Farbe hat. Ein A ist zum Beispiel rot und ein X ist gelb. Wo wir ein weißes Blatt mit schwarzen Buchstaben sehen, schauen sie auf eine Seite voller Farben. Manche *hören* auch Farben. Oder sie sehen Bilder zur Musik. Dieses Phänomen heißt Synästhesie. Vor allem Künstler und Musiker haben das. Wahrscheinlich liegt es daran, dass Informationen, die zum »Farbenteil« des Gehirns gehören, versehentlich mit dem »Klangteil« verbunden sind.

Manche Menschen wirken vollkommen normal: Sie denken klar und man merkt ihnen überhaupt nichts an. Bis sie auf einmal etwas Seltsames machen. So hat es mal jemanden gegeben, der sich den Kopf seiner Frau aufsetzen wollte, weil er dachte, es sei sein Hut. Wieder andere Menschen halten sich für Gott! Es gibt sogar Leute, die glauben, dass sie tot sind und als Geist herumlaufen, und daran keinerlei Zweifel hegen. Was man denkt und was man fühlt, ist häufig wirklicher als alle Logik und alles Wissen vom Rest der Welt. Und all dieses Denken und Fühlen hat mit deinem Gehirn zu tun.

JUNGEN ODER MÄDCHEN IM KOPF

WARUM DU NICHT BESTIMMEN KANNST, IN WEN DU DICH VERLIEBST

Kannst du frei entscheiden, ob du ein Brötchen mit gedünstetem Endiviengemüse, Makrele und Schokoladensoße lecker findest? Oder ob dir die Musik von Mozart gefällt? Oder ob du dich in den Nachbarjungen verliebst? Nein. Diese Dinge sind bereits in deinem Gehirn angelegt und dagegen kann man wenig machen. Obwohl … wenn du kein Endiviengemüse magst, könntest du es regelmäßig an besonders schönen Tagen essen, vielleicht schmeckt es dann irgendwann doch besser. Ein leckereres Rezept als oben beschrieben hilft bestimmt auch. Das gilt auch für Musik: Wenn Musik mit schönen Erinnerungen verbunden ist, wird man sie ganz von selbst lieben.

Aber Verliebtheit sitzt tiefer. Wenn du auf Jungs stehst, kannst du dich nicht entscheiden, dich in Mädchen zu verlieben. Die meisten Mädchen verlieben sich in Jungen und die meisten Jungen in Mädchen. Aber es gibt auch Jungen, die sich in Jungen verlieben, oder in Jungen *und* Mädchen. Und ebenso Mädchen, die sich in Mädchen verlieben, oder in Mädchen *und* Jungen. Gehirnforscher können das manchmal an der Struktur des Gehirns erkennen. Etwa sechs Prozent unserer Bevölkerung sind homosexuell (also Jungen, die sich in Jungen verlieben, und Mädchen, die Mädchen lieben) oder bisexuell (sie verlieben sich in beide Geschlechter). Wie es im Rest der Welt aussieht, ist schwer einzuschätzen, weil Homosexualität in manchen Ländern verboten ist oder weil sich Menschen dafür schämen. Aber vermutlich sind es weltweit auch etwa sechs Prozent. Trotzdem gibt es Menschen, die Homosexualität ablehnen oder unnatürlich finden. Dabei kommt sie auch in der Vogelwelt vor, bei den Säugetieren, bei Fischen, Reptilien, Amphibien und Insekten. Bei Aberhunderten von Tierarten. Die Frage ist, was unnatürlicher ist: homosexuell sein oder das Homosexuell-Sein verbieten?

WARUM JUNGEN NICHT BESSER SIND ALS MÄDCHEN UND UMGEKEHRT

Wer ist eigentlich besser, Jungen oder Mädchen? Die wichtigsten Erfindungen stammen von Männern, heißt es oft. Medizinische Durchbrüche, technische Entwicklungen, berühmte Rezepte: Sie stammen viel häufiger von Männern als von Frauen. Und Männer haben oft die wichtigsten Posten. Kein Wunder, denn Frauen hatten jahrhundertelang – oft auch heute noch – nicht dieselben Chancen wie Männer, kann man entgegnen. Männer besiegen Frauen auch im Sport. Stimmt, aber sie haben nun mal andere körperliche Voraussetzungen. Auf der anderen Seite ... sind es oft Männer, die Kriege anzetteln. Serienmörder sind häufiger männlich als weiblich. Frauen gelten dagegen als fürsorglicher: Es gibt viel mehr Krankenschwestern als Pfleger. Sie können oft besser mit anderen Menschen umgehen, leben länger – und bald sind die meisten Ärzte weiblich!

Es ist also eine unsinnige Frage. Männer und Frauen unterscheiden sich voneinander. Nicht nur, weil sie oft anders erzogen werden, sondern auch, weil ihr Gehirn anders tickt. Das siehst du schon bei Kindern: Die meisten Jungen spielen lieber mit Schwertern und Autos, Mädchen lieber mit Puppen. Das kann man schon bei Affen beobachten: Affenjungen spielen lieber mit typischem Jungenspielzeug und Affenmädchen entscheiden sich für Mädchenspielzeug. Trotzdem gibt es auch hier Ausnahmen, sowohl bei Affen als auch bei Menschen. Längst nicht jeder Junge mag Schwerter und manche Mädchen spielen gern mit Autos. Solltest du später selbst Kinder bekommen, fragst du sie besser, was sie gern zum Geburtstag hätten. Übrigens hat das Verhalten von Jungen und Mädchen nicht nur mit der Umgebung, in der sie aufwachsen, und mit der Aktivität des Gehirns zu tun. Es liegt auch an den chemischen Stoffen, auf die das Gehirn stark reagiert. Ob du's glaubst oder nicht, aber deine Stimmung ist zum großen Teil von einigen einfachen Molekülen abhängig ...

MANN ♂
- - - - - - -

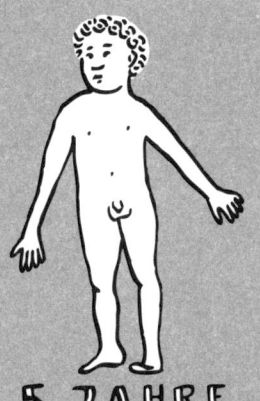 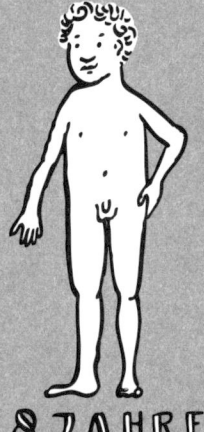 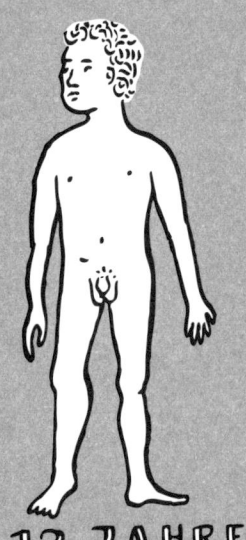 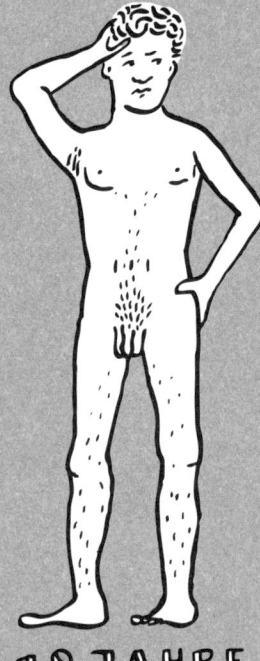

5 JAHRE   8 JAHRE   12 JAHRE   18 JAHRE

FRAU ♀
- - - - - - -

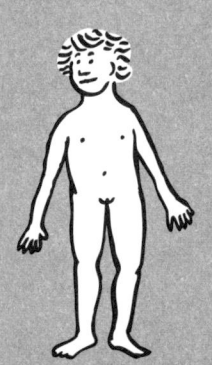 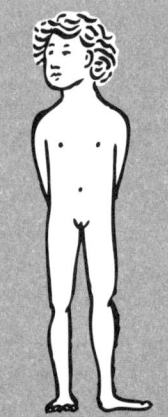 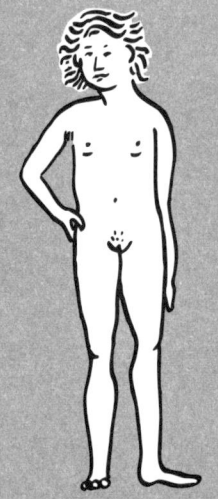 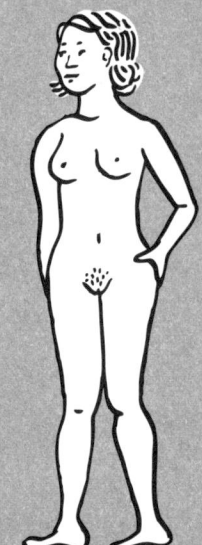

5 JAHRE   8 JAHRE   12 JAHRE   18 JAHRE

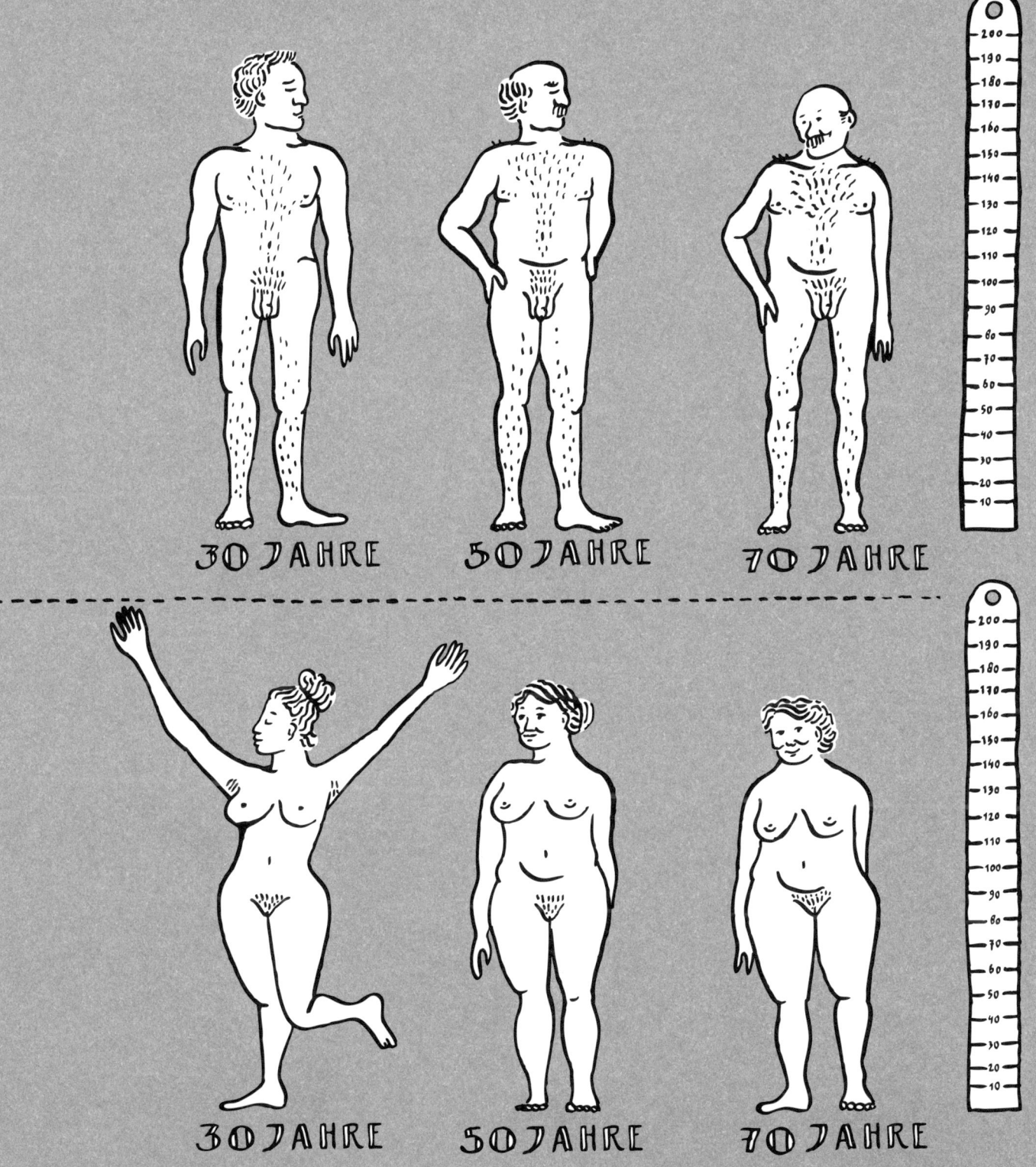

30 JAHRE   50 JAHRE   70 JAHRE

30 JAHRE   50 JAHRE   70 JAHRE

IM E-MAIL-FACH DEINES KÖRPERS

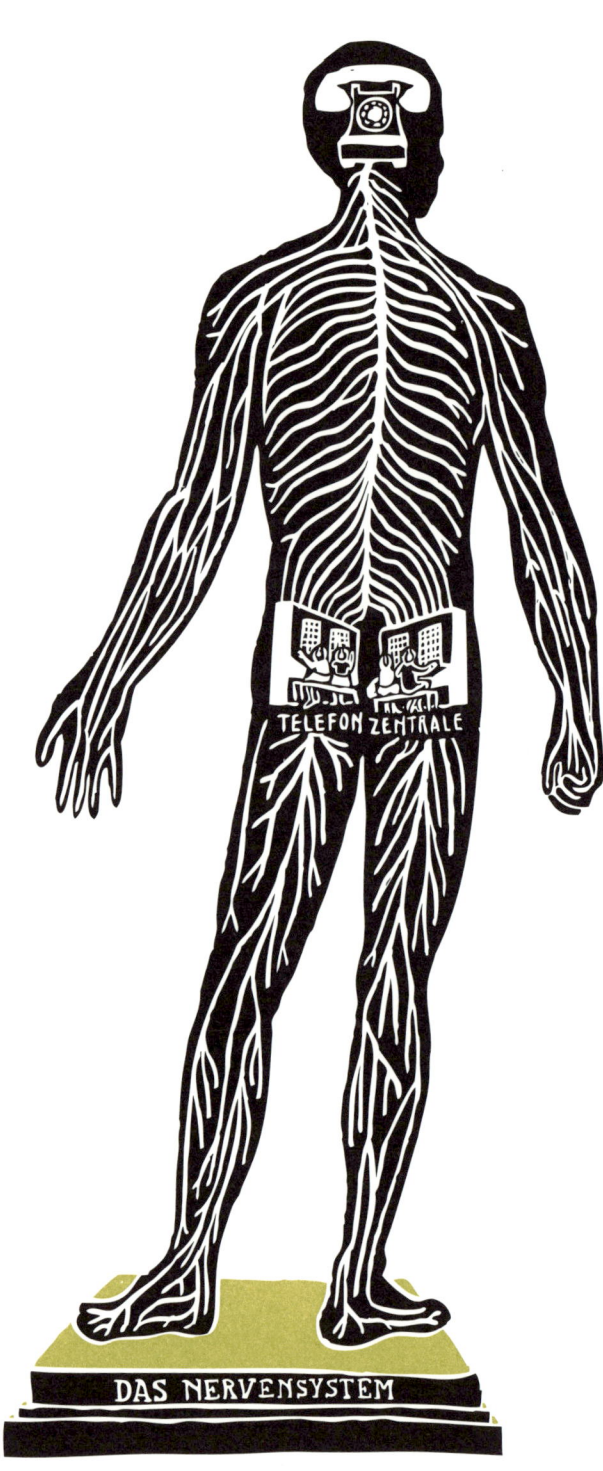

TELEFON ZENTRALE

DAS NERVENSYSTEM

WARUM DU ABENDS MÜDE WIRST

Dein Nervensystem kannst du dir wie ein Telefonnetz vorstellen, dessen Leitungen in deinem ganzen Körper verlegt sind. Wenn dein Gehirn einem Finger einen Auftrag erteilen will, läuft dieser »Befehl« über die Nervenzellen vom Gehirn zum entsprechenden Finger. Sobald dein Finger den Auftrag erledigt hat, wird die Verbindung unterbrochen. Das funktioniert prima. Aber was ist, wenn dein Gehirn eine Nachricht für deinen gesamten Körper hat? Und wenn sie auch noch für längere Zeit gelten soll? Wollte man eine solche Botschaft auf dem Weg über die Nerven verbreiten, müssten die Nerven deinem Körper ständig dasselbe Signal senden. Die »Telefonleitungen« wären damit schnell überlastet. Deswegen gibt es ein anderes System für solche Nachrichten: Hormone.

Wenn deine Nerven Telefonleitungen darstellen, dann sind deine Hormone E-Mails vom Gehirn an den Körper. Denn die Nachricht bleibt erhalten, auch wenn die Verbindung unterbrochen ist. Hormone sind chemische Stoffe, die dein Körper produziert, um Nachrichten weiterzuleiten. Sie werden an allerlei Stellen deines Körpers hergestellt und reisen über das Blut zu ihrem jeweiligen Bestimmungsort. Es gibt verschiedene Arten von Hormonen und alle haben unterschiedliche Aufgaben. Wenn du abends müde wirst und schlafen willst, dann liegt das am Hormon Melatonin. Wenn du morgens wach wirst, ist das Hormon Histamin daran schuld. Wenn du genügend gegessen hast, sorgt das Hormon Leptin dafür, dass du nicht endlos weiter isst. Und wenn mal wieder ein Rudel Wölfe hinter dir her ist, sorgt das Hormon Adrenalin dafür, dass du aufmerksam und hellwach bist und genügend Energie für einen Extrasprint bekommst. Das sind nur ein paar Beispiele. Es gibt sogar ein Hormon, das dafür sorgt, dass du dein Zimmer aufräumen willst. Ehrlich! Aber dazu später.

WARUM MANCHE SCHWIMMERINNEN WIE MÄNNER AUSSEHEN

Manche Hormone wirken nur vorübergehend. Zum Beispiel Leptin, das Ich-bin-satt-Hormon. Dieses Hormon muss nicht stundenlang wirken, denn dann würdest du nicht mehr essen wollen und irgendwann vor lauter Nahrungsmangel tot umfallen. Deswegen nimmt der Effekt von Leptin irgendwann ab und an seine Stelle tritt ein anderes Hormon. Dieses Hormon heißt Ghrelin und ist appetitanregend! Sobald du gegessen hast, räumt das Ghrelin seinen Platz wieder für das Leptin und die ganze Geschichte beginnt von vorn.

Es gibt auch Hormone mit Langzeitwirkung. Jungen bekommen irgendwann einen Bart und stärkere Muskeln. Das kommt durch das männliche Hormon Testosteron. Wenn der Körper plötzlich kein Testosteron mehr produziert, verschwinden diese Muskeln natürlich nicht sofort. Das geht sehr langsam und

nach und nach; sie gehen auch nie mehr ganz weg. Jetzt verstehst du, weshalb Spitzensportler früher gern Pillen mit Testosteron schluckten: um stärker zu werden. Auch weibliche Sportler benutzten Testosteron, vor allem Leichtathletinnen und Schwimmerinnen. War das erlaubt? Nein, natürlich nicht, denn das führte zu einem Wettbewerbsvorteil. Die Sportlerinnen leugneten hoch und heilig, Hormone geschluckt zu haben, aber ihre Körper wurden so männlich, dass sie Bände sprachen. Frauen produzieren von Natur aus viel weniger Testosteron. Deswegen haben sie weniger Muskeln als Männer.

Es gibt auch ein weibliches Hormon: Östrogen. Es sorgt dafür, dass Mädchen ab einem bestimmten Zeitpunkt ihre Regel bekommen und dass ihre Brüste wachsen. Männer haben auch etwas Östrogen, aber viel weniger als Frauen. Hormone können also eine starke Wirkung auf deinen Körper haben. Aber nicht nur das. Sie bestimmen auch, was du willst, wie du dich verhältst und was dir gefällt.

IM CHEMIESAAL DEINES KOPFES

WARUM EIN HOCHDRUCKGEBIET ÜBER SKANDINAVIEN EINEN KRIEG AUSLÖSEN KANN

In Märchen gibt es bisweilen Zaubertränke, nach deren Genuss sich die Hauptperson in jemanden verliebt. Oder Mittel, nach deren Einnahme man nie müde wird. Aber diese Wundermittel kommen nicht nur in Erzählungen vor. Sie bestehen wirklich und zwar auch in deinem Körper: die Hormone. Meistens wirken sie nicht ganz so gut wie in Erzählungen und Märchen, aber sie wirken. Die Hormone bestimmen nämlich nicht nur, wie du dich fühlst, sondern haben auch Einfluss auf die Weltpolitik und die Geschichte. Streit, Schlachten, Kriege: alles wegen der Hormone.

So ist Testosteron nicht nur für ein männliches Äußeres zuständig, sondern beeinflusst im Zusammenspiel mit Cortisol auch das Verhalten, zum Beispiel Aggressivität. Männer werden fünfmal häufiger zum Mörder als Frauen. Je mehr Testosteron und je weniger Cortisol ein Mensch im Blut hat, desto größer ist die Chance, dass er gewalttätig wird. Bei Gefangenen, die wegen Gewalttaten einsitzen, findet man mehr Testosteron und weniger Cortisol im Blut als bei anderen. Das gilt übrigens auch für weibliche Gefangene. Leider können Männer die Menge an Testosteron in ihrem Körper nicht selbst bestimmen. Was aber bestimmt sie dann? Licht und Temperatur zum Beispiel. Im Sommer wird man viel schneller aggressiv als im Winter. Professor Gabriel Schreiber untersuchte 2131 Feldschlachten der letzten 3500 Jahre und fand heraus, dass die meisten Kriege im Sommer ausgebrochen waren. Andere Studien ergaben eine steigende Menge an Testosteron bei steigenden Temperaturen. Und du dachtest, du hättest selbst die Entscheidung getroffen, einen Streit mit deinem Nachbarmädchen vom Zaun zu brechen! Dabei wurde deine Stimmung in Wirklichkeit von einem Hochdruckgebiet über Skandinavien beeinflusst, das warmes Wetter brachte ...

WARUM DU DEIN ZIMMER – VIELLEICHT – DOCH NOCH IRGENDWANN AUFRÄUMST

Wenn es ein Hormon gibt, das Kriege auslösen kann, gibt es vielleicht auch ein Hormon, das sie vermeiden könnte? Ja! Zumindest gibt es einen Stoff, der dem durchaus nahekommt. Menschen mit mehr Oxytocin im Blut sind freundlicher, großzügiger und ruhiger. Außerdem vertrauen sie anderen schneller und sind nicht so ängstlich. Alles Eigenschaften, die weniger Streit und Aggression nach sich ziehen. Und Oxytocin ist einfach in Sprühflakons und als Seife zu kaufen, aber es wird nicht von führenden Politikern gekauft, sondern von windigen Verkäufern und anderen Betrügern. Die Fläschchen tragen Namen wie »liquid trust« oder »flüssiges Vertrauen«. Damit sollen einem andere Menschen schneller Vertrauen schenken. Aber sie funktionieren nicht wirklich. Besser ist es, du produzierst das Oxytocin selbst, was gar nicht so schwer ist, sowohl bei dir selbst wie auch bei jemand anderem. Du musst einfach mit jemandem kuscheln. Schon das Kuscheln mit deinem Hund oder deinem Kaninchen hilft!

Würde man also ab sofort jeden Menschen auf unserer Erde dazu verpflichten, morgens eine Viertelstunde zu kuscheln, gäbe es in unserer Welt bald viel weniger Kriege.

Es gibt unzählige verschiedene Hormone mit sehr unterschiedlichen Wirkungen auf deinen Körper und dein Gehirn. Mein Lieblingshormon ist Prolaktin. Viele Tiere produzieren dieses Hormon im Frühling, wenn sie Nester bauen. Bei Menschen tritt es vor allem bei schwangeren Frauen auf. Das Hormon sorgt dafür, dass sie sich auf die Geburt ihres Kindes vorbereiten. Wie Vögel zeigen sie auch ein »Nistverhalten«. Plötzlich finden sie Saubermachen sehr wichtig und besuchen allerlei Möbel- und Farbengeschäfte, um schöne Farben und Schränkchen für das Kinderzimmer zu kaufen. Und ihre Männer machen einfach mit, denn auch ihr Blut weist nun mehr Prolaktin auf. Manchmal stellt jemand wegen eines kleinen Fehlers im Gehirn zu viel Prolaktin her. So jemand putzt und wischt dann, was das Zeug hält. Stell dir mal vor, man würde dir Prolaktin unter die Limonade mischen, dann würdest du plötzlich ganz von selbst dein Zimmer aufräumen!

  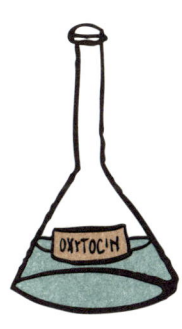    

IM KOPF DES MÄNNCHENS IN DEINEM KOPF

WARUM DU (FAST) NICHTS SELBST BESTIMMEN KANNST

Als Baby kannst du nicht wählen, ob du ein Junge oder ein Mädchen wirst. Und die Menge an Testosteron beeinflusst, wie aggressiv du bist. Jugendliche können nichts dagegen machen, dass sie mehr Risiken eingehen und weniger Hemmungen haben. Und Hormone bestimmen sogar, ob du dein Zimmer aufräumst oder nicht. Kannst du eigentlich überhaupt noch etwas bestimmen, was du willst?
Und wer bist du dann selbst? Bist du die kleine Stimme in deinem Kopf, die Gedanken äußert?

Früher dachte man, das Stimmchen in unserem Kopf sei eine Art Mensch. Deswegen nannte man es »homunculus«, Lateinisch für kleiner Mensch. Aber wenn ein Mensch in unserem Kopf sitzt – womit denkt der dann? Und hat dieser Homunculus wieder-

um ein kleines Gehirn, in dem ein Homunculus sitzt, und dieser dann auch wieder …? Na ja, du verstehst schon, das können wir unendlich fortsetzen. Es gibt tatsächlich keinen Ort in unserem Gehirn, wo sich unser Wille befindet. Die 86 Milliarden Nervenzellen mit all ihren Verbindungen bestimmen gemeinsam, was wir wollen. Und deine Laune wird von deinen Hormonen beeinflusst, aber auch von deinem Willen. Sonst wärst du ja immer fröhlich. Auch deinen Charakter kannst du nicht wirklich selbst bestimmen. Dabei würden viele Menschen durchaus gern etwas an ihrem Charakter ändern. Aber du bist nun einmal so, wie du bist. Nur wenn dein Gehirn beschädigt wird – zum Beispiel bei einem Unfall –, kann sich auch dein Charakter ändern. Doch darauf hast du keinen Einfluss, du kannst es nicht steuern. So gibt es noch vieles, das nicht in deiner Hand liegt. Gibt es denn überhaupt etwas, wo du ein Wörtchen mitzureden hast …?

WARUM UNS DAS STIMMCHEN IM KOPF ZUM NARREN HÄLT

Unsere Gedanken, unser Wille und unser Charakter werden von Stoffen mit bestimmt, die von einer Ansammlung winzigster Zellen hergestellt werden. Das ist eben so. Diese Zellen bestimmen mit, was wir wollen, noch bevor wir auch nur etwas ahnen. Denn der bewusste Teil unseres Gehirns, das Stimmchen im Kopf, stolpert immer hinter den Fakten her. Das wissen wir aus einem weltberühmten Experiment.

Auf einem Bildschirm lief ein Zeiger, ähnlich dem Sekundenzeiger einer Uhr. Eine Gruppe von Versuchspersonen musste hin und wieder auf ein Knöpfchen drücken. Sie durften selbst entscheiden, wann sie drücken, sie mussten nur angeben, wo der Zeiger stand, als sie sich zum Drücken entschieden. Die Forscher beobachteten über einen Scanner, was währenddessen im Gehirn passierte. Auf den Bildern im Scanner konnten sie genau sehen, wann die Versuchsperson wirklich beschlossen hatte zu drücken. Was stellte sich heraus? Die Forscher sahen schon viel früher, wann die Versuchsperson drücken wollte – viel früher als die Person selbst sich dieser Tatsache bewusst war! Es hat mehrere solcher Untersuchungen gegeben und alle kamen zum selben Ergebnis. Unser Stimmchen wartet ab, was unser Gehirn macht, und hält uns danach zum Narren, indem es so tut, als hätte es die Entscheidung selbst getroffen ...

WARUM DU DOCH SCHLAUER SEIN KANNST ALS DEIN GEHIRN

Wie unser Gehirn funktioniert, ist auch bei Menschen zu erkennen, deren rechte Gehirnhälfte nicht mehr so gut mit der linken zusammenarbeitet. Diese Menschen haben nur noch die Hälfte ihres Körpers unter Kontrolle. Es scheint, als würde der andere Teil von einem Fremden ferngesteuert. Der linke Teil ihres Körpers macht oft vollkommen andere Sachen als der rechte. Mit ihrer linken Hand schließen sie zum Beispiel ihre Jackenknöpfe und mit der rechten öffnen sie sie wieder. Sie haben sozusagen zwei Gehirne in *einem* Kopf. Zwei Gehirne mit einem eigenen Willen, die ihre eigenen Entscheidungen treffen.

Sind wir denn wirklich Sklaven unseres Gehirns und unserer Hormone? Können wir die nicht irgendwie überlisten? Wir wollen doch lieber glücklich sein als unglücklich? Und lieber aktiv als faul? Lieber freundlich als aggressiv? Können wir unsere Hormone denn nicht in Schach halten? Aber klar! Das geht. Wenn du sehr gründlich und bewusst über etwas nachdenkst und dann erst handelst, kannst du deine Hormone besiegen. Wenn das Ghrelin in deinem Körper zum Beispiel mitteilt, dass du Hunger hast, kannst du beschließen, nicht zu essen. So trägt dein Menschengehirn über dein Reptiliengehirn den Sieg davon. Du kannst sogar auf Kommando fröhlich werden. Dafür brauchst du nur ein wenig Dopamin herzustellen. Wie? Indem du lachst! Zehn Minuten Lachen reichen für die Herstellung von Dopamin. Es hilft sogar schon, eine Weile mit einem Bleistift zwischen den Zähnen herumzulaufen, sodass dein Mund so was wie ein Lachen zeigt. Es macht also nicht einmal etwas, ob du wirklich lachst oder nur so tust, als ob. Probier's ruhig mal aus!

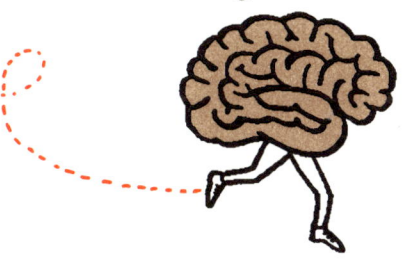

IM TÄGLICHEN LEBEN

AN KLEIDUNG ZUPFEN · GESICHT BERÜHREN · STOCKSTEIF STEHEN · ERRÖTEN

ERKENNE den LÜGNER

WARUM DEIN KÖRPER NICHT GUT LÜGEN KANN

Es geschieht so unfassbar vieles in unserem Körper, was uns gar nicht bewusst ist. Oder wir sind uns dessen bewusst, können es aber nicht beherrschen oder kontrollieren, etwa, wenn wir erröten, den Schluckauf haben oder vor lauter Nervosität zittern. Am laufenden Band verrät unser Körper, was in uns vorgeht. Versteht man die Körpersprache anderer Menschen gut, kann man eine Menge erfahren, denn der Körper ist sehr ehrlich. So leicht es ist, sich eine Lüge auszudenken, so schwierig ist es, mit dem Körper zu lügen.

Wenn du mit jemandem sprichst, dessen Füße schon in die andere Richtung zeigen, solltest du am besten gleich aufhören. Denn diese Person findet deine Geschichte völlig uninteressant und will lieber weg. Steht derjenige jedoch in der gleichen Haltung wie du und schaut er dich die ganze Zeit über an, weißt du, dass deine Geschichte interessant genug ist. Körpersprache sendet meist verlässliche Signale aus, denn normalerweise denkst du nicht bewusst über deine Körperhaltung nach. Die wird von deinem Reptilien-

und Säugetierhirn bestimmt. Genau deswegen ist die Körperhaltung so ehrlich. Frage mal deine Eltern oder deinen Lehrer nach der Hauptstadt von Neuseeland und achte darauf, was sie machen. Gut möglich, dass sie sich am Hinterkopf kratzen, sich über das Kinn reiben oder mit dem Stift in ihrer Hand anfangen herumzuspielen (es sei denn, sie wissen die Antwort sofort, dann musst du ihnen eine schwierigere Frage stellen – die richtige Antwort ist übrigens Wellington). Du weißt jetzt, welches Verhalten sie an den Tag legen, wenn sie sich einer Sache nicht sicher sind. Das kannst du dir zunutze machen, wenn du ausgehen willst und darüber verhandeln musst, wie spät du zu Hause sein sollst.

WARUM EIN LÜGENDETEKTOR MANCHMAL SEHR GUT FUNKTIONIERT

Weil die Körpersprache unserem »Säugetierhirn« entstammt, haben dein Hund oder deine Katze eine ähnliche Sprache. Sie lecken oder kratzen sich, wenn sie unsicher sind. Der Psychologe Paul Ekman studierte jahrelang Gebärden, Gesichtsausdrücke und Körperhaltungen von Menschen überall auf der

Welt. Er entdeckte, dass sie bei jedem Volk gleich sind. Deswegen müssen sie ganz tief in uns verankert sein. Die Polizei macht sich dieses Wissen zunutze. Dummerweise können manche Menschen aber so gut mit dem Körper lügen, dass sie fast alle hinters Licht führen. Trotzdem ist ihre erste Körperreaktion immer ehrlich. Darum filmt Ekman Verdächtige beim Verhör und spielt die Aufnahme in Zeitlupe ab. So sieht er oft erst eine wütende Reaktion oder einen ängstlichen Gesichtsausdruck, bevor der Kriminelle schnell ein selbstsicheres, ruhiges und freundliches Gesicht zeigt.

Für die Polizei gibt es noch ein Mittel, das aufzeigen kann, ob jemand lügt oder nicht: der Lügendetektor. Der kann in vielen Fällen sehen, ob Menschen ehrlich sind. Wenn du lügst, musst du gründlicher nachdenken, um zu vermeiden, dir später zu widersprechen oder Dinge zu erzählen, die nie im Leben stimmen können. Darum arbeitet dein Gehirn auf Hochtouren. Es braucht mehr Sauerstoff, dein Herz schlägt schneller, du beginnst ein klein wenig zu schwitzen und sogar deine Stimme verändert sich ein bisschen: Alles Dinge, die du mit einem Lügendetektor messen kannst. Erst stellen die Polizisten allerlei harmlose Fragen, damit sie den normalen Herzschlag und die Stimme festhalten können. Danach kommen sie mit Fragen, die mit dem Verbrechen im Zusammenhang stehen. Wenn dann eine deutliche Veränderung erkennbar ist, wird der Verdächtige noch verdächtiger. In den meisten Fällen funktioniert so ein Lügendetektor prima, aber perfekt ist er nicht. Manche Kriminelle reagieren überhaupt nicht auf das Gerät und manchmal kommen Unschuldige als Verdächtige aus dem Test. Deswegen wird er bei uns nicht mehr verwendet und in Ländern, die ihn trotzdem noch nutzen, gilt das Ergebnis nie als eindeutiger Beweis.

WARUM DU SEHEN KANNST, OB JEMAND IN DICH VERLIEBT IST

Du kannst auch zu deinem eigenen Wahrheitsdetektor werden. Zum Beispiel, wenn du herausfinden willst, ob die Person, in die du verliebt bist, auch auf dich steht. Es gibt nämlich Signale, die das zeigen.

Sehr wichtig sind die Pupillen, also der innerste kleine Kreis in deinen Augen, der das Licht durchlässt. Wenn du jemanden siehst, der dir sehr gut gefällt, weiten sich deine Pupillen. Dann fällt mehr Licht ins Auge, als wolltest du möglichst viel von ihm sehen. Nur im Dunkeln kannst du aus der Pupillengröße leider nichts ableiten, dann werden sie nämlich von selbst größer. Sind die Pupillen der Person, die dir gefällt, dagegen am helllichten Tag sehr groß, ist das sehr günstig!

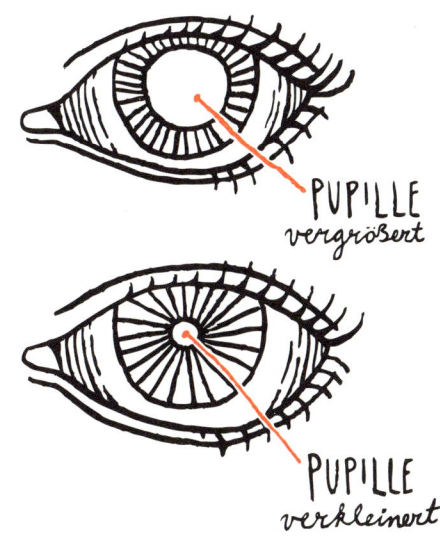

PUPILLE *vergrößert*

PUPILLE *verkleinert*

Auch der Herzschlag ist ein guter Gradmesser. Je schneller der Herzschlag, desto größer deine Chance. Mit einer kleinen Ausrede könntest du das Handgelenk der Person festhalten und den Finger auf eine Schlagader legen, um den Puls zu spüren. Wenn du dich das nicht traust, kannst du auch auf die Wangen und Ohren schauen. Sind die ein wenig gerötet, verraten sie ebenfalls einen erhöhten Herzschlag. Auch warme Hände sind ein gutes Zeichen. Und wenn der oder die andere sich auch noch ständig in die Haare fasst oder an der Kleidung herumfriemelt, sind deine Chancen noch weiter gestiegen. Das verweist nämlich auf Unsicherheit und die gehört zum Verliebtsein. Hast du bei den meisten dieser Signale ein gutes Ergebnis, kann fast nichts mehr schiefgehen, obwohl du nie hundertprozentig sicher sein kannst. Deswegen gibt es zum Glück noch einen anderen Test: Einfach fragen, ob der andere auch in dich verliebt ist!

IM PYJAMA

WARUM DU SCHLÄFST

Rund ein Drittel deines Lebens verschläfst du. Wenn du neunzig bist, hast du gut und gerne 32 Jahre geschlafen. Damit hast du also einen gewaltigen Teil deines Lebens mit Nichtstun vergeudet? Nein! Absolut nicht! Nicht schlafen ist genauso tödlich wie nicht essen. Und wie du dich tagsüber fühlst, hängt davon ab, wie du nachts schläfst. Ärzte sind nicht immer derselben Meinung, aber beim Thema Nachtruhe sind sich alle einig. Unser Schlaf wird schwer unterschätzt. Schlafexperten sind der Ansicht, wir müssten mehr und vor allem besser schlafen. Leider schlafen die Leute in den letzten Jahrzehnten immer weniger.

Aber warum müssen wir überhaupt schlafen? Da gehen die Meinungen der Mediziner auseinander. Früher dachten sie, Schlaf sei eine gute Methode zum Energiesparen. Wenn wir nicht schliefen, müssten wir mehr essen, denn im Schlaf verbrennt man weniger Kalorien. Aber der Unterschied zwischen Schlafen oder Wach-auf-dem-Sofa-Herumhängen ist sehr klein. Wenn du eine Nacht schläfst, verbrennst du etwa 110 Kalorien weniger, als wenn du nicht schlafen würdest. Das ist so viel wie zwei Toasts mit einer hauchdünnen Käsescheibe, und die verdrückt man innerhalb von zehn Sekunden. Ich jedenfalls. Eine Zeit lang dachten wir auch, wir müssten schlafen, um unser Gehirn zur Ruhe zu bringen. Aber wenn wir schlafen, ist unser Gehirn alles andere als ruhig. Manche Hirnareale sind im Schlaf sogar viel aktiver! Doch wie lautet dann die Antwort?

Wir wissen zumindest ganz sicher, dass Schlaf für unser Gedächtnis unendlich wichtig ist. Die wichtigen Verbindungen zwischen unseren Hirnzellen verfestigen sich und die unwichtigen werden dünner oder verschwinden sogar ganz. Es ist, als würde der Schlaf unser Gehirn nachts neu ordnen. Außerdem

wirfst du im Schlaf den ganzen Müll aus deinem Gehirn. Das speichert tagsüber nämlich jede Menge Informationen, die du nicht behalten willst oder dir nicht zu merken brauchst. Während du schläfst, wird der ganze Krempel aufgeräumt und damit schaffst du Platz für Neues. So gibt es einige mögliche Erklärungen für unser Schlafbedürfnis. Die richtige Antwort wird in einer Kombination verschiedener Erklärungen liegen. Zu der Frage, warum wir träumen, gibt es übrigens noch weitaus mehr unterschiedliche Meinungen.

WARUM DU MEHR ISST, WENN DU ZU WENIG SCHLÄFST

Die Folgen von Schlafmangel gehen weit über ein bisschen Gähnen tagsüber hinaus: Intelligente Menschen können dumme Fehler machen. Die Katastrophen mit der Raumfähre »Challenger«, dem Atomkraftwerk von Tschernobyl und dem Öltanker »Exxon Valdez« sind allesamt auf Übermüdung zurückzuführen. Ausreichende Nachtruhe ist besser für Konzentration, Laune, Gedächtnis, Denkvermögen, Kreativität und Gesundheit. Joop Zoetemelk, der letzte Niederländer, der die Tour de France gewann, sagte immer: »Die Tour gewinnt man im Bett.« Vor wichtigen Wettkämpfen sorgte er für genügend Schlaf. Mit Erfolg. Im Schlaf werden außerdem Wachstumshormone produziert. Das heißt nicht, dass du dich einen halben Meter größer schlafen kannst, aber diese Wachstumshormone sind für Eiweiße

zuständig, die Verbindungen zwischen den Gehirnzellen wieder aufbauen. Das wiederum ist wichtig für dein Gedächtnis und dein Denkvermögen.

Wenn du wenig schläfst, produzierst du mehr Ghrelin. Das Hormon führt dazu, dass du Appetit verspürst und folglich besonders viel isst. Vor allem bekommst du mehr Lust auf Zucker und Fett. Die Hälfte aller Menschen, die fünf Stunden oder weniger schlafen, leiden daher an Übergewicht. Schlafen ist auch die beste Methode zur Stressreduzierung. Stress ist eine wichtige Ursache für Herz-Kreislauf-Erkrankungen. Würden wir besser schlafen, könnten wir viele Herzinfarkte vermeiden. Es ist somit nicht nur angenehmer, länger zu schlafen, sondern auch gesünder. Bei acht Stunden Schlaf pro Nacht fühlst du dich tagsüber besonders fit. Du hast mehr Energie und kannst sogar während einer vierstündigen Dokumentation über Styropor die Augen offen halten.

— DIE TOUR GEWINNT MAN IM BETT —

IM BETT

WARUM KEIN SCHLAF WIE DER ANDERE IST

Es gibt vier Schlafphasen, die man im Laufe einer Nacht durchläuft. Die erste ist die »Schlummerphase«, der Übergang zwischen Wachsein und Schlafen. Darin landest du auch schon mal während einer langweiligen Schulstunde. Du kannst die Augen kaum noch offen halten, bis du echt einsch-sch-schläfst ... zzzzzz ... pssst! Genau! In dieser Phase kann dich das leiseste und winzigste Geräusch wieder wecken. In der zweiten Phase schläfst du zwar weniger leicht, bist aber mit einem mittellauten »Buh!« noch wach zu kriegen. Die nächste Phase ist der Tiefschlaf. Jetzt kommen all deine Muskeln zur Ruhe. Das ist der perfekte Moment für deinen kleinen Bruder, dir Zahnpasta ins Gesicht zu schmieren, denn jetzt wirst du nicht mehr so schnell wach. Und wenn du doch aufwachst, weißt du im ersten Moment nicht, wo du bist oder welcher Tag es ist. Die vierte Phase ist der Traumschlaf, auch REM-Schlaf genannt – die Abkürzung von *rapid eye movement* oder »schnelle Augenbewegung«. In dieser Phase bewegen sich deine Augen nämlich wie verrückt unter deinen Lidern. Der REM-Schlaf ist die weitaus wichtigste Phase, weil nun im Gehirn die Informationsverarbeitung stattfindet. In dieser Phase deines Schlafs ist dein Gehirn so aktiv wie im Wachzustand. Deine Muskeln sind allerdings völlig entspannt – und das ist auch gut so, denn sonst könntest du aus Versehen aus dem Fenster springen, wenn du träumst, dass du auf einem Sprungbrett stehst. Nach dem Traumschlaf wachst du kurz auf und dann wiederholen sich die vier Phasen. Wenn du lange genug schläfst, durchlebst du fünf REM-Phasen.

WARUM SCHULEN ZU FRÜH ANFANGEN

Das gesamte Leben auf dieser Erde hat sich dem Tag-Nacht-Rhythmus angepasst. Pflanzen, Tiere und auch wir Menschen. Darum stellen wir, wenn es dunkel wird, das Hormon Melatonin her, wodurch wir schneller einschlafen. Es ist daher viel leichter, in einem dunklen Raum einzuschlafen, als im grellen Licht. Morgens, wenn es hell wird, produzieren wir den Stoff Histamin, der uns wieder aktiviert. Dieser Tag-Nacht-Rhythmus funktioniert bei jedem Menschen ausgezeichnet. Nur bei Jugendlichen nicht! Bei ihnen verläuft der Schlafrhythmus anders. Sie werden erst sehr spät müde und kommen morgens nicht aus dem Bett, da die Melatoninproduktion erst zwei Stunden später als bei Kindern ihren höchsten Wert erreicht. Dagegen können sie nichts machen. Leider müssen sich Jugendliche aber den Schulzeiten anpassen. Das bedeutet, dass sie doch früh rausmüssen, auch wenn sie erst spät einschlafen. Wäre es daher nicht besser, wenn sich die Schulen dem Gehirn der Jugendlichen anpassten? Wenn der Unterricht von zehn Uhr morgens bis später am Nachmittag dauern würde? Dann könnten Schüler länger schlafen, wären fitter und könnten bessere Noten erzielen, oder?

WARUM DU AM WOCHENENDE NICHT AUSZUSCHLAFEN BRAUCHST

Wer besser schläft, hat ein schöneres Leben. Aber wie sorgt man für einen besseren Schlaf? Indem man die Fehler vermeidet, die viele Leute machen. So putzen sie ihre Zähne in einem hell erleuchteten Badezimmer oder lesen im Bett noch die neuesten Nachrichten auf dem Smartphone. Mit all dem Licht produzieren sie weniger Melatonin und mehr Histamin, sodass sie weniger schnell einschlafen. Fernsehen vor dem Schlafengehen ist auch nicht zu empfehlen, ein Buch lesen in einem nicht allzu hell beleuchteten Zimmer schon eher (und nein, damit verdirbst du dir nicht die Augen!). Dunkle Vorhänge helfen ebenfalls, vor allem im Sommer, wenn es lange hell ist.

Ausschlafen am Wochenende ist nicht sinnvoll. Die zusätzlichen Stunden Schlaf machen dich nicht fitter, aber du bringst damit deinen normalen Rhythmus durcheinander. Zu festen Zeiten ins Bett und wieder raus ist viel besser. Genau wie erst ins Bett zu gehen, wenn du richtig müde bist. Dann schläfst du schneller ein, ohne dass du lange grübelnd wach liegst. Musst du doch grübeln, schreibe deine Sorgen auf einen Zettel. Lege ihn dann beiseite und schau ihn dir erst am nächsten Morgen wieder an. Benutze dein Bett zum Schlafen. Wenn du eine Weile wach liegst, solltest du lieber aufstehen und etwas Entspannendes machen (aber nicht in einem hell erleuchteten Raum!). Und natürlich sollst du dich auch nicht nachts an deinen Computer setzen, denn der Bildschirm ist viel zu hell. Wenn du wach werden möchtest, kannst du umgekehrt Licht anmachen. Je mehr Licht, desto schneller produzierst du Histamin und desto fitter wirst du. Das hilft wiederum dabei, deinen Tag-Nacht-Rhythmus zu stärken.

So. Mit all diesen Tipps wird Einschlafen zum Kinderspiel. Das kannst du demnächst sozusagen mit geschlossenen Augen!

— TEIL 4 —

HORCH, WAS KLOPFT DA?

IM SCHLOSS VON GRAF DRACULA

WARUM BLUTZELLEN REGELRECHTE HELDEN SIND

Was haben Fabrikanten von Heftpflastern, Fans von Horrorfilmen und Mücken gemeinsam? Genau, sie alle sind verrückt nach Blut. So wie Vampire. Und du hoffentlich auch, wenn du dieses Kapitel gelesen hast. Du kannst ruhig ein wenig Respekt vor deinen Blutzellen oder Blutkörperchen haben, denn es sind regelrechte Helden. Ein Gläschen Blut sieht auf den ersten Blick aus wie ein Glas Johannisbeersaft, aber Blut ist alles andere als einfach. Blut lebt. Blut hält dich am Leben. Selbst das allereinfachste Blutkörperchen ist cooler als Superman und James Bond zusammen.

WARUM LIEBER BLUT DURCH DEINEN KÖRPER STRÖMEN SOLLTE ALS JOHANNISBEERSAFT

Eine Blutzelle ist mehr als ein winziger Autoskooter. Blut ist nämlich lebenswichtig. Es sorgt für eine gleichbleibende Körpertemperatur, zum Beispiel beim Sport, wenn die Muskeln warm werden. Dein Blut verhindert eine Überhitzung, indem kälteres Blut die Muskeln abkühlt. Deine Blutzellen bringen Sauerstoff und Nährstoffe in jede lebende Zelle deines Körpers. Diese brauchen den Sauerstoff, um Nahrung verbren-

nen zu können, so wie eine Kerze zum Brennen Luft benötigt. Alles, was in deinen Zellen geschieht, wird erst durch dein Blut ermöglicht. Außerdem schickt dein Blut Nachrichten von deinen Hormonen in jede noch so entfernte Ecke deines Körpers. Alle Aufträge, die deine Zellen erhalten, bekommen sie über das Blut. Dein Blut transportiert die Abfallstoffe, denen es begegnet, zu den Müllverarbeitungsstationen in deinem Körper, sodass diese von dort aus deinen Körper verlassen können. Dein Blut tritt auch in Aktion, wenn du eine Wunde hast. Wenn du dich zum Beispiel in den Finger geschnitten hast, fließt Blut aus deinen Blutgefäßen. Aber dein Blut sorgt selbst dafür, dass das Leck abgedichtet wird! Wie das geht, liest du weiter unten. Und als Letztes, aber sicher nicht am unwichtigsten: Dein Blut greift Krankheitserreger an. Das Virus aus Teil 1 wurde schließlich von weißen Blutkörperchen zur Strecke gebracht. Aber die weißen Blutkörperchen greifen mit dem gleichen Vergnügen Bakterien, Schimmelpilze und andere Eindringlinge an. Kein Wunder, dass Graf Dracula lieber frisches Mädchenblut trank als Johannisbeersaft!

WARUM BLUTZELLEN AUCH MAL MÜDE WERDEN

Verfolgen wir doch mal ein rotes Blutkörperchen durch deinen Körper. Es schießt gerade (ohne Helm!) mit einer Geschwindigkeit von etwa dreißig Zentimetern pro Sekunde aus deinem Herzen durch eine Schlagader. Schlagadern oder Arterien sind Adern, die vom Herz in den Rest deines Körpers führen. Dabei knallt das Blutkörperchen regelmäßig heftig gegen die Wand dieser Schlagader und noch häufiger gegen andere Blutzellen. Anschließend wird es durch ein dünnes Blutgefäß gepresst. Dieses Blutgefäß verzweigt sich wieder in Richtung deines Oberschenkels. So reist das rote Blutkörperchen weiter über deine Wade zur Ferse. Und bei jeder Verästelung auf dem

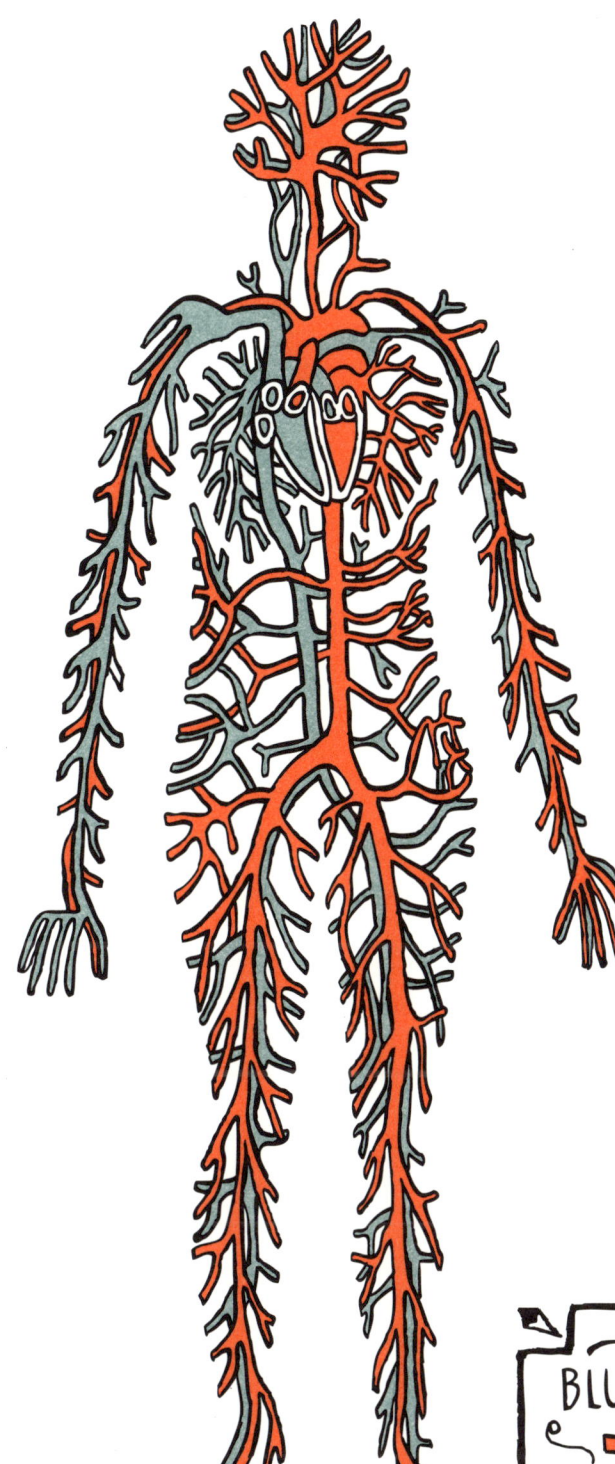

BLUTKREISLAUF
HINREISE
RÜCKREISE

Weg wird das Blutgefäß dünner. Schließlich landet das Blutkörperchen in einem extrem dünnen Äderchen in deinem großen Zeh.

Danach muss das Blut wieder zurück ins Herz. Auf dem Rückweg strömt es nicht mehr durch eine Arterie, sondern durch eine Vene. Der Unterschied zwischen den beiden liegt darin, dass eine Arterie von kleinen Muskeln überzogen ist und eine Vene nicht. Unterwegs hat das Blutkörperchen den Sauerstoff irgendwo in deinen Zellen abgeliefert. Aber das Blutkörperchen geht nicht »mit leeren Händen« zurück. In deinem Körper befindet sich auch der Abfallstoff Kohlenstoffdioxid und den nimmt das Blutkörperchen mit, damit er deinen Körper über die Lunge wieder verlassen kann.

Kohlenstoffdioxid ist das Gas in der Kohlenstoffsäure (umgangssprachlich oft als Kohlensäure bezeichnet), die den Zisch in deine Cola bringt, und natürlich willst du nicht, dass dein Körper anfängt zu blubbern. Von dem Äderchen in deinem großen Zeh reist das Blutkörperchen über immer dicker werdende Venen wieder zurück in den Fuß, das Schienbein, den Oberschenkel, das Becken und an der Wirbelsäule entlang, bis es beim Herz ankommt. Von dort wird es zur Lunge gepumpt, wo es das Kohlenstoffdioxid gegen frischen Sauerstoff eintauscht.

Schließlich landet es erneut im Herz, bereit, die nächste vollkommen andere Reise durch deinen Körper anzutreten. Dieses Mal vielleicht durch dein Gehirn oder deinen linken Nasenflügel. Für die Reise von deinem Herz zum großen Zeh und zurück brauchte das Blutkörperchen genauso lange wie du, um den Abschnitt zu lesen. Denn so eine Rundreise dauert nicht einmal eine Minute. Das Blutkörperchen strömt ohne eine Sekunde Ruhe tagein, tagaus durch deinen Körper – bis es nach etwa vier Monaten völlig verschlissen ist und von anderen Blutzellen abgebaut wird. In diesen vier Monaten ist es in jedem Winkel deines Körpers gewesen und kennt ihn besser als irgendwer sonst.

73

IN DEINEM BLUT

BLUTSUPPE

WARUM DU DREI MILLIONEN NEUE BLUTZELLEN PRO SEKUNDE BRAUCHST

Wir wissen jetzt, was das Blut macht und was es kann, aber noch nicht, was Blut ist. Blut ist eine dünne Suppe und besteht aus drei Zellsorten, die in Plasma schwimmen. Das Plasma ist genauso dünn wie Wasser. Deswegen sieht dein Blut auch aus wie Johannisbeersaft und nicht wie Beerensoße oder -pudding.

Mit Abstand die meisten Blutzellen sind rote Blutkörperchen. Sie sehen aus wie runde Scheibchen, die in der Mitte etwas eingedellt sind. Diese Form ist ziemlich praktisch, denn weil sie so dünn sind, passen sie durch die engsten Blutgefäße. Und die Delle in der Mitte schafft eine besonders große Oberfläche, wodurch sie mehr Stoffe aufnehmen und wieder abgeben können. Im Vergleich zur Zelle aus dem ersten Kapitel haben rote Blutkörperchen viel weniger Bestandteile. Sie haben zum Beispiel keine Mitochondrien oder Ribosomen und auch keinen Zellkern. Dadurch können sie sich nicht teilen, weswegen dein Körper ständig neue Blutkörperchen produzieren muss. Und zwar sehr viele: ungefähr drei Millionen pro Sekunde! Aber wenn du immer so viele Blutzellen dazu bekommst, wie viele werden es dann wohl insgesamt sein? Mal kurz nachrechnen:

Ein Mikroliter Blut (ein Kubikmillimeter) enthält etwa 5 Millionen rote Blutkörperchen. Ein durchschnittlicher Erwachsener hat ungefähr 5 Liter Blut. Dann kommt man auf rund 25 Billionen Blutzellen in einem Erwachsenenkörper. Wenn du etwas mehr als die Hälfte eines Erwachsenen wiegst, hast du also in etwa 13 bis 15 Billionen rote Blutkörperchen.

WARUM DU NICHT VERBLUTEST

Neben den roten Blutkörperchen hast du auch Blutplättchen im Plasma – deutlich weniger als rote Blutkörperchen, aber immerhin noch etwa 350 000 pro Mikroliter. Und mit diesen Plättchen sind wir auch beim schauerlichsten Teil dieses Buchs angekommen, der dir buchstäblich das Blut in den Adern stocken lässt. Denn wenn du eine Wunde hast, lassen sie dein Blut gerinnen. Und das geht so: Stell dir mal vor, du schneidest dich. Oder wenn du das lieber nicht willst, stell dir vor, ich schneide mich. Meine kaputten Zellen senden sofort ein Alarmsignal aus, damit mein Körper etwas unternimmt. Als erste Reaktion schnüren sich meine Blutgefäße zusammen und werden dünner. So kann weniger Blut hindurchfließen. Die dünnsten Blutgefäße sind normalerweise dick genug, um jeweils ein Blutkörperchen auf einmal durchzulassen. In diesen Blutgefäßen hört es also bereits auf zu bluten.

Schon in den ersten fünfzehn Sekunden werden auch die Blutplättchen aktiv. Sie legen sich bei der Wundstelle an die Wand der Blutgefäße. Dort kleben sie nach und nach aneinander und bilden einen Pfropf, der den Weg versperrt. Wenn die Wunde nicht allzu tief ist, hört die Blutung jetzt auf. Bei einer größeren Wunde braucht es mehr, um sie abzudichten. Dann entsteht eine Art Spinnennetz aus kaugummiartigen Eiweißfäden. Die bilden einen Klumpen aus geronnenen Plättchen und Zellen, sodass sich die Wunde schnell schließt. Wenn du ein Pflaster darauf klebst,

siehst du oft eine dickliche gelbe Flüssigkeit auf dem Wundkissen des Pflasters. Das ist das Blutplasma. Es ist so wässrig, dass es gerade noch durch das abgedichtete Loch nässen kann. Aber schließlich ziehen sich die Fäden zusammen und dann passt nichts mehr hindurch. Die Heilung kann beginnen …

WARUM EIN BLAUER FLECK KEIN BLAUER FLECK IST

Horrorfilm-Fans sehen gern, wie bei einer Verwundung Blut im kräftigen Strahl aus einer Kehle oder einem Arm spritzt. Aber das ist in Wirklichkeit nicht immer so. Man kann sogar bluten, ohne dass sich die Haut öffnet. In dem Fall bekommst du einen blauen Fleck. Nun ja, blau … Es fängt mit einem roten Fleck an. Die Blutgefäße sind geplatzt und färben deine Haut rot oder dunkelrot, manchmal sogar fast schwarz. Nun kümmern sich die Blutplättchen darum, dass der Blutstrom bei der Wunde stoppt. Dieses Blut bekommt keinen Sauerstoff mehr und färbt sich dadurch blau oder violett. Jetzt müssen alle toten Zellen abgebaut werden. Das geschieht mithilfe eines grünen Stoffs, des Biliverdins. Es wird später durch den Stoff Bilirubin ersetzt, der orangegelb ist. Je weiter die Heilung der Wunde voranschreitet, desto mehr Bilirubin verschwindet, bis die Haut wieder ihre normale Farbe hat. Kurz: Ein blauer Fleck ist in Wirklichkeit ein rot-blau-violett-grün-und-dann-gelber Fleck.

In deinem Blut passiert also jede Menge. Und wir haben noch nicht einmal über die dritte Zellsorte gesprochen: die weißen Blutkörperchen. Unsere winzig kleinen Soldaten, die fortwährend gegen Krankheitserreger wie Bakterien und Viren kämpfen.

IN EINEM ENTZÜNDETEN OHR

WARUM DU MANDELN IM HALS HAST

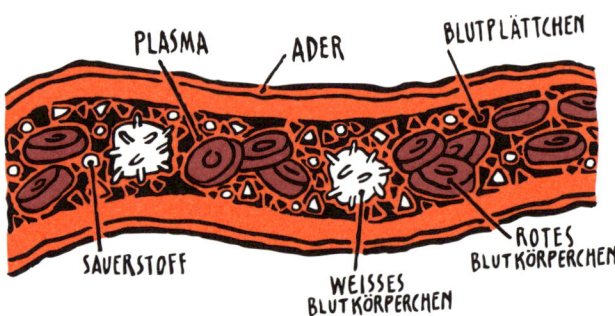

In deinem Blut befinden sich viel weniger weiße als rote Blutkörperchen oder Blutplättchen: etwa 6000 bis 9000 pro Mikroliter. Trotzdem hast du davon ungeheuer viele, denn die allermeisten weißen Blutkörperchen befinden sich nicht in deinem Blut, sondern in deinem Lymphsystem. Und wenn es einen Teil deines Körpers gibt, der wahrhaftig unterschätzt wird, dann dein Lymphsystem. Es ist ein bisschen wie das WLAN bei dir zu Hause: Du siehst es nicht, du merkst nichts davon und du weißt nicht einmal, wie es funktioniert, aber die Panik ist groß, wenn plötzlich etwas damit nicht stimmt. Denn ohne das Lymphsystem könnte schon die erstbeste Bakterie tödlich sein. Dein Lymphsystem und die weißen Blutkörperchen darin verteidigen dich 24 Stunden am Tag gegen Krankheitserreger und halten dich so gesund. Eigentlich ist es eine Schande, dass in der Zeitung nie etwas über sie steht.

Das Lymphsystem besteht aus Gefäßen, also einer Art Adern. Nur fließt kein Blut hindurch, sondern Lymphe. Lymphe sieht ein wenig so aus wie Blutplasma. In der Lymphe schwimmen Zellen wie die weißen Blutkörperchen, die dich vor Viren und anderen Eindringlingen schützen. An manchen Stellen, wie in der Milz oder den Mandeln, sind ungemein viele dieser Zellen. Deine Milz liegt bei den unteren linken Rippen und sorgt dafür, dass fehlerhafte Blutzellen aufgeräumt werden. Die Mandeln liegen hinten in deinem Mund und deinem Hals und schützen dich dort vor Krankheitserregern, die du über die Nahrung und die Atmung hereinbekommst. Keine Sorge übrigens, falls deine Mandeln schon entfernt wurden. Außer Milz und Mandeln gibt es noch etliche andere Verteidigungslinien in deinem Körper.

WARUM DU MANCHMAL EINE OHRENENTZÜNDUNG HAST

Lymphe wird nicht wie Blut weitergepumpt, steht aber dennoch nicht still. So sind die Lymphgefäße zum Beispiel mit den Blutgefäßen verbunden. Im Notfall können zusätzliche weiße Blutkörperchen zu einer Wunde oder einem Virus geschickt werden. Die halten dich gesund, ohne dass du es merkst. Auch in diesem Moment arbeiten weiße Blutkörperchen daran, Viren, Schimmel oder Bakterien aus deinem Körper zu vertreiben. Davon merkst du nur bei einer Entzündung etwas. Sie führt zu heftigen Schlachten zwischen den Krankheitserregern und deinem Lymphsystem. Ärzte nennen Entzündungen auch Infektionen oder sie benutzen ein schwieriges Wort, das auf »-itis« endet. Wenn der Arzt also sagt, du hast eine Otitis, Tonsillitis oder eine Was-auch-immer-itis, kannst du ganz lässig sagen: »Ah, eine Entzündung!«

Eine Entzündung bekommst du nicht nur von einer Wunde. Eine Infektion kann auch entstehen, weil Krankheitserreger über die winzigen Löcher an deinem Auge in den Körper eingedrungen sind, als du dir die Augen gerieben hast. Oder weil du dich verbrannt hast oder weil ein Körperteil erfroren ist. Bei einer schweren Erkältung kann sich ein Virus über deine Nase ins Ohr begeben und dort eine Ohrenentzündung verursachen. Sobald Krankheitserreger in großer Zahl in deinen Körper eindringen, wird ein Notsignal vom Ort der Entzündung ausgesendet, das die weißen Blutkörperchen warnt. Sie begeben sich dann an die Gefechtsfront.

WARUM DEINE AUGEN MORGENS VERKLEBT SIND

An der Infektionsstelle weiten sich deine Blutgefäße, sodass mehr Blut dorthin fließen kann. Weiße Blutkörperchen sind größer als rote, sie brauchen also ein etwas weiteres Blutgefäß, damit sie hindurchpassen. Mit all dem Extrablut sieht eine Entzündung röter aus und die entzündete Stelle fühlt sich warm an. Die Wunde schwillt durch die zusätzliche Flüssigkeit auch ein wenig an, wodurch der Wundbereich besonders schmerzempfindlich wird. Inzwischen führen die weißen Blutkörperchen den Angriff auf die Eindringlinge durch, genau wie du es auf Seite 31 gelesen hast. Es gibt verschiedene Typen von weißen Blutkörperchen, die jeweils auf etwas anderes spezialisiert sind. Außerdem können die weißen Blutkör-

perchen sich sehr wohl teilen; es kann also so viele geben, wie notwendig sind. So kommt es, dass dein Körper fast immer die Oberhand über die Eindringlinge behält. Gelingt das mal nicht, gibt es auch noch Medikamente, die deinem Lymphsystem ein wenig unter die Arme greifen können.

Ist das Lymphsystem denn immer nur gut? Nein, es kann auch nach hinten losgehen. Dann hält das System unschuldige Stoffe für gefährliche Eindringlinge. Stoffe wie Blütenpollen zum Beispiel. Oder Ei. Oder Katzenhaare oder etwas anderes, das Menschen mit einer Allergie Probleme verursachen kann. Das Lymphsystem sorgt dann für eine allergische Reaktion. Und Lymphe hat eine weitere schlechte Eigenschaft. Weil sie nicht von einem Herzmotor angetrieben und umgepumpt wird, fließt sie bei einem liegenden Körper überall hin. Vor allem nachts, wenn du schläfst. Darum hast du morgens beim Aufwachen so dicke Augen. Erst wenn du eine Weile aufrecht sitzt, ist die Flüssigkeit abgeflossen und deine Augen sehen wieder normal aus.

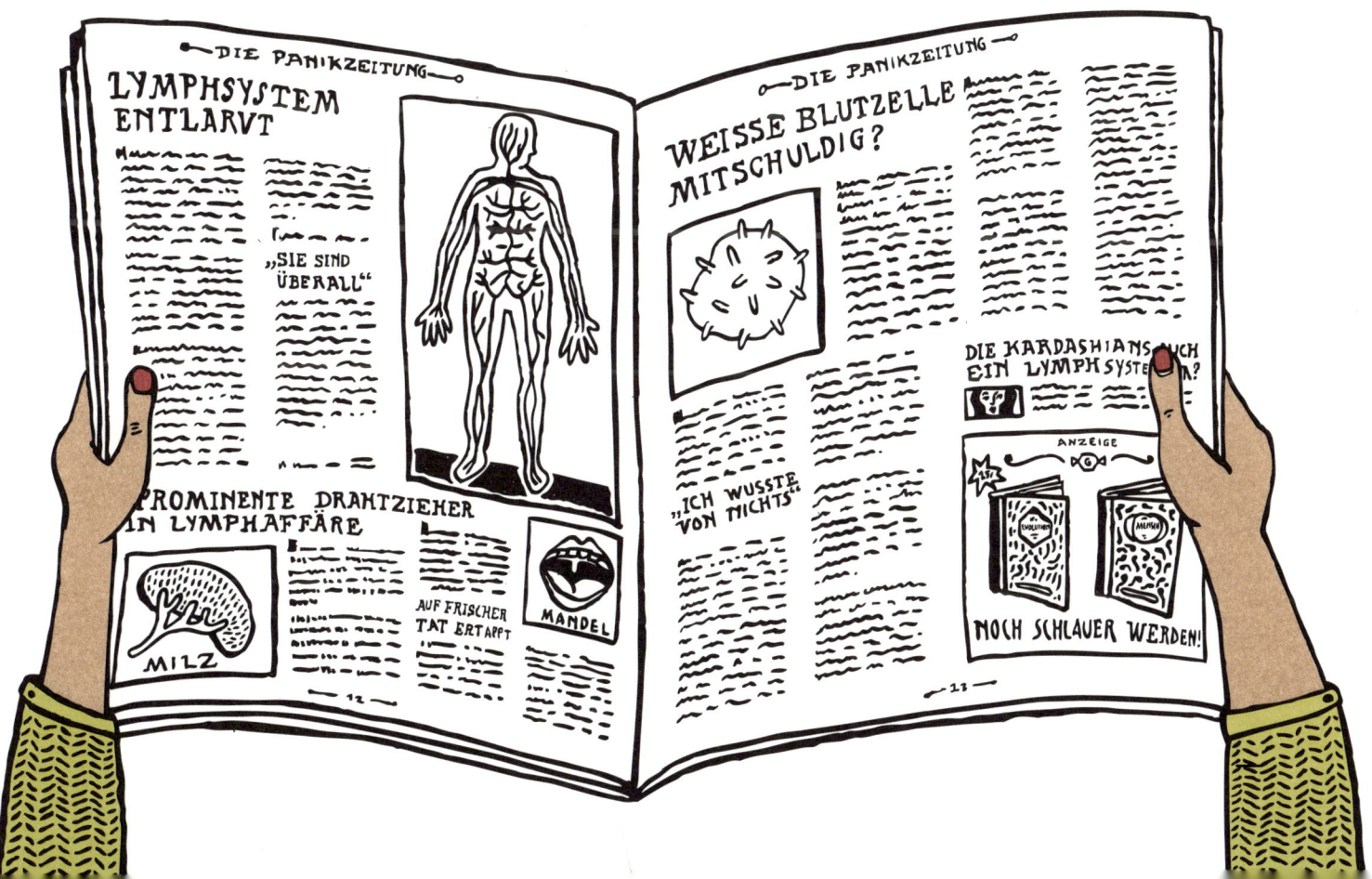

IN PANIK

WARUM DEIN HERZ EINE SO BESONDERE MASCHINE IST

Der Mensch kann viel. Wir haben es geschafft, eine Raumsonde nach einer Reise von 6,4 Milliarden Kilometern auf einem kleinen Kometen von 4 x 3,5 x 3,5 Kilometern landen zu lassen. Mit Geräten, die nicht größer sind als eine Uhr, können wir gestochen scharfe Bilder von einer Seite der Welt zur anderen schicken. Aber wir können nicht alles. Es ist uns noch nicht gelungen, eine komplizierte Maschine zu bauen, die 120 Jahre lang 24 Stunden am Tag läuft, ohne auch nur ein einziges Ersatzteil zu brauchen. Eine Maschine, die ohne Batterien arbeitet und sich im Bedarfsfall selbst richtig einstellt. Und doch haben wir genau so eine Maschine in unserem Körper: unser Herz. Ein fast unverwüstlicher Apparat, der ungefähr 100 000 Mal am Tag schlägt. Der pausenlos unser

Blut umwälzt und dabei pro Tag insgesamt etwa 8000 Liter durchschleust.

Das Herz entsteht, wenn wir gerade mal drei Wochen im Bauch unserer Mutter sind. Genauer gesagt, nach 22 Tagen. Zu diesem Zeitpunkt sind wir noch kleiner als ein Reiskorn. Es beginnt mit einer einzigen Zelle, die zu zittern anfängt. Danach zittert eine weitere. Und noch eine. Und noch eine. Das sind die Schrittmacherzellen. Diese Zellen schicken den Herzmuskelzellen ein elektrisches Signal, damit die sich zusammenziehen. So beginnt dein Herzschlag. Schrittmacherzellen werden nie ersetzt – das heißt, du hast deine allerersten Zellen noch im Körper! Und sie funktionieren noch. Sie schlagen, solange du lebst und so oft wie nötig. Von 60- bis 70-mal pro Minute, wenn du entspannt auf dem Sofa abhängst, bis zu 200-mal, wenn ein wilder Tiger hinter dir her ist.

WARUM DU SCHMETTERLINGE IM BAUCH HAST, WENN DU VERLIEBT BIST

Ob nun ein Raubtier hinter dir her ist oder du vor einer wichtigen Prüfung stehst – dein Herz weiß, was es in Stresssituationen machen muss: schneller schlagen. Denn so gelangt mehr Sauerstoff ins Blut, dein Gehirn kann besser nachdenken und deine Muskeln bekommen allen notwendigen Sauerstoff, den sie für ihre Arbeit brauchen. Bloß – woher wissen die Schrittmacherzellen, dass sie jetzt schneller schlagen müssen? Das liegt an einer perfekten Zusammenarbeit total verschiedener Körperteile.

Stell dir mal vor, du triffst zufällig deine heimliche Liebe im Supermarkt. Erst siehst du ihn oder sie. Deine Augen übermitteln deinem Gehirn, dass etwas Wichtiges los ist. Dein Gehirn verarbeitet die Information und schickt ein Signal zu den Nebennieren. Die Nebennieren produzieren dann Stresshormone wie Adrenalin und Cortisol. Diese Hormone warnen deine Schrittmacherzellen, dass dein Herz schneller schlagen soll. Denn in dieser Situation musst du hellwach sein und keine dummen Sachen machen oder sagen. Dein Gehirn braucht eine Extraportion Sauerstoff und Energie. Deswegen atmest du schneller. Sogar dein Magen-Darm-System arbeitet mit. Die Stresssituation ist wichtiger als die Verarbeitung deiner Nahrung, also meldet sich der Darm kurz ab, damit deinem Gehirn noch mehr Blut zur Verfügung steht.

Das führt zu diesem ganz eigenartigen Gefühl: »Schmetterlinge im Bauch«. Es fühlt sich auch wirklich ein bisschen so an, als wären da Schmetterlinge. Aber wenn die Reaktion sehr stark ist, kann dir davon auch schlecht werden. Oder du handelst dir ein Problem mit deinem Darm ein. Nicht nur, wenn du verliebt bist, sondern in allen Stresssituationen. Einbrecher sind bei einem Bruch manchmal so nervös, dass sie noch am Tatort schleunigst aufs Klo müssen. Und manche Künstler müssen sich vor einem wichtigen Konzert vor lauter Nervosität fast übergeben.

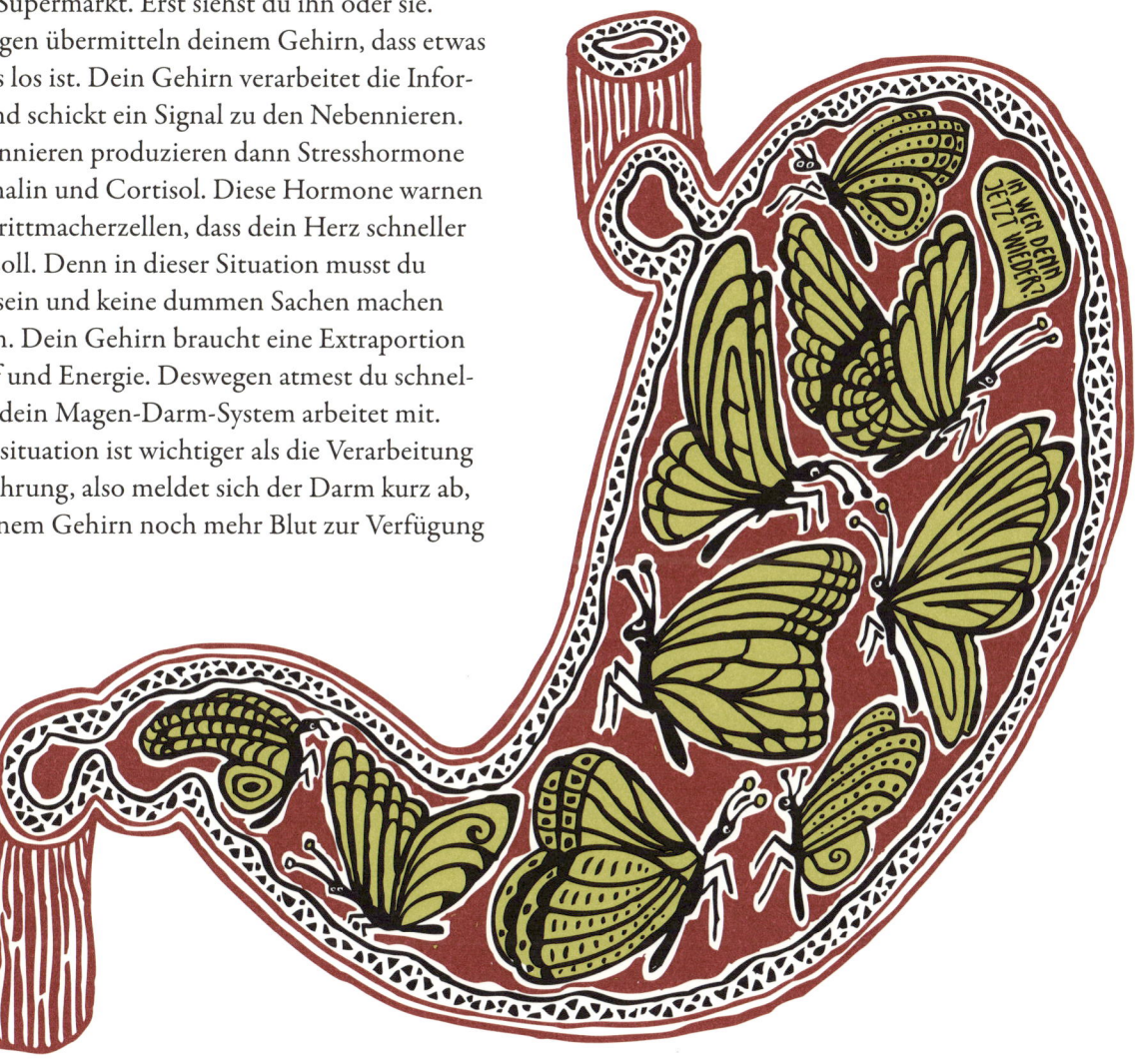

IN DEINEM HERZEN

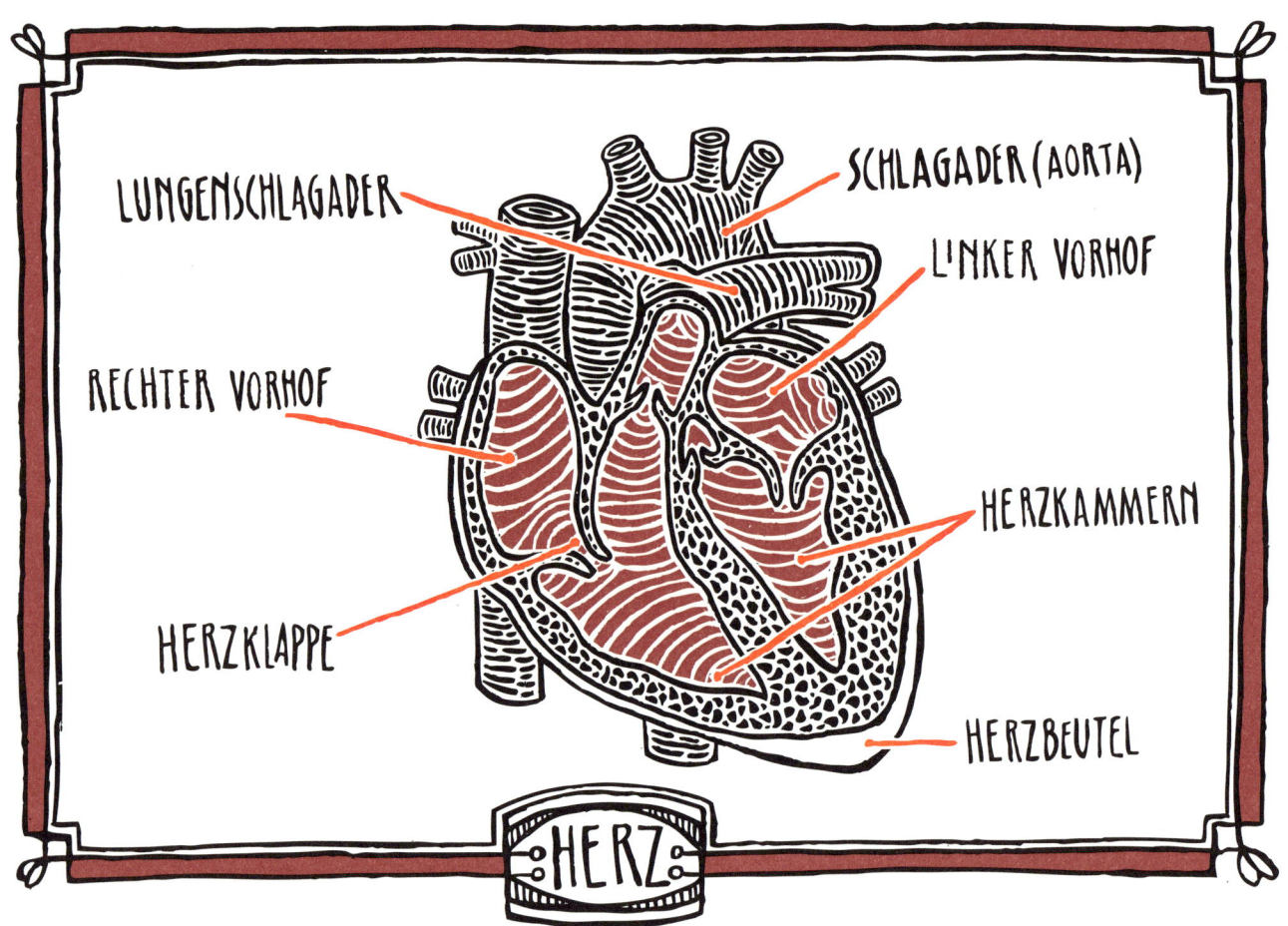

LUNGENSCHLAGADER

SCHLAGADER (AORTA)

LINKER VORHOF

RECHTER VORHOF

HERZKAMMERN

HERZKLAPPE

HERZBEUTEL

HERZ

WARUM DU MUSKULÖSER BIST, ALS DU DENKST

Dein Herz schlägt also schneller, wenn du verliebt bist. Deswegen dachten die Leute früher, wir würden uns mit dem Herzen verlieben. Das erklärt bloß noch nicht, weshalb wir so ein seltsames Herzchen als Symbol für die Liebe malen. Denn das ähnelt doch nicht im Entferntesten einem echten Herzen? Obwohl du auf einem Foto oder einer Abbildung nie ein komplettes Herz siehst. Dein Herz schwimmt nämlich in einer schützenden Hülle, dem Herzbeutel. So kann es nie knallhart gegen deinen Brustkorb

prallen und beschädigt werden. Trotzdem muss man schon eine Menge Fantasie besitzen, um in diesem Herzbeutel ein Herzchen zu sehen. Wahrscheinlich hat man für die Zeichnung nur den unteren Teil des Herzens betrachtet. Dort befinden sich die beiden Herzkammern, in der Mitte getrennt durch eine dünne Fettschicht. Das ähnelt einem Herzchen schon mehr. Bloß ist das nur das halbe Herz, denn es gehören auch noch zwei Vorhöfe dazu. Sie fangen das Blut auf, bis es in die Kammern kann.

Seltsamerweise wissen nur wenige Menschen, wie das Herz wirklich aussieht, obwohl es doch so wichtig ist. Aber bald weißt du ja wenigstens Bescheid!

WARUM DEIN HERZ NICHT AUF BEFEHL AUFHÖRT ZU SCHLAGEN

Zuerst solltest du wissen, dass dein Herz aus Muskeln besteht. Genauer gesagt, aus glatten Muskeln. Das ist eine besondere Art Muskeln, die du nicht kontrollieren kannst. Die Muskeln in deinem Arm kannst du bewegen oder stillhalten, indem du sie an- oder entspannst. Aber du kannst nicht veranlassen, dass dein Herz aufhört zu schlagen, egal, wie sehr du es versuchst. Die glatten Muskeln hast du zum Beispiel auch im Darm. Dort sind jede Menge Muskeln zugange, ohne dass dir das bewusst ist. Und deine Schlagadern sind ebenfalls von glatten Muskeln umgeben. Sie helfen beim Blutpumpen und sorgen dafür, dass deine Blutgefäße bei Verwundungen oder Kälte dicker oder dünner werden können. Über glatte Muskeln brauchst du dir also nie Gedanken zu machen. Und sie haben noch einen Vorteil: Sie werden nie müde. Stell dir mal vor, dein Herz bräuchte plötzlich eine halbe Stunde Pause, das würdest du nicht überleben! Die Muskeln deines Herzens umschließen vier Hohlräume: die beiden Herzkammern und die zwei Vorhöfe. Diese vier Hohlräume müssen sich in genau der richtigen Reihenfolge zusammenziehen, sonst arbeiten sie gegeneinander und das Blut fließt in alle Richtungen.

Die beiden Vorhöfe ähneln sich. Aber wenn du gut hinschaust, siehst du, dass sich die Herzkammern voneinander unterscheiden. Die rechte Kammer wirkt etwas größer und hat eine viel dünnere Muskelschicht als die linke. Das kommt, weil das Blut aus der rechten Kammer in die Lunge gepumpt wird. Das Herz liegt neben der Lunge, daher braucht es nicht viel Kraft, um das Blut dorthin zu befördern. Die linke Kammer hat eine größere Aufgabe; sie muss jede Minute fünf Liter Blut durch den gesamten Körper pumpen. Dafür braucht sie eine Menge Kraft. Deswegen ist die Muskelschicht viel dicker. Das Herz sorgt dafür, dass dein Körper Sauerstoff und Nährstoffe bekommt, aber die Herzmuskeln selbst brauchen das natürlich auch ganz dringend. Daher haben sie ihre eigenen Blutgefäße, die Herzkranzgefäße, die deine Herzmuskeln ständig mit frischem Blut versorgen.

WARUM DAS HERZ EINER MAUS WIE EIN MASCHINENGEWEHR RATTERT

Jede Sekunde fließt ziemlich viel Blut durch dein Herz. Erst pumpen die Muskeln der Vorhöfe Blut in die Kammern. Dieses Blut strömt durch geöffnete Klappen. Die Klappen schließen sich, wenn sich die Muskeln um die Kammern anspannen und das Blut hindurchpumpen. So kann das Blut nicht zurückfließen. Das Blut aus den Kammern fließt nun zu den Schlagadern. Das Herz entspannt sich. Erneut strömt Blut zu den Vorhöfen und von dort zu den Kammern. Und dann sind wir wieder am Anfang: Die Muskeln der Vorhöfe ziehen sich zusammen, um das Blut in die Kammern zu pumpen, und so weiter.

Dies alles geschieht innerhalb einer einzigen Sekunde. Manchmal sogar zwei- oder dreimal pro Sekunde, wenn du dich heftig anstrengst. Oder wenn du ganz klein bist! Bei einem Baby im Bauch der Mutter schlägt das Herz im Ruhezustand 120- bis 160-mal pro Minute. Ein Neugeborenes kann 70 bis 190 Herzschläge haben. Der Herzschlag sinkt jedes Jahr ein wenig, bis du etwa zehn bist. Dann schlägt dein Herz im Ruhezustand zwischen 60- und 100-mal und das ändert sich nicht mehr – es sei denn, du wirst ein Spitzensportler, denn die haben eine Herzschlagfrequenz von 40 bis 60. Bemerkenswert ist, dass es diesen Unterschied auch bei großen und kleinen Tieren gibt. Große Tiere haben einen niedrigen Herzschlag und das Herz kleiner Tiere klopft rasend schnell. Das Herz eines Blauwals schlägt zum Beispiel nur zwischen drei- und achtmal pro Minute, während das einer Maus wie ein Maschinengewehr rattert: Es schlägt bis zu 500-mal in der Minute. Der Herzschlag großer Tiere ist niedriger, weil ihr Herz wirkungsvoller arbeitet als das der kleinen. Ein Walherz schafft mit wenigen Schlägen, wofür ein Mäuseherz Hunderte braucht. Bei Spitzensportlern ist das genauso: Ihr Herz pumpt mit einem Schlag mehr Blut durch den Körper.

IN DEINEN BLUTGEFÄSSEN

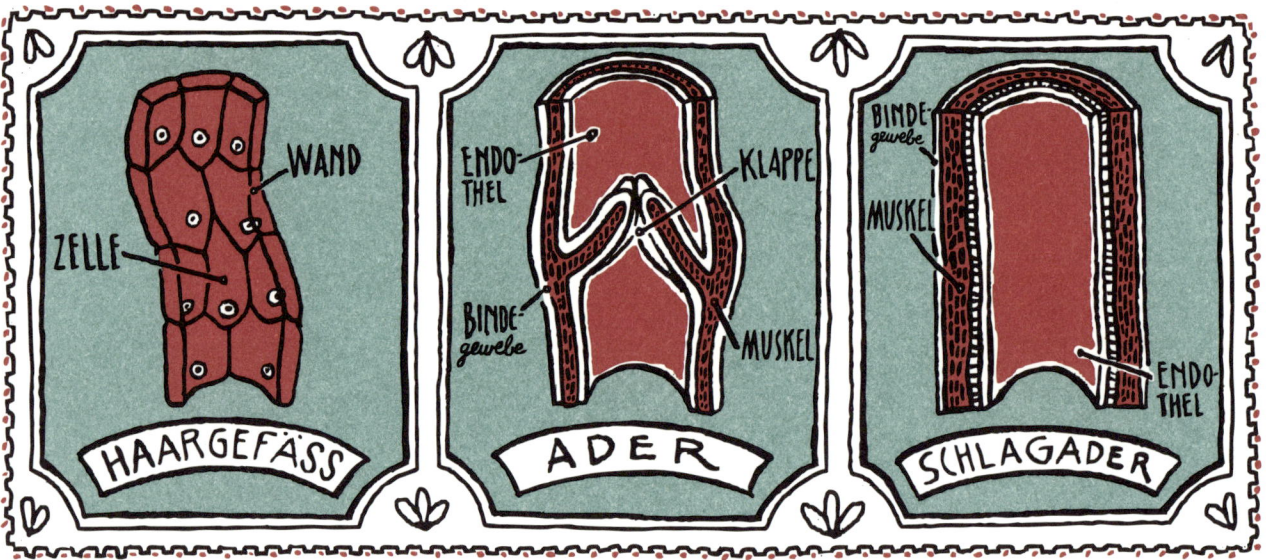

WARUM CHIRURGEN SELTSAME STRÜMPFE TRAGEN

Du weißt jetzt ziemlich viel über Blut und Herz, aber noch wenig über die Gefäße, durch die dein Blut fließt. Sie bilden ein fantastisches Netzwerk aus Röhrchen und Schläuchen. Es beginnt mit der 2,5 cm dicken Hauptschlagader, der Aorta, die aus deinem Herz kommt. Sie verästelt sich immer wieder – bis in mehrere hundert Millionen kleiner Schlagadern. Diese verästeln sich wieder in zehn Milliarden noch dünnere Röhrchen, die Haargefäße. Diese sind so dünn, dass gerade mal ein Blutkörperchen hindurchpasst: das Fünf- bis Zehntausendste von einem Millimeter. Aneinandergereiht wären diese Äderchen lang genug, um *eine* lange Superader zu bilden, die spielend einmal um die Erde reichen würde. Vielleicht sogar zweimal. Haargefäße haben eine sehr dünne Wand, wodurch die Sauerstoffmoleküle, die Kohlendioxidmoleküle und andere Moleküle entweichen können, damit keine noch so kleine Stelle in deinem Körper zu kurz kommt.

Dein Herz bringt dein Blut schon ganz gut auf Trab, aber die Muskeln und Schlagadern helfen ihm noch dabei. Etwa so, wie du Zahnpasta durch die Tube quetschst, bloß ein bisschen schneller. Auf dem Rückweg fließt das Blut durch Adern, die, wie schon erwähnt, nicht von Muskeln umgeben sind. Außerdem muss es oft ja auch noch nach oben, von den Beinen ins Herz zum Beispiel. Das Blut müsste also eigentlich gerade wieder hinunterfließen, aber auch dafür hat dein Körper eine Lösung. An allerlei Stellen in deinen Adern befinden sich Klappen. Hat dein Blut erst einmal eine solche Klappe hinter sich, kann es zumindest von dieser Stelle aus nicht mehr nach unten zurückfließen. Diese Klappen können allerdings auch kaputtgehen, zum Beispiel, wenn du viel und lange stehen musst. Dann schwellen die Adern mit blauem, sauerstoffarmem Blut an. Die nennt man Krampfadern. Ausgerechnet Chirurgen haben einen Beruf, bei dem sie stundenlang stehen müssen. Deswegen tragen sie oft sehr straffe Stützstrümpfe bis über die Oberschenkel. Die erschweren es dem Blut, wieder zurückzufließen.

IM KRANKENHAUS

WARUM MAN BEI DEN OLYMPISCHEN SPIELEN KEINE BETAGTEN ATHLETEN SIEHT

Ein Tierherz schlägt ungefähr eine Milliarde Mal. Die großen Wale und Elefanten mit ihrem langsamen Herzschlag werden also viel älter als Mäuse und Meerschweinchen mit ihrem Maschinengewehr-Herzschlag. Wir Menschen werden mittlerweile so alt, dass unser Herz im Durchschnitt 2,5 Milliarden Mal schlägt. Früher jedoch war eine Milliarde für Menschen auch nicht so selten. Damals musste man sich noch ganz schön anstrengen, um genügend Essen zu finden, und vor allem musste man zusehen, dass man nicht selbst einem Raubtier als Abendessen diente. Außerdem wusste man noch kaum etwas über Medizin. Damals wurden die meisten Menschen nicht älter als vierzig Jahre. Und darauf ist unser Körper auch eingerichtet. Wir sind nicht wirklich dafür gemacht, achtzig zu werden – sonst würden sich bestimmt auch mehr Senioren aktiv an den Olympischen Spielen beteiligen.

Je älter wir werden, desto mehr Schwierigkeiten drohen. Unser Herz und unsere Blutgefäße bereiten oft Probleme. Dummerweise sind sie sehr wichtig für uns. Manchmal schlagen die Schrittmacherzellen nicht mehr im richtigen Rhythmus. Geschieht das zu oft, schlägt dein Herz nicht mehr regelmäßig und du kannst sogar einen Herzstillstand erleiden. In Fernsehserien sieht man dann, wie der Arzt ein Gerät auf die Brust des Patienten drückt, das aussieht wie zwei Bügeleisen. Die hängen an einem sogenannten »Defibrillator« und geben einen Stromstoß ab, der die Schrittmacherzellen wieder in Gang setzt und sie im richtigen Rhythmus schlagen lässt. Auch Herzmassage hilft. Letzten Endes bekommt der Patient bei einer Operation dann häufig einen Herzschrittmacher, der die Schrittmacherzellen unterstützt.

WARUM MAYONNAISE NICHT AUS WASSER GEMACHT WIRD

Ein weiteres Problem ist, dass sich unsere Blutgefäße verschließen können. Das ist schwerwiegender als Herzrhythmusstörungen. Und mit fortschreitendem Alter steigt die Wahrscheinlichkeit solcher Verschlüsse – vor allem, wenn die Person raucht, Übergewicht hat, ungesund isst und wenig Sport treibt ... Oder natürlich, wenn man Pech hat und aus einer Familie mit einer Veranlagung zu Herz-Kreislauf-Erkrankungen stammt. Es wird sofort ernst, wenn ein Blutgefäß nicht ausreichend durchblutet wird. Bei einer schlechten Durchblutung der Herzkranzschlagader fließt zu wenig sauerstoffreiches Blut zum Herzmuskel, wodurch das Herz nicht mehr gut arbeitet und seine Arbeit sogar ganz einstellen kann. Geschieht dies im Kopf, kann es zu einem Schlaganfall kommen; als Folge davon ist es möglich, dass ein Teil des Gehirns nicht mehr richtig funktioniert. Aber auch an anderen Stellen im Körper kann eine solche Verstopfung gefährlich sein. Daher ist es wichtig zu wissen, wie sie entsteht und wie man sie vermeiden kann.

In Fernsehwerbung über Butter und Öl, die dabei helfen sollen, Herzprobleme zu vermeiden, fällt immer wieder ein Begriff: Cholesterin. Deshalb denken viele Leute, Cholesterin verursache die Herzprobleme, aber das stimmt nicht. Es ist eine Fettart, die für den Körper sehr wichtig ist. Ohne Cholesterin gäbe es deine Zellwände nicht, du könntest bestimmte Hormone nicht herstellen und müsstest auf wichtige Stoffe wie Vitamin D verzichten. Lang lebe also dein Cholesterin! Bloß – wo ist dann das Problem?

Tröpfele mal etwas Öl in ein Glas mit Wasser und rühre gut um. Was passiert? Öl und Wasser vermischen sich nicht, egal, was du anstellst. Und jetzt lässt du nach und nach einige Tropfen Öl in einen Eidotter tropfen, während du kräftig rührst. Was passiert? Ei und Öl vermischen sich. Das liegt am Dotter, in dem sich Eiweiße befindet. Darin lösen sich Fette. Cholesterin ist fettartig und braucht daher Eiweiße, um in unser Blut aufgenommen zu werden. Gib nun noch einen Esslöffel Senf und einen Teelöffel Zitronensaft zur Öl-Eigelb-Mischung und unter ständigem Rühren noch einen weiteren Becher Öl. Probiere mal! Nein, das hat nichts mehr mit dem Cholesterin-Experiment zu tun, aber jetzt hast du eine leckere Mayonnaise.

WARUM SPORT HILFT, HERZERKRANKUNGEN ZU VERMEIDEN

In unserem Körper gibt es zwei Eiweißarten, die dabei helfen, das Cholesterin aufzulösen. Die haben so komplizierte Namen, dass sogar Ärzte sie zu ein paar Buchstaben abgekürzt haben: LDL und HDL. LDL ist der Bösewicht. Wenn du viel davon im Blut hast, kann sich das an der Innenseite deiner Blutgefäße absetzen. Dein Immunsystem sieht das LDL als unerwünschten Eindringling und versucht, es mithilfe der weißen Blutkörperchen dort wegzuholen. Das

geht zum Teil, aber manche weißen Blutkörperchen bleiben mit dem LDL in der Wand der Blutgefäße. Dort bilden sie schließlich einen Brei, der »Plaque« genannt wird. Je mehr Plaque, desto weniger Blut kann durch deine Blutgefäße fließen und desto größer ist die Chance, dass es Ärger gibt. Die gute Nachricht ist, dass das HDL dagegen gut für dich ist. HDL sorgt dafür, dass das Cholesterin aus deinen Blutgefäßen entfernt wird, und hält dich so gesund.

Eine noch bessere Nachricht ist, dass du selbst auch ein wenig Einfluss auf die HDL- und LDL-Menge in deinem Blut hast. In erster Linie, indem du nicht rauchst. Nicht rauchen ist schon ein wichtiger Schritt zur Vermeidung vieler Krankheiten. Auch Sport und Bewegung helfen. Je mehr du dich bewegst, desto mehr Fette verbrennst du und umso kleiner ist die Wahrscheinlichkeit, Herzprobleme zu bekommen. Gesund essen ist genauso wichtig. Von viel Zucker und Fett wird man schnell zu dick und dicke Menschen haben mehr LDL als Menschen mit einem gesunden Gewicht. Außerdem macht auch der Verzehr der *richtigen* Fette viel aus. Manche Fette erhöhen die Wahrscheinlichkeit von Herzkrankheiten, andere dagegen senken sie. Öl und Fette, die bei Zimmertemperatur flüssig sind, helfen deinem Körper, gesund zu bleiben. Sie verringern die LDL-Menge in deinem Körper. Butter und Fett aus Fleisch und Käse sind weniger gesund. Von diesen Fetten solltest du nicht zu viele essen und sie unbedingt mit den »guten« Fetten abwechseln. Es ist also sehr wichtig, was du isst. Und wie du atmest, übrigens auch …

LUNGE

DIE LUNGE IN DEINEM KÖRPER

EIN UND AUS. EIN UND AUS. EIN UND AUS.

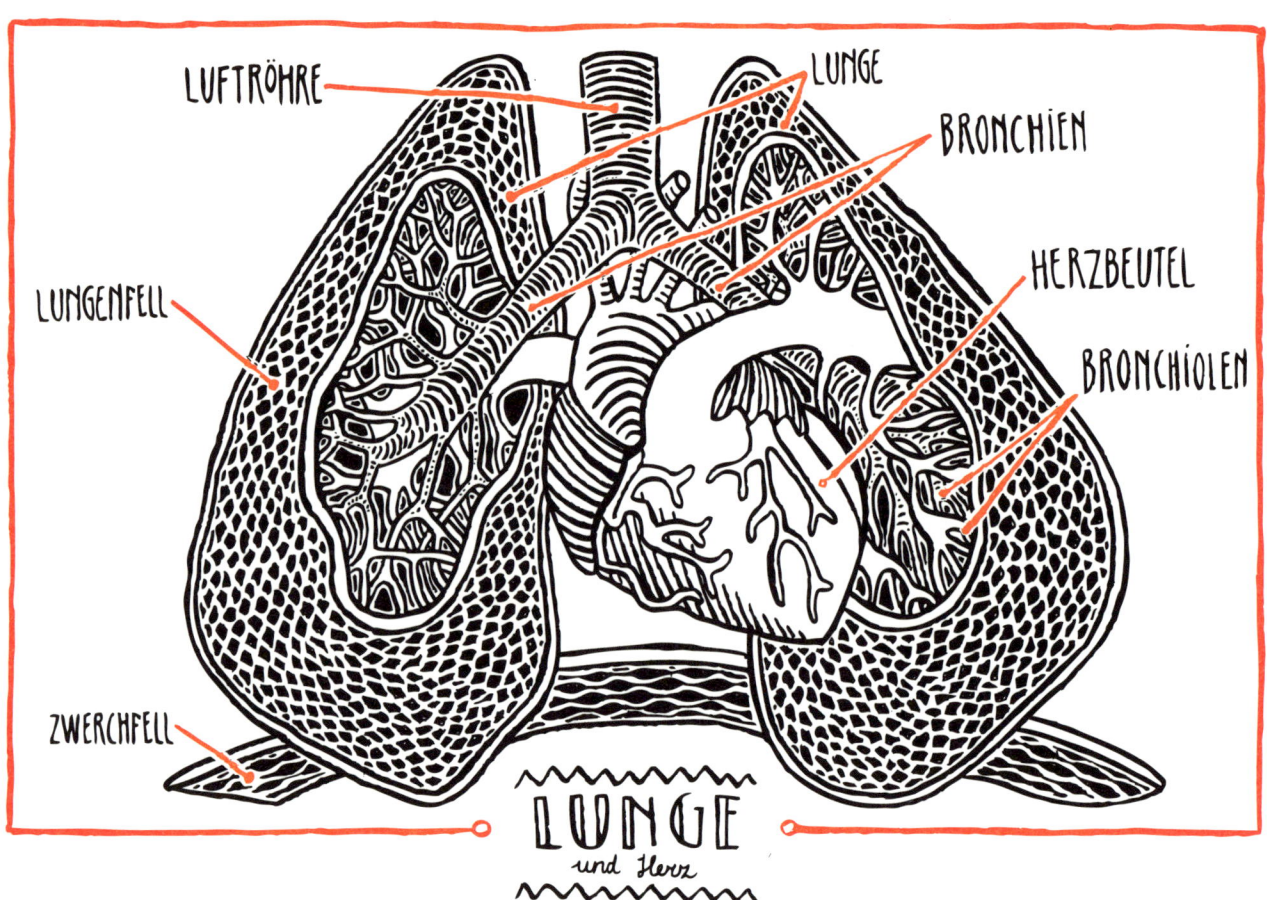

LUFTRÖHRE
LUNGE
BRONCHIEN
LUNGENFELL
HERZBEUTEL
BRONCHIOLEN
ZWERCHFELL

LUNGE
und Herz

WARUM DU MIT DEINER LUNGE VERNÜNFTIG UMGEHEN SOLLTEST

Halte mal eben die Luft an und lies weiter, bis du es fast nicht mehr aushältst … Noch ein wenig … Weiter … Hältst du es fast nicht mehr aus? Dann halte den Atem noch ein bisschen länger an. So. Jetzt weißt du, wie wichtig deine Lunge ist. Atme schnell wieder weiter! Du bist nicht nur fast erstickt, weil du keine Luft mehr bekommen hast, sondern weil sich dein Körper auch mit giftigem Kohlenstoffdioxid füllte.

Deine Lunge ist ebenso verletzlich wie unverzichtbar, also ist es wichtig, sehr sorgsam mit ihr umzugehen.

Es gibt ganze Bücher über Atemtechniken. Richtiges Atmen ist nicht nur gut für deine Lunge, sondern für deinen ganzen Körper. Durch tiefere Atemzüge – ein bisschen so, wie du es jetzt machst, nachdem du gerade deinen Atem angehalten hast – bekommst du mehr Sauerstoff in den Körper.
Zudem beruhigt tiefes Atmen. Es hilft gegen Stress. Herzschlag und Blutdruck werden gesenkt. Du fühlst dich wohler. Und es verbessert sogar deinen Widerstand gegen Krankheiten. Ich schlafe immer viel besser, wenn ich vorher ein paar Minuten lang Atemübungen gemacht habe.
Es gibt verschiedene Übungen, meistens gehen sie so: Atme etwa zwei Sekunden lang durch die Nase

ein. Dein Bauch sollte sich dabei mehr wölben als deine Brust. Atme danach langsam aus, etwa sechs Sekunden lang, und lege dann eine kleine Pause ein, bevor du weitermachst. Nach ungefähr zehn Minuten atmest du von selbst gesünder. Normalerweise atmest du zwischen zwölf und fünfzehn Mal pro Minute. Übrigens brauchst du deine Atmung nicht nur zum Luftholen. Wenn du *Deutschland sucht den Superstar* gewinnen willst, eine nette Geschichte erzählen möchtest oder unter deinen Achseln schnuppern willst, um zu wissen, ob es Zeit ist für eine Dusche, sind deine Atmungsorgane genauso unverzichtbar. Singen, Reden und Riechen haben allesamt etwas mit der Lunge zu tun. Noch ein Grund mehr, sie sorgsam zu behandeln.

WARUM DEIN MUND EINER GITARRE ÄHNELT

Du atmest schon seit deiner Geburt, aber wie machst du das genau? Deine Lunge zum Beispiel hat gar nicht so viel zu tun. Genau wie ein Akkordeon keine Töne von sich gibt, wenn der Akkordeonspieler nicht daran zieht oder es zusammendrückt. Das wichtigste Körperteil für deine Atmung ist das Zwerchfell. Das ist ein bogenförmiger Muskel zwischen deiner Lunge und deinem Magen. Meistens bewegt es sich von sich aus, aber du kannst es auch bewusst steuern. Wenn

sich dein Zwerchfell anspannt, zieht es sich gerade. Deine Lunge dehnt sich dadurch automatisch aus und Sauerstoff strömt ein. Entspannt sich der Muskel danach, strömt die Luft wieder aus.

Das Witzige am Atmen ist, dass du es meistens ganz von selbst richtig machst, und sobald du es bewusst tust, geht es in vielen Fällen schief. Dann dehnst du zum Beispiel die Brust, während du doch vom Zwerchfell aus atmen sollst. Das Dehnen der Brust ist nur gut, wenn du sprichst oder singst. Die Luft, die du dann wieder ausatmest, leitest du über die Stimmbänder zu deinem Kehlkopf. Dadurch geraten die Stimmbänder in Schwingungen. Sing mal etwas und lege dabei deine Hand auf den Hals, du kannst die Schwingungen spüren. Du kannst sogar den Unterschied zwischen der höchsten und der tiefsten Note spüren. Wenn du hoch singst, ziehst du deine Stimmbänder straffer, wodurch sie höher klingen. Bei tiefen Tönen werden sie dicker. Erwachsene Männer haben dickere Stimmbänder als Kinder und Frauen. Deswegen klingt ihre Stimme tiefer. Eine schöne Stimme hängt übrigens nicht nur von den Stimmbändern ab. Genau wie bei einer Gitarre oder einer Geige spielt auch der Klangkörper eine Rolle. In deinem Fall sind das Hals, Mund und Nase. Sing mal etwas, während du dir die Nase zuhältst. Das klingt ziemlich schräg, was?

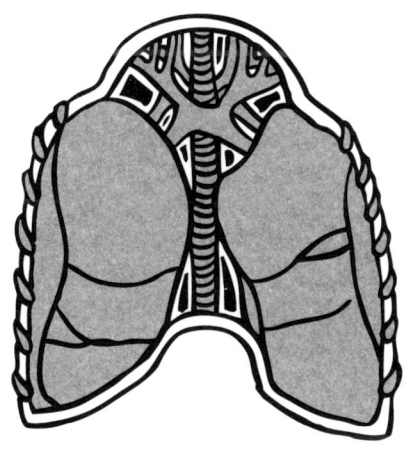

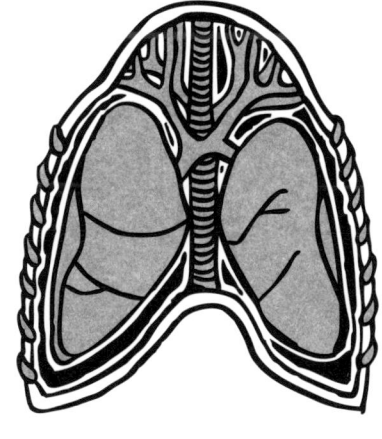
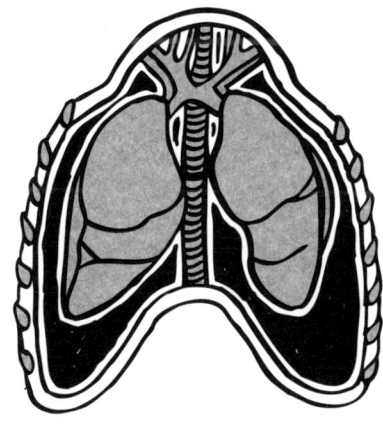

EINATMEN   RUHE   AUSATMEN

IN DEINER LUNGE

WARUM DU LEICHTER BIST, ALS DU DENKST

Gute Nachrichten für alle, die glauben, sie wiegen zu viel. Wir bestehen zum größten Teil aus Luft. Genauer gesagt aus Sauerstoff. Auch du! Die eingeatmete Luft kommt über den Kehlkopf in die Luftröhre, die sich wieder in dünnere und noch dünnere Luftröhrchen verzweigt. An deren Ende befinden sich Trauben mit ganz kleinen Lungenbläschen. Beim Kontakt mit den dünnen Äderchen wird Kohlenstoffdioxid aus deinem Blut gegen Sauerstoff aus der Luft ausgetauscht. Dein Körper braucht viel Sauerstoff, der Austausch muss daher sehr schnell gehen. Wenn du rennst, braucht dein Körper noch mehr Sauerstoff. Deswegen keuchst du, um deine Atmung zu beschleunigen. Dein Blut fließt dann schneller, um genügend Sauerstoff zu transportieren. Von Mund oder Nase bis zur Lunge legt die Luft eine beträchtliche Strecke zurück, sodass sie schön angewärmt und nicht zu trocken tief in der Lunge angelangt.

WARUM NASENHAARE DURCHAUS PRAKTISCH SIND

Durch die Luft schwirren unzählige Bakterien und Viren. Die atmest du mit jedem Atemzug ein. Deine Lunge muss also gut vor diesen Krankheitserregern geschützt werden. Deine Nase ist die erste Verteidigungslinie. Nasenhaare mögen zwar nicht so charmant aussehen, aber sie halten eine Menge Bakterien zurück. Auch deine Mandeln helfen mit, indem sie weiße Blutkörperchen produzieren, die die Eindringlinge vernichten. Aber noch viel wichtiger ist die Schleimschicht, die sich von deiner Nase bis tief in die Lunge zieht. Bakterien und Viren bleiben darin hängen und können dann von allein weder vor noch zurück. Der Schleim aus deiner Nase läuft in deinen Hals, genau wie der Schleim weiter unten in die Bron-

chien läuft. Die Bronchien besitzen winzige Flimmerhärchen, die den Schleim wie auf einem Fließband nach oben transportieren. Sollte doch etwas in die Lunge gelangen, was da nicht hingehört, fängst du unwillkürlich an zu husten. Dann presst du die Luft mit so viel Kraft aus der Lunge, dass der unerwünschte Besuch in deiner Kehle landet. Von dort gehen die Krankheitserreger über die Speiseröhre in den Magen, wo ihnen dasselbe Schicksal bevorsteht wie manchen Mordopfern: Sie enden in einem Salzsäurebad.

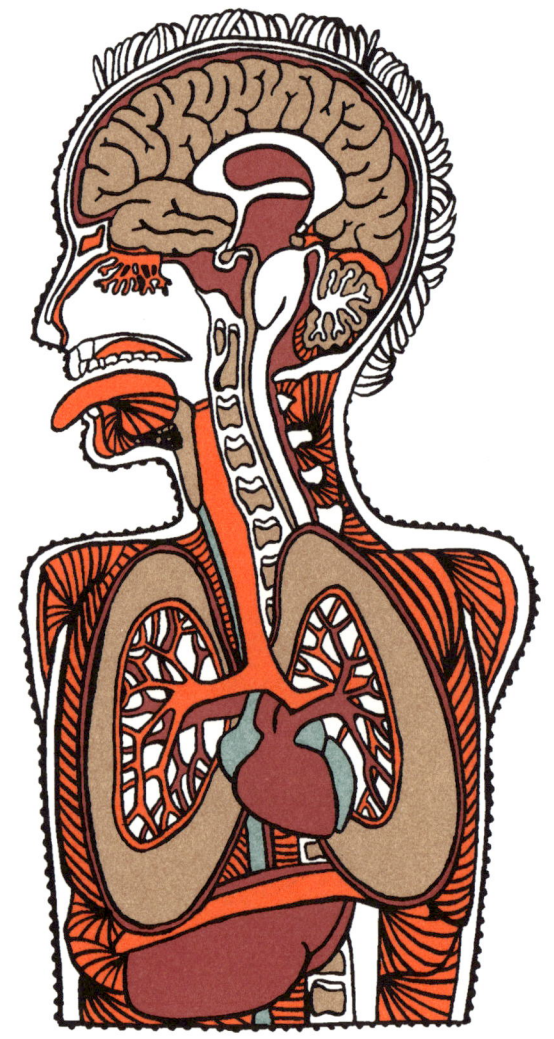

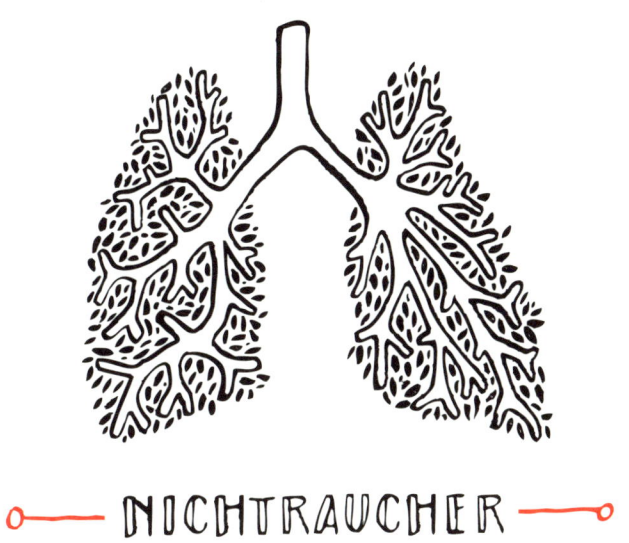

NICHTRAUCHER

WARUM RAUCHER EHER BEDAUERNSWERT ALS COOL SIND

Du liest dieses Buch, also bist du intelligent. Für dich ist der nächste Abschnitt daher auch gar nicht gedacht. Aber es gibt Leute, die viel dümmer sind als du. Menschen, die anfangen zu rauchen. Und in deren Innerem passiert Folgendes:

Die Hülle unserer Lungenbläschen ist extrem dünn. Das macht sie verletzlich. Teer und Nikotin aus dem Zigarettenrauch setzen sich in der Lunge auf die dünnen Bläschen und richten dort gewaltigen Schaden an. Das Nikotin lähmt die Flimmerhärchen, sodass der Schmutz in der Lunge nicht gut mit dem Schleim abtransportiert werden kann. Außerdem bleibt Teer im Schleim zurück und das wiederum verursacht Halsentzündungen. Nur durch Husten kann man den Schmutz noch aus der Lunge kriegen. Aber durch viel Husten gehen manche Lungenbläschen endgültig kaputt. Dadurch werden Raucher immer kurzatmiger.

Wie schlecht das Rauchen ist, merkt ein Mensch sofort nach der ersten Zigarette. Sein ganzer Körper revoltiert. Er hustet und hat einen intensiv ekligen Geschmack im Mund. Zwei Alarmsignale, die zeigen, dass eine Zigarette aus viel Dreck besteht. Menschen, die behaupten, ihnen hätte schon gleich die erste Zigarette geschmeckt, sind genauso glaubwürdig wie ein kleines Kind, das in die Hose gemacht hat und behauptet, der Nachbar wäre es gewesen. Eigentlich gibt es nur einen einzigen Grund, mit dem Rauchen anzufangen: Glauben, dass man ohne Zigarette nicht nett oder interessant genug ist. Darum ist es eher bedauernswert als cool, wenn man mit dem Rauchen anfängt. Rauchen ist nicht nur schlecht für die Lunge und deine Herz- und Blutgefäße. Es verursacht auch allerlei Krebsarten und viele andere schwere Krankheiten. Die Hälfte aller Raucher stirbt an Krankheiten, die durch das Rauchen entstanden sind.

Zigaretten sind also mit vielen Nachteilen verbunden. Aber es gibt auch eine Liste mit Vorteilen des Rauchens. Hier ist sie:
1. Es ist gut für das Konto der Zigarettenhersteller und Zigarettenverkäufer.
2. Das war's dann auch schon so ziemlich.

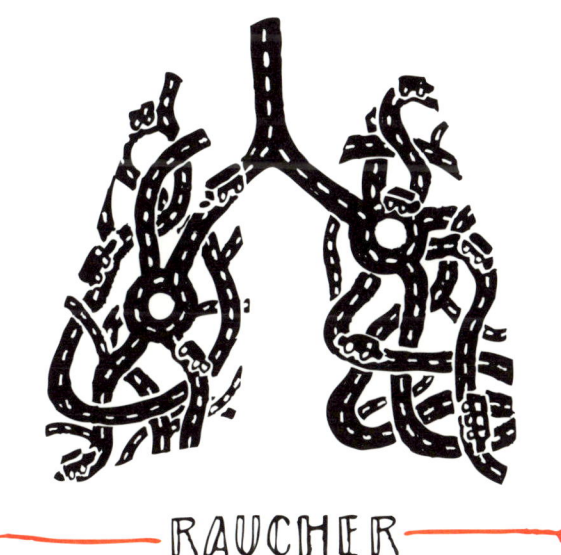

RAUCHER

DEIN BAUCH
UND SEINE BILLIONEN BEWOHNER

IM BAUCH VON HERRN MANGETOUT

WARUM DEINE SPEISERÖHRE DABEI HILFT, EIN FLUGZEUG ZU ESSEN

Und jetzt reden wir mal über deinen Magen und deinen Darm. Also über Essensreste und Kot. Denn eigentlich geht es nicht an, dass wir so wenig darüber nachdenken. Noch schlimmer: Wir schämen uns ja sogar dafür. Nicht umsonst hat jedes WC ein Schloss an der Tür. Wir finden, dass unsere Essensreste stinken und unappetitlich aussehen. Trotzdem ist es ganz nett, etwas mehr über die Verdauung zu erfahren. Wusstest du zum Beispiel, dass viele Menschen zu blöd sind zum Kacken? Wirklich! Weiter hinten liest du, warum das so ist.

Oder nimm Michel Lotito, auch Monsieur Mange-tout genannt (»Herr Allesfresser« auf Französisch). Er lebt nicht mehr, aber er hat diesen Spitznamen wirklich verdient. Im Laufe seines Lebens hat er achtzehn Fahrräder, fünfzehn Einkaufswagen, acht Fernseher und drei Kloschüsseln verspeist.

Und ja, auch noch ein Cessna-Sportflugzeug. Dafür brauchte er zwar zwei Jahre, aber trotzdem! Hartgekochte Eier und Bananen mochte er nicht, aber er vertilgte insgesamt gut 9000 Kilo Metall. Mit Leichtigkeit. Sein Körper war in der Lage, all dieses Metall zu verarbeiten.

Vielleicht hast du jetzt schon etwas mehr Respekt vor deinem Magen und dem Darm?

Übrigens sind nicht nur Magen und Darm für die Verdauung zuständig. Du hast auch noch eine Speiseröhre und mit ihrer Hilfe rutscht sogar ein kleines Sportflugzeug geschmeidig in deinen Magen. Daneben hast du noch eine Leber und eine Bauchspeicheldrüse sowie eine Gallenblase, die allerlei nützliche Dinge für dich regeln. Plus ganz schlaue Schließmuskeln, die das Ganze da an deinem Ausgang so lange drinhalten, wie es erwünscht ist. Kurz, es ist ein ziemlich ausgetüfteltes Organsystem, das alle wichtigen Nährstoffe an die richtigen Orte bringt.

WARUM DU BIST, WAS DU ISST

Dass du bist, was du isst, ist nicht nur so eine Redensart. Denn irgendwo in deinem Körper stecken noch Moleküle, die aus der Salatgurke stammen, die du irgendwann einmal verspeist hast. In deinen Knochen findest du vielleicht noch eine winzige Spur Calcium aus einer Mahlzeit mit Blumenkohl, die ein Jahr zurückliegt. In deinen Muskeln etwas Eiweiß aus einem Butterbrot von vor drei Wochen. In deinem Herzen sogar noch ein wenig von dem Käse, den deine Mutter aß, als du noch in ihrem Bauch warst. Und in deinem Blut etwas Zucker aus dem Glas Fruchtsaft von vorhin. Jetzt verstehst du auch, warum es besser ist, die richtigen Dinge zu essen und zu trinken.

Und dann haben wir noch kein Wort über die Bewohner von unserem Magen-Darm-Trakt verloren. Die Billionen Bakterien, die dort wohnen, bilden eine Welt für sich. Für sie ist unser Körper eine Art Planet, auf und in dem sie wohnen können. Sie dürfen unserem Körper durchaus ein wenig dankbar sein. Umgekehrt darf der den Bakterien aber auch dankbar sein, denn obwohl wir sie hauptsächlich als Krankheitserreger kennen, würden wir es ohne Bakterien nicht lange aushalten. Bakterien bestimmen zum Teil, wie gesund wir sind, wie viel wir wiegen und sogar, wie fröhlich wir sind.

Zur Verdauung kann man wirklich eine Menge erzählen. Fangen wir am Anfang an: bei deinem Mund.

IN DEINEM MUND

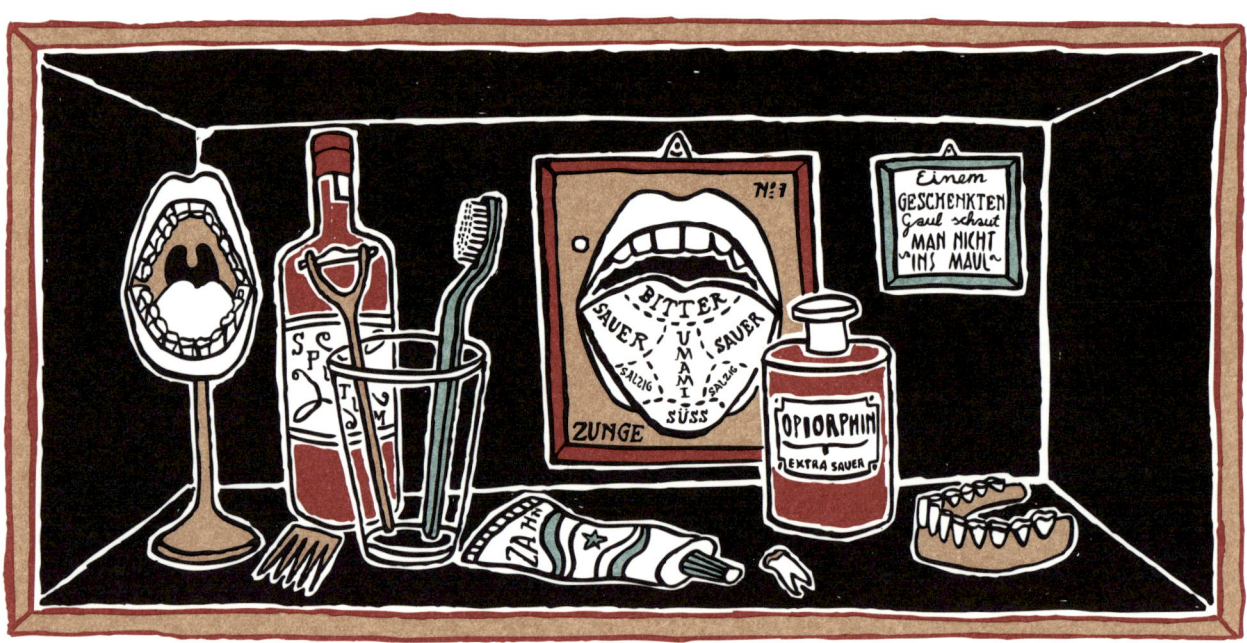

WARUM DEUTSCHE SPIONE »SCHEVENINGEN« SAGEN MUSSTEN

Stell dir mal vor, du hättest keinen Mund. Dann könntest du kein Eis essen, keine Witze erzählen und keinen Kuchenteig naschen. Du könntest dein Lieblingslied nicht mehr pfeifen, deine Fingernägel nicht abknabbern und nicht küssen. Das Leben wäre ziemlich katastrophal. Außerdem brauchst du sowohl zum Essen als auch zum Reden eine ausgeklügelte Motorik deiner Muskeln. Das merkst du, wenn du eine Fremdsprache sprechen sollst. Ausländern fällt es sehr schwer, niederländische Wörter auszusprechen, die mit »Sch« anfangen (erst ein »S« und danach »ch« wie in dem Wort lachen). So mussten alle deutschen Spione »Scheveningen« sagen, wenn sie behaupteten, Niederländer zu sein. Echte Deutsche flogen dabei sofort auf. Für Niederländer hingegen ist es so gut wie unmöglich, den deutschen Zungenbrecher »Zwischen zwei Zwetschgenzweigen sitzen zwei zwitschernde Schwalben« richtig auszusprechen.

WARUM NUR DUMME LEUTE AUF DEN BODEN SPUCKEN

Beim Sprechen passiert demnach eine ganze Menge in deinem Mund. Aber das Essen ist erst recht ein Kunststück – und nicht nur, wenn man an einem Einkaufswagen nagt. Stell dir nur mal vor, was für ein riesiges Problem du hättest, wenn dein Mund keinen Speichel mehr produzieren würde. Zwieback oder Kekse zu essen, wäre dann ausgeschlossen. Während des Kauens produzierst du so ungefähr sieben Milliliter Speichel. Wenn du eine Viertelstunde lang kaust, hast du schon bald eine Tasse voll zusammen. Der Speichel hilft auch dabei, dass die Verdauung deiner Nahrung leichter wird. Auch wenn du nicht isst, hast du Speichel im Mund. Insgesamt produziert dein Mund im Laufe eines Tages so viel Speichel, dass du eine ganze Weinflasche damit füllen kannst. Nur beim Schlafen wird die Produktion für eine Weile stillgelegt. Sonst würdest du sabbernd auf einem durchnässten Kissen wach …

Der Speichel hilft dir, dein Essen leichter zu schlucken. Außerdem ist er eine prima Zahnpasta. Er tötet schädliche Bakterien und hält deinen Mund frisch und gesund. Und nicht nur den Mund, sondern auch den restlichen Körper. Ein gesunder Mund kann sogar Herz-Kreislauf-Erkrankungen verhindern, denn die Bakterien, die Zahnbelag oder Plaque verursachen, kommen auch im Plaque deiner Adern vor. Das ist aber noch nicht alles. Wenn du dir Zunge oder Lippen verbrannt hast oder mal Zahnschmerzen hattest, weißt du, dass dein Mund ungeheuer empfindlich ist. Dort befinden sich sehr viele Nervenenden, die Schmerzsignale weitergeben können. In Krankenhäusern bekommen Patienten mit sehr starken Schmerzen eines der stärksten Schmerzmittel überhaupt: Morphin. Aber in deinem Speichel ist der Stoff Opiorphin enthalten, und der ist sechsmal stärker als Morphin! Außerdem steckt noch ein Heilstoff in unserem Speichel: Histatin. Deswegen heilt eine Wunde im Mund schneller als eine äußere Wunde am Körper. Tiere, die ihre Wunden lecken, machen das nicht nur zum Spaß. Wir Menschen sollten das auch tun! Leute mit der unappetitlichen Gewohnheit, auf die Straße zu spucken, können die Vorteile des Speichels gar nicht genießen. Geschieht ihnen recht.

WARUM DU DEINE ZÄHNE LIEBER VOR DEM ESSEN PUTZEN SOLLTEST

Du glaubst, ein Zahnarzt beschäftige sich vor allem mit deinen Zähnen. Aber in Wirklichkeit kümmert er sich um deine Mundgesundheit. Zahnbelag kannst du selbst wegputzen, aber wenn ständig ein wenig Belag zurückbleibt, kann der sich zu Zahnstein verhärten und den bekommst du nicht mehr selbst weg. Durch das Entfernen des Zahnsteins und die Kontrolle deines Zahnfleischs verhindert der Arzt Entzündungen und die können für viel mehr Probleme sorgen als nur für Löcher. Bakterien sind unvorstellbar klein und passen in die schmalsten Öffnungen. Dein Zahnfleisch muss also schön straff um deine Zähne sitzen, damit keine Keime dazwischen passen. Sonst können die Bakterien den Knochen und das Zement um deine Zähne erreichen – dort, wo dein Zahn im Kiefer steckt, und du bekommst eine Entzündung. Aber deine Zähne selbst sind natürlich auch wichtig. Während sich die meisten Körperzellen erneuern, musst du dich dein Leben lang mit den Zähnen begnügen, die du jetzt hast. Es sei denn, du hast noch Milchzähne. Zähne bestehen auch nicht aus Zellen, sondern größtenteils aus Dentin, einem knochenähnlichen Gewebe, auch Zahnbein genannt. Um das Dentin befindet sich Zahnschmelz, das härteste Material, das deinem Körper zur Verfügung steht. Diese Schicht schützt die Zähne vor Abnutzung und Bakterien. Ganz innen im Zahn verläuft der Wurzelkanal. Darin befinden sich sehr wohl lebende Zellen, zum Beispiel Nervenzellen. Und das merkst du nur allzu gut, wenn du dich ohne Betäubung einer Wurzelkanalbehandlung unterziehen musst.

Jeder weiß, wie schlecht Zucker für die Zähne ist. Aber nicht jeder weiß, worin überall Zucker steckt. In Brot zum Beispiel, in Kartoffeln und Spaghetti. In Milch ist Milchzucker. Oder schau dir mal die Zutaten auf den Verpackungen von Fertigmahlzeiten an: überall Zucker! Ein weiterer Feind deiner Zähne ist Säure. Das kann man mit einem kleinen Experiment gut sehen. Leg mal ein Ei in einen Topf mit Essig. Nach einem Tag hat sich die Schale in der Säure aufgelöst, weil sie aus Kalk besteht. Deinen Zähnen kann das Gleiche passieren. Vor allem, wenn du Fruchtsaft getrunken hast oder ein Erfrischungsgetränk, denn darin steckt viel Säure. Du machst es aber noch schlimmer, wenn du erst etwas Saures isst oder trinkst und dann sofort die Zähne putzt. Der Zahnschmelz ist dann nämlich weicher und wird durch das Scheuermittel in der Zahnpasta und die Zahnbürste abgenutzt. Besser ist es, eine Stunde mit dem Putzen zu warten. In Zahnpasta befindet sich Fluorid, und das macht den Schmelz wieder härter. Immer mehr Zahnärzte sagen daher, man solle die Zähne lieber vor dem Essen putzen. Dadurch kommt das Fluorid aus der Zahnpasta auf den Schmelz und schützt die Zähne besser vor den Schadstoffen im Essen. Außerdem nutzen sich die Zähne so weniger schnell ab. Nach dem Essen musst du aber trotzdem die Essensreste mit ein wenig Wasser wegspülen.

IN DEINEM MAGEN UND WEITER

WARUM ERBSENSUPPE AUS DEINEM MAGEN BEIM RENNEN NICHT WIEDER HOCHSCHWAPPT

Wenn du dein Essen runtergeschluckt hast, landet es über die Speiseröhre in deinem Magen. Die Speiseröhre ist von einer glibberigen Schleimschicht überzogen, die verhindert, dass die Nahrung irgendwo hängen bleibt. Um die Speiseröhre befinden sich Muskeln, die das Essen zusätzlich weiter nach unten befördern. Das ist sehr praktisch, denn dank dieser Muskeln kannst du sogar kopfüber an einem Ast hängend noch Bananen essen. Man weiß ja nie, wann einem das mal gelegen kommt!

Wenn du normal aufrecht stehst, ist die Speiseröhre wie eine Rutschbahn, die erst steil nach unten führt und dann horizontal endet. Ein Bissen gleitet so innerhalb von sechs Sekunden nach unten. Nach dem letzten flachen Stück landet dein Essen im Magen. Sobald es dort ist, schließt sich ein Muskel und das Essen kann sich nicht mehr auf den Rückweg machen. Ist dieser Muskel nicht vollständig geschlossen, verhindert immer noch das steile Stück der Speiseröhre, dass die Erbsensuppe beim Rennen wieder nach oben schwappt. Dein Körper ist zweckmäßiger konstruiert, als du denkst ...

Lege mal eine Hand auf deinen Magen. Wo liegt deine Hand? Auf dem Nabel? Da liegt sie zu tief. Dein Magen befindet sich nämlich knapp unter den Rippen. Das wissen nur wenige. Die anderen sagen, sie hätten Magenschmerzen, während sie in Wirklichkeit »Darmschmerzen« haben. Wenn du wenig gegessen hast, ist dein Magen nur ein kleiner Sack. Aber nach einer Pizza und einem ordentlichen Glas Cola ist er ganz schön gedehnt. Die Form deines Magens ist genauso praktisch wie die deiner Speiseröhre. Er sieht aus wie ein J-förmiger Beutel. Diese Form fördert das rasche Durchwinken von Magen-

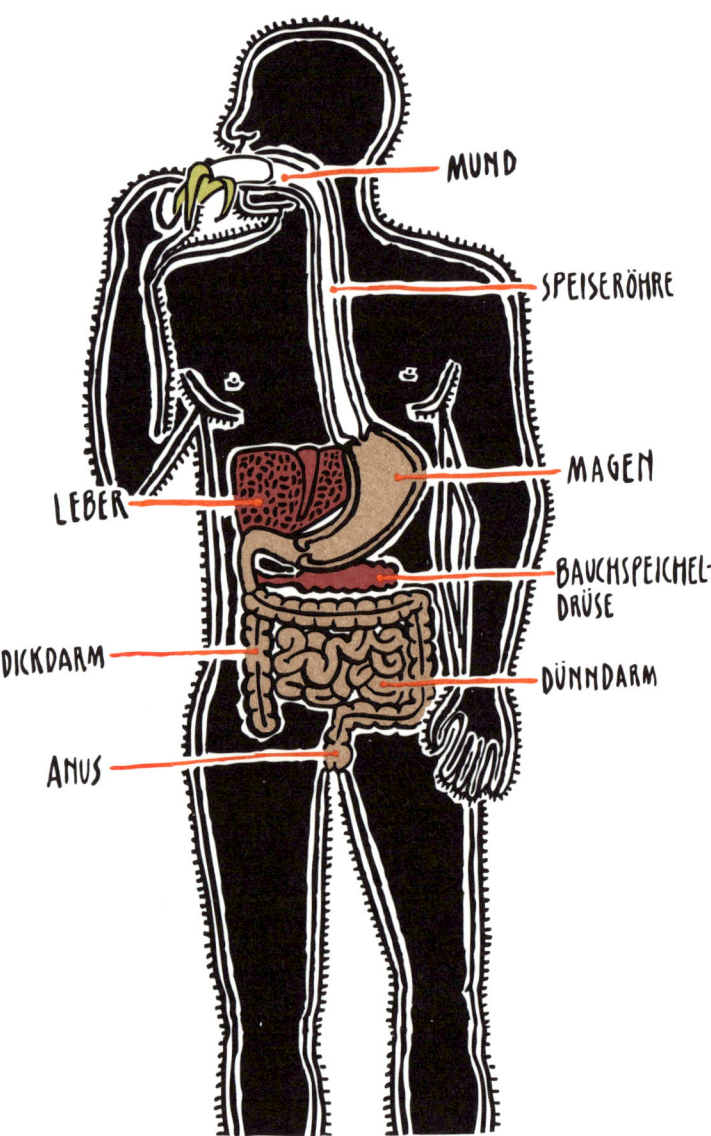

inhalt, der schnell weiter kann, und behält nur, was länger im Magen bleiben muss. Wasser braucht zum Beispiel nicht abgebaut zu werden. Das fließt daher ganz schnell über die kurze Seite deines Magens zum Ausgang. Eine Pizza muss schon etwas länger bleiben. Die plumpst dann von selbst auf die lange Seite, wo jede Menge Zeit ist, sie abzubauen.

Während des Kauens hast du dein Essen schon zum Teil zerkleinert, aber dein Magen macht das noch viel wirksamer. Die Muskeln um deinen Magen kneten die Nahrung ein bisschen, damit sie gut mit Magensäure vermischt wird. Die Nahrung kreiselt ein wenig herum, wie Wäsche in einer Waschmaschine. So kann die ätzende Säure in deinem Magen ihre Arbeit gut verrichten.

WARUM DEIN MAGEN ÄHNLICHKEIT MIT EINEM MÖRDER HAT

Ja, du hast richtig gelesen. Ausgerechnet in deinem Magen, an der Stelle, wo dein Essen landet, befindet sich eine ätzende Säure. Diese Säure stammt aus allerlei Drüsen in deiner Magenwand. Mörder, die verhindern wollen, dass ihr Opfer gefunden wird, lösen die Leiche manchmal in Salzsäure auf. Die Säure in deinem Magen ist genauso stark wie diese Salzsäure, denn ... es *ist* Salzsäure! Aber dein Magen ist klüger als die Mörder, weil die Säure in deinem Magen von einem Eiweiß unterstützt wird, das dabei hilft, die Nahrung noch schneller abzubauen. Die Flugzeugstückchen, die Herr Mangetout aß, sind also nicht so wieder zum Vorschein gekommen, wie sie reinkamen: Sie waren wirklich zum Teil verdaut.

Jetzt hast du natürlich eine ganz dringende Frage: Wenn Salzsäure so stark ist, dass sie Leichen auflösen kann, warum löst sich der Magen dann nicht selbst auf? Die Antwort ist, dass deine Magenwand von einer dicken Schleimschicht geschützt wird, und die kann von der Säure nicht zerfressen werden. Aber ohne diese Schicht hättest du tatsächlich ein großes Problem. Das siehst du daran, wie es deinem Essen nach ein paar Stunden in deiner Magensäure ergangen ist. Längst nicht alles ist dann noch erkennbar. Wie

lange eine Mahlzeit in deinem Magen bleibt, hängt davon ab, was du gegessen hast. Süßigkeiten und Kekse sind schon nach zwei Stunden wieder draußen, aber ein Beefsteak braucht dreimal länger. Zucker wird schnell abgebaut, weswegen du schon nach kurzer Zeit wieder ein Hungergefühl verspürst. Eiweiße und Fette brauchen viel länger. Deswegen kannst du mit dem nächsten Essen noch ein Weilchen warten.

WARUM DEIN DARM SCHON AB 37 GRAD DURCH UND DURCH SAUBER WÄSCHT

Sobald die Essensreste den Magen verlassen haben, landen sie im Dünndarm. Und der ist wieder so ein richtiges Wunder. Nimm dir mal ein großes Stück Zeitungspapier und zerknülle es zu einem möglichst kleinen Ball. Stell dir jetzt vor, du hast ein Blatt Papier von circa der Größe eines Tennisplatzes und du müsstest das Blatt so zusammenknüllen, dass es in deinen Bauch passt. Ob das klappt? Nein, natürlich nicht. Egal, wie dünn das Papier ist. Und trotzdem hat die Innenseite deines Dünndarms eine Oberfläche von rund 250 Quadratmetern. So groß wie ein Tennisplatz also. Und der passt mit Leichtigkeit in deinen Bauch. Dein Körper ist wirklich ein Meisterwerk ...

Das Geheimnis deines Dünndarms ist, dass er eine Menge Knitter und Falten hat. Außerdem wird seine Oberfläche auch durch allerlei Ausbuchtungen oder Zotten vergrößert, die sich auf dem Dünndarm befinden. Und darauf sitzen wiederum Zotten. Und darauf wieder welche. Würdest du deinen Darm glattstreichen, wäre er sieben Kilometer lang, aber in Wirklichkeit sind es nur ein paar Meter. Im Dünndarm wird das Essen mit Darmsaft gemischt, einem wässrigen Zeugs, das für eine weitere Verdauungsrunde zuständig ist. Hier wirken wieder andere Stoffe bei der Verdauung mit: Enzyme heißen die. Vielleicht sind sie dir mal in der Waschmittelreklame begegnet. Enzyme sind Eiweiße, die helfen, den Abbau bestimmter Stoffe zu beschleunigen. Die Enzyme in Waschmitteln lösen Schmutz und Flecken auf. Die Enzyme im Dünndarm machen genau das Gleiche, aber eben mit deiner Nahrung. Und das schon bei 37 Grad!

DIE (RICHTIGE) HALTUNG

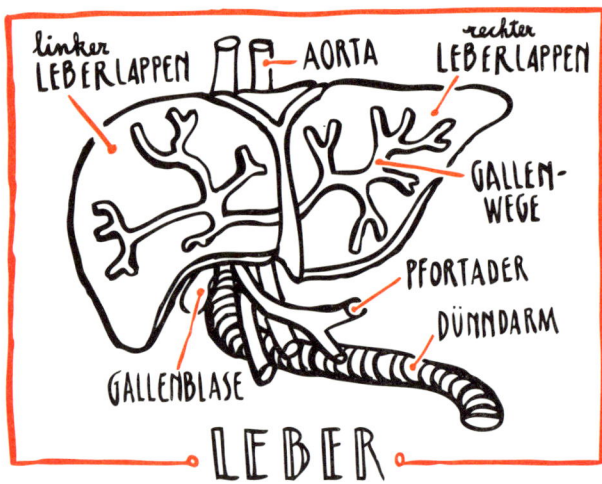

WARUM DEINE LEBER SO WICHTIG IST

Dein Dünndarm ist nicht einfach nur eine Röhre mit einem Eingang und einem Ausgang wie ein Gartenschlauch. Der wichtigste Teil deiner Nahrung verlässt den Dünndarm nicht über den Ausgang, sondern durch die Darmwand. Das funktioniert so: Im Dünndarm wird dein Essen größtenteils zu einem dünnen Süppchen voller nahrhafter Moleküle. Diese Moleküle sind so klein, dass sie von der Darmwand aufgenommen werden können. Darum ist die Oberfläche der Darmwand auch so groß: Hätten wir dort nicht den Tennisplatz zur Verfügung, würde es vielleicht eine gute Woche dauern, um die Nährstoffe aus einem Butterbrot zu ziehen. Sobald sie in der Darmwand sind, können sie schnell ins Blut. Denn an der Außenseite der Darmwand befinden sich jede Menge kleiner Blutgefäße. Die treffen aufeinander und fließen gemeinsam zur Leber. Die Leber kontrolliert die Nährstoffe und überprüft, ob sich kein Gift dazwischen befindet. Ist das der Fall, wird es vernichtet. Alle brauchbaren Bestandteile der Nahrung gelangen anschließend ins Blut und fließen so in Richtung Herz, um von dort in den Rest deines Körpers gepumpt zu werden.

Du weißt inzwischen, dass manche Teile deines Körpers verschiedene Dinge gleichzeitig können. Aber deine Leber schlägt alles. Insgesamt erledigt sie über 200 wichtige Aufgaben. Das sind zu viele, um sie hier alle aufzulisten, aber ein paar nenne ich doch. Deine Leber kümmert sich zum Beispiel um die Lagerung und Verteilung von Cholesterin. Die Leber durchsucht dein Blut auf nützliche und schädliche Stoffe. Sie sorgt dafür, dass kaputte und tote Blutkörperchen aufgeräumt werden. Sie speichert Fett und Zucker, damit du davon nicht zu viel ins Blut bekommst und noch etwas für später übrig behältst. Sie verwahrt Vitamine für dich. Und sie sorgt für Galle. Galle ist ein sehr fettiger Stoff, den dein Körper nutzt, um die Magensäure zu bremsen.

WARUM DEINE POBACKEN NICHT VON DER ÄTZENDEN SALZSÄURE ZERFRESSEN WERDEN

Vielleicht hast du ja schon einmal eine Salatsoße angemacht. Wenn du zu viel Essig oder Zitrone verwendet hast, kannst du das mit Öl wieder ausgleichen. So funktioniert das auch mit der Galle. Deine Leber produziert Galle und schickt sie zur Gallenblase. Das ist ein kleiner Speicher unter deiner Leber, der mit deinem Dünndarm in Kontakt steht. Aber Salzsäure ist so sauer, dass das Fett aus der Gallenblase nicht ausreicht. Deswegen hast du noch ein zusätzliches Organ, die Bauchspeicheldrüse, die dabei hilft, die Salzsäure in deinem Dünndarm abzumildern. Zum Glück, denn sonst wäre dein Kot so ätzend, dass er die Kloschüssel zerfressen würde – ganz zu schweigen von deinen Pobacken!

Aber dann haben wir es noch immer nicht geschafft. Denn letzten Endes landet dein Essen im Dickdarm. Deine Nahrung ist jetzt schon etwa sechzehn Stunden unterwegs. Und noch immer stecken Nährstoffe darin, die dein Körper verwerten kann. Allerlei Vitamine und Mineralien zum Beispiel. Manche Vitamine können sogar nur vom Dickdarm aufgenommen werden. Die gehen dann auch wieder durch die Darmwand und über die kleinen Blutgefäße in die Leber. Nur die guten Nährstoffe aus den letzten Darmzentimetern gehen direkt ins Blut. Du verstehst jetzt, weshalb es Zäpfchen gibt: Mit einem Zäpfchen im Po gelangt das Medikament direkt in deine Blutbahn. Außerdem wird es nicht von Magensäften abgebaut. Ein Zäpfchen wirkt also viel schneller als eine Tablette, die den Weg über den Magen nimmt.

Den Matsch am Darmausgang nennen wir jetzt nicht mehr Essensreste, sondern Kot. Er besteht zum Teil aus den letzten Überbleibseln deines Essens, vor allem Ballaststoffen aus Brot und Gemüse. Aber auch aus abgebauten (Blut-)Zellen, aus Galle, einer riesigen Bakterienmenge und viel Wasser: etwa 75 Prozent.

WARUM VIELE LEUTE ZU BLÖD SIND ZUM SCH...

Gut. Wir haben unser Ziel erreicht. Es ist Zeit, sich von der Mahlzeit des Vortages zu verabschieden. Und das machen die meisten von uns ... falsch. Das wissen wir dank Doktor Dow Sikirow. Er untersuchte, in welcher Haltung man am besten sein großes Geschäft erledigt. In vielen Teilen der Welt gehen die Menschen dazu in die Hocke. Wir sitzen auf der Toilette.

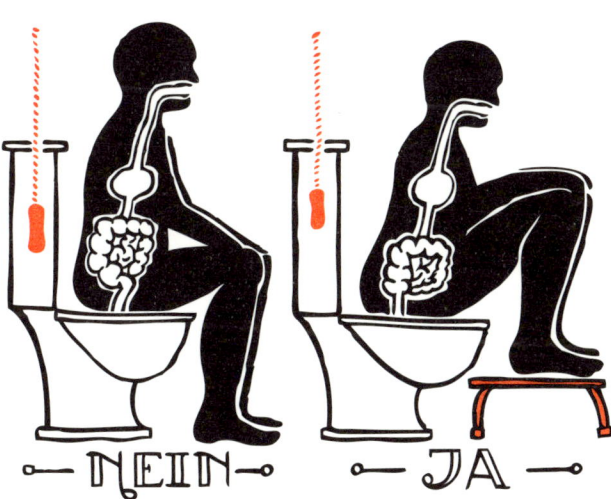

Sikirow ließ seine Versuchspersonen auf verschiedene Arten ihr Geschäft verrichten. Und was zeigte sich? Hocken ist viel besser! Dann bist du innerhalb einer Minute fertig, dein Darm ist viel leerer und es fühlt sich angenehmer an. Das liegt daran, dass dein Darm, wenn du sitzt, ein wenig abgeknickt wird. In der Hocke bleibt er schön offen. Manche Leute sitzen zehn Minuten und länger auf dem Klo, bis sie können. Wie viel kostbare Zeit geht da verloren, nur weil die Leute zu blöd sind, richtig zu sch...?

Ich verstehe ja schon, dass du lieber auf dem Klo sitzt, als auf dem Boden kauerst. Und auch, dass du nicht mit den Füßen auf der Klobrille kauern willst. Zum Glück hat sich die Autorin Giulia Enders eine Methode ausgedacht, wie man quasi hockend sein Geschäft erledigen kann, während man fast normal auf der Toilette sitzt. Wenn du die Füße vor der Toilette auf einen Schemel stellst, kommst du ganz von allein in die »Hockhaltung«. Obwohl ... bei mir funktioniert das nicht. Ich glaube, dass größer gewachsene Menschen gar keinen Schemel brauchen und sowieso schon in der idealen Hockhaltung sitzen, wenn sie ihre Fersen im Sitzen ein klein wenig anheben. Da kannst du mal sehen, sogar aufs Klo gehen ist komplizierter als du denkst!

IN EINER TOLLEN VILLA AUF EINER TROPENINSEL

WARUM DEIN KÖRPER EINE ÜBERLEBENSMASCHINE IST

Du erwartest in diesem Buch vielleicht Tipps, wie du möglichst gesund bleibst. Aber dieser Abschnitt handelt davon, wie du schnell und leicht reich werden kannst. Das ist nämlich einfacher, als du denkst. Ich erkläre es gleich, aber erst musst du ein Geheimnis über deinen Körper kennen. Das Geheimnis deiner Fettzellen.

Wenn du deinen Körper gut studierst, kommst du dahinter, dass er eigentlich eine Überlebensmaschine ist. Diese Maschine hat sich in mehreren zehntausend Jahren nicht verändert. Aber unser Leben schon. Unsere fernen Vorfahren mussten sich den ganzen Tag abrackern, um ausreichend Nahrung zu finden. Sie verbrauchten also unglaublich viel Energie, um an Energie zu kommen. Darauf ist unser Körper auch eingerichtet, aber unser Leben nicht mehr. Wir brauchen heute nur eine Münze in einen Süßigkeitenautomaten zu werfen, und schon halten wir ein gutes Zehntel unseres täglichen Energiebedarfs in Händen.

Das größte Problem für unsere Vorfahren war es also, den Hungertod zu verhindern. Darum ging unser Körper möglichst sparsam mit seiner Energie um. In manchen Zeiten war viel Nahrung zu finden und in anderen weniger. In guten Zeiten speicherte die Überlebensmaschine die Nahrung in Form von Fett. So starben unsere Vorfahren nicht sofort vor Hunger, wenn es einmal eine Zeit lang zu wenig zu essen gab: Der Körper konnte erst das gespeicherte Fett verbrennen. Unsere Überlebensmaschine ist noch auf diese etwa 40 000 Jahre alten Lebensumstände eingestellt. Sie ist nicht an Süßigkeitenautomaten, Zweiliterflaschen Cola oder Chipstüten mit »nur für kurze Zeit 30 % mehr Inhalt« gewöhnt.

WARUM ABNEHMEN SO SCHWIERIG IST

Wenn du eine ganze Weile mehr Energie zu dir nimmst, als du verbrauchst, speichert dein Körper diese zusätzliche Energie in deinen Fettzellen. Die können so einiges vertragen, aber irgendwann sind sie voll. In dem Fall teilen sie sich. Menschen mit hohem Übergewicht können daher auch locker dreimal mehr Fettzellen haben als Menschen mit einem gesunden Gewicht. Die Überlebensmaschine freut sich sehr über diese Extrazellen und sorgt dafür, dass sie nie mehr verschwinden. Wenn dicke Menschen abnehmen, haben sie noch immer so viele Fettzellen wie zuvor. Sie sind nur weniger gut gefüllt. Außerdem gibt es jede Menge Versuchungen. Innerhalb einer einzigen Minute führen wir uns mit einem Riegel Schokolade so viel Energie zu, dass wir uns eine halbe Stunde lang intensiv bewegen müssten, um sie wieder zu verbrennen. Aber Bewegung macht müde, das mag also nicht jeder. Und ab dem Punkt ist schnell und leicht Geld zu verdienen!

Du brauchst nämlich nur Diätbücher zu schreiben, um reich zu werden. Und nicht dass du jetzt glaubst, du könntest das nicht, weil du keine Ahnung von Diäten hast. Viele andere Verfasser von Diätbüchern haben auch keine. Das Wichtigste ist, dass du in deinem Diätbuch schreibst, dass man eine bestimmte Art von Nahrung nicht mehr essen darf. Fett zum Beispiel. Oder Brot und Gebäck. Oder du darfst bestimmte Lebensmittel nicht mehr miteinander kombinieren. Fleisch, Fisch und Ei dürfen dann angeblich nicht mehr mit Brot, Kartoffeln und Nudeln gegessen werden. Denk dir etwas aus! Sag ansonsten vor allem, dass man alles essen darf, dann haben die Leute mehr Lust, dein Buch zu kaufen. Besonders, wenn es auch noch einen Titel trägt wie *Iss dich dünner* oder *Mühelos schlank in drei Monaten.*

WARUM DU MIT DIÄTBÜCHERN REICH WERDEN KANNST

Wie geht es weiter? Weil die Menschen, die deine Diätempfehlung befolgen, bestimmte Dinge nicht mehr essen dürfen, essen sie weniger. Sie werden schließlich nicht kiloweise Brot oder Nudeln essen, wenn sie diese nicht mehr mit leckeren Dingen kombinieren dürfen. Und dadurch nehmen sie ab. So werden sie zu wandelnden Reklameschildern für dein Buch. »Du siehst aber gut aus!« – »Ja, ich habe ein Diätbuch gekauft und …« So wird dein Buch zum Bestseller. Es ist nämlich kein Problem, eine solche Diät eine Zeit lang durchzuhalten. Monatelang sogar. Leider hat die Sache für die Buchkäufer doch einen Haken. Irgendwann sind die Extra-Fettzellen so leer, dass sie nach Nahrung schreien: »Wir wollen Pizza! Wir wollen Pizza!« Sie senden ein Notsignal ans Gehirn. Und dann geht es wieder schief. Denn es gibt Milliarden von diesen Fettzellen. Die Diätesser bekommen Hunger, essen wieder dieselben Dinge wie früher und nehmen wieder zu.

Und es kommt sogar noch schlimmer: Sie wiegen mehr als vorher! Denn die Überlebensmaschine in ihrem Körper hat es jetzt mit leeren Fettzellen zu tun. Der Körper ist also gewarnt, speichert das Fett in Zukunft noch besser und produziert sogar neue Fettzellen. Das nennt man auch den Jojo-Effekt. Je

öfter jemand abnimmt und neue Diäten ausprobiert, desto mehr wiegt er oder sie schließlich. So kann es passieren, dass ein Mensch, der oft Diät gehalten hat, dicker wird als ein anderer, der nie versucht hat abzunehmen, obwohl sie beide gleich viel essen.

Doch darüber brauchst du dir keine Sorgen zu machen. Zu der Zeit bist du längst reich geworden und wohnst in einer tollen Villa auf einer tropischen Insel. Aber du verstehst jetzt, warum die meisten Diäten nur ein paar Jahre in aller Munde sind und man anschließend nichts mehr von ihnen hört. Wer abnehmen will, sollte das am besten ganz langsam und mit einer Diät machen, die man auch durchhalten kann. Ganz allmählich, weniger essen und sich vor allem mehr bewegen. Am besten ist natürlich, zu verhindern, dass sich Fettzellen überhaupt erst teilen. Jeder Mensch hat nämlich schon bei seiner Geburt genügend Vorrat.

Übergewicht wird zu einem immer größeren Problem. Es tritt immer häufiger auf und erhöht die Chancen auf Herzkrankheiten, Diabetes (das ist die Zuckerkrankheit) und sogar Krebs. Wenn es wirklich eine Diät gäbe, die leicht durchzuhalten wäre und auch langfristig gut wirkte, würden die Mediziner Luftsprünge machen und der Erfinder dieser Diät bekäme den Nobelpreis. Das ist bisher noch nicht geschehen.

IN GROSSER ZAHL

KOKKEN   BAZILLEN   SPIROCHÄTEN

WARUM DU NIE ALLEIN BIST

Wenn du dieses Buch langweilig findest, sagst du: »Ich finde dieses Buch nicht gut.« Aber das gilt nicht für Könige. Weil ein König so wichtig ist, darf er sagen: »Wir finden dieses Buch nicht gut.« Das nennt man »pluralis majestatis« oder königliche Mehrzahl. In Gesetzen und offiziellen Dokumenten liest man daher auch: »Wir, König der Niederlande ...« Trotzdem wäre es gar nicht so komisch, wenn auch du in der Mehrzahl sprechen würdest. Das Gewicht der lebenden Wesen in deinem Körper entspricht dem einer Packung mit einem Liter Milch. Allein auf deiner Fingerspitze hocken Millionen Bakterien. Und in deinem Bauch hast du etwa ein Kilo davon.

Bakterien sind nicht deine einzigen Bewohner. Es gibt auch noch Schimmelpilze, Amöben und andere winzige einzellige Wesen. Mit bloßem Auge siehst du sie nicht, aber alles, was auf der Erde lebt und was du nicht sehen kannst, wiegt zusammen mehr als alles, was lebt und was du sehen kannst! Einschließlich Insekten, Walen, Bäumen und Menschen. Von den einzelligen Wesen sind Bakterien für uns am wichtigsten. Sie sind für unser Überleben genauso notwendig wie unsere Leber, die Bauchspeicheldrüse oder der Dickdarm. Bislang kamen Bakterien in diesem Buch vor allem als Verursacher von Krankheiten und Entzündungen vor. Aber das ist nur die eine Seite der Medaille, denn wir brauchen sie auch ganz dringend!

WARUM DU DICH IN DIE BAKTERIEN EINES MENSCHEN VERLIEBST

Ganz schnell ein Minikurs in Bakteriologie, damit du weißt, welche Wirkung die Bakterien auf uns haben. Wusstest du, dass du zehnmal so viele Bakterien wie menschliche Zellen im Körper hast? Bakterien sind jedoch um ein Vielfaches kleiner als Zellen. Insgesamt haben wir ungefähr zehntausend verschiedene Bakterienarten in und auf uns. Und diese Arten unterscheiden sich wiederum je nach Ort ihres Auftretens. Unter deinen Achseln stecken zum Beispiel ganz andere Arten als zwischen deinen Zehen. Und *unter* deiner Zunge wieder andere als *auf* der Zunge.

Jeder Mensch hat eine andere Bakterienmischung. Ihre Zusammensetzung ist so einzigartig wie ein Fingerabdruck. Das kannst du zwar nicht sehen, aber riechen! Denn alle Bakterien zusammen bestimmen unseren Körpergeruch. Weil jeder andere Bakterien hat, riecht auch jeder Mensch anders. Wenn du also findest, dass jemand gut riecht, meinst du eigentlich seine oder ihre Mikroben. Und der Geruch einer Person spielt eine wichtige Rolle, wenn man sich verliebt! Der Bakterienduft hat mehr Einfluss als das teuerste Parfüm der Welt. Sogar die Liebe wird also von diesen winzigen Lebewesen bestimmt. Nur klingt es nicht gerade romantisch, wenn man sagt: »Schatz, weißt du eigentlich, wie toll dein Bakterienmix ist ...?«

Übrigens wird auch der Geruch aus unserem Mund von Bakterien bestimmt (und hin und wieder von Knoblauch oder Pfefferminze). Nach einer Nacht mit geschlossenem Mund haben sich die Bakterien, die keinen Sauerstoff benötigen, kräftig vermehrt. Und das riecht man. Tagsüber ist dein Mund häufig geöffnet und dann gewinnen die Bakterien, die Sauerstoff lieben und die man weniger gut riecht, wieder die Oberhand.

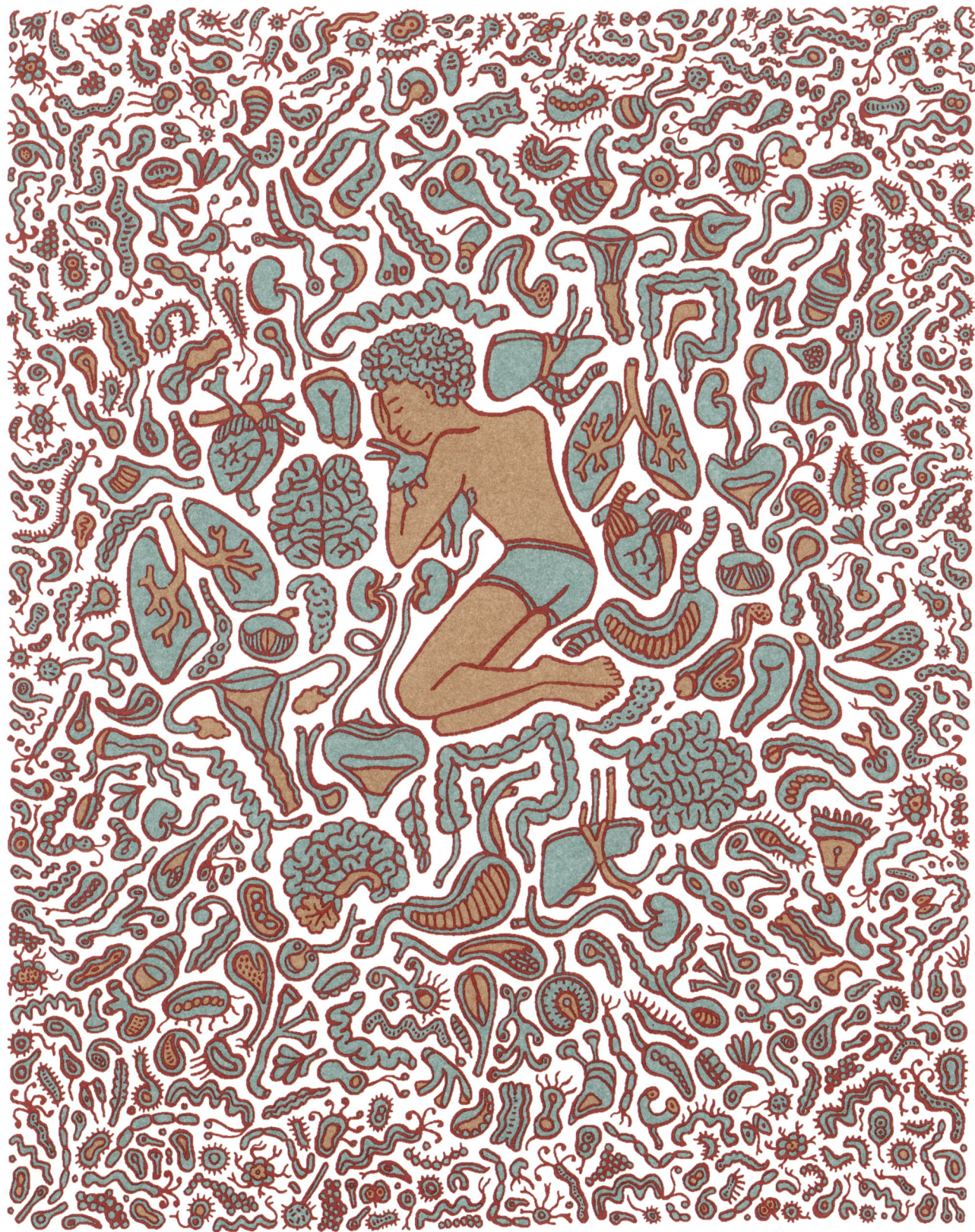

ZU DEINEM VORTEIL

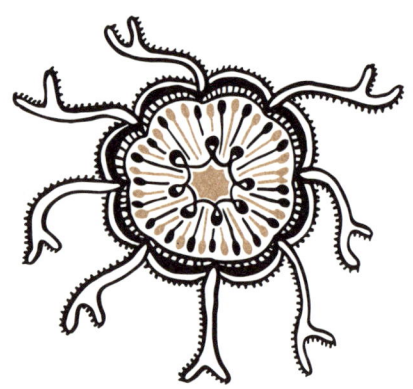

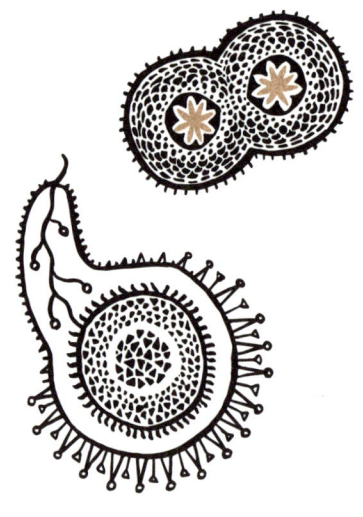

WARUM BAKTERIEN
UNVERZICHTBAR SIND

Wir kommen also nicht ohne Bakterien aus. Aber was bringen sie uns denn nun tatsächlich? In erster Linie spielen sie bei unserer Verdauung eine große Rolle. So wimmelt es schon in deinem Mund vor Bakterien, in jedem Augenblick des Tages. Nach dem Zähneputzen sind es zwar ein paar weniger, aber noch immer ganz schön viele. Wenn du an einem Stück Pizza kaust, knabbern die Bakterien in deinem Mund gleich mit. So helfen sie dir von Anfang an beim Abbau deiner Nahrung. Bakterien sind auch im Magen anzutreffen, obwohl man denken sollte, in der ätzenden Salzsäure wäre kein Überleben möglich.

Trotzdem befinden sich einige tapfere Kerlchen unter den Mikroben, die in deinem Magen wohnen, als wäre es ein sonniger Urlaubsort, und Pizza mit Salzsäuresoße köstlich finden. Dein Dickdarm ist sogar ein wahres Bakterienparadies. Ein Stecknadelkopf deines Darminhalts enthält mehr Mikroben, als es Menschen auf der Erde gibt.

Die Mikroben in deinem Dünndarm bauen die Fasern in deiner Nahrung ab und verdauen Stärke, die dein Körper davor noch nicht abbauen konnte. So entziehen sie dem Essen immer noch Nährstoffe. Etwa fünfzehn Prozent von allem, was dein Körper verbraucht, verdankst du diesen Bakterien. Und man kann noch eins draufflegen: Dank dieser Bakterien bekommen wir auch genügend Vitamin K – unverzichtbar für die Produktion weißer Blutplättchen, die unser Blut gerinnen lassen. Außerdem sind Bakterien für sehr viele andere nützliche Stoffe in unserem Körper verantwortlich.

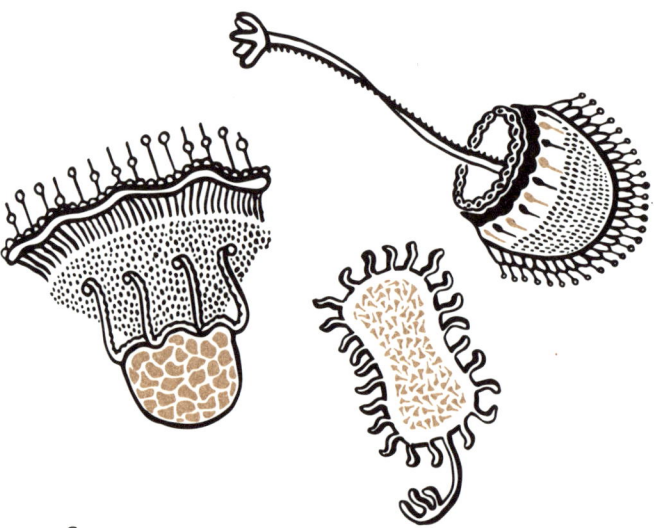

WARUM BAKTERIEN BEIM GESUNDBLEIBEN HELFEN

Dennoch gibt es noch einen besseren Grund, sich über Bakterien zu freuen. Sie verhindern nämlich, dass du krank wirst. Sie sind genauso wichtig wie dein Lymphsystem. Viele Bakterienarten, die uns bewohnen, sind für uns vollkommen unschädlich oder sogar nützlich. Weil sie da wohnen, halten sie schädliche Besucher auf Abstand, denn der Platz reicht nur für eine bestimmte Menge von Bakterien. Manche Bakterienarten hast du schon von Geburt an. Im Bauch deiner Mutter hattest du noch kaum welche, aber schon nach einigen Stunden in der Außenwelt waren es Milliarden. Sie haben für immer in und auf dir ihre Zelte aufgeschlagen und gehen nie wieder weg. Sie sind vollkommen auf die Umstände in deinem Körper eingestellt. Man kann sie dort auch nicht einfach wegholen. Genauso wenig, wie man einfach so alle Russen aus Russland und alle Chinesen aus China holen kann.

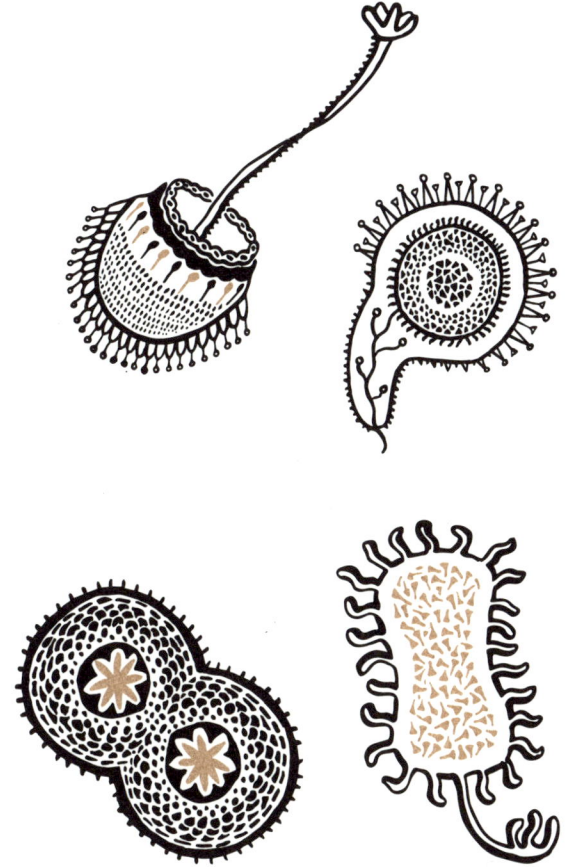

Jetzt denkst du vielleicht: »Ha! Lang leben die Bakterien! Nie wieder vor dem Essen Hände waschen!« Aber so einfach ist es dann doch nicht. Denn es gibt gute und schlechte Bakterien. Die schlechten findest du manchmal auf rohen Eiern. Vielleicht hast du schon mal von einer Salmonellenvergiftung gehört? Die kommt von den Bakterien, die im Hühnerkot außen am Ei kleben. Normalerweise verschaffen dir diese Salmonellen eine Nacht mit Erbrechen oder Durchfall. Aber bei alten und kranken Menschen kann eine Salmonellenvergiftung tödlich verlaufen. Aus ähnlichen Gründen solltest du Gemüse und Obst immer abwaschen und vor allem bei rohem Fleisch aufpassen. Es gibt sogar Bakterien, die gut und schlecht zugleich sind. Diese Bakterien halten zwar die eine Krankheit auf Abstand, verursachen aber eine andere. Unsere Bakterien sind ziemlich gewitzt.

IN DEINER DNA

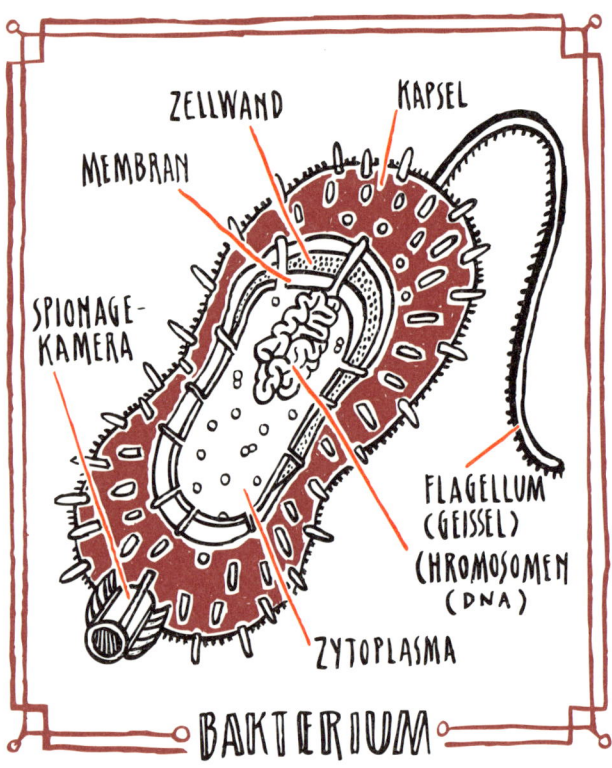

ZELLWAND
KAPSEL
MEMBRAN
SPIONAGE-KAMERA
FLAGELLUM (GEISSEL)
CHROMOSOMEN (DNA)
ZYTOPLASMA

BAKTERIUM

Deine Bakterien verrichten eigentlich die Arbeit eines Organs, wie deine Leber oder die Nieren. Sie benötigen dafür nur viel weniger Platz. Sie kommen zum Einsatz, wenn es notwendig ist. Als Baby brauchst du Bakterien, die dir helfen, die Muttermilch zu verdauen, aber als Kleinkind nicht mehr. Wenn du viel Sushi isst, hast du Bakterien nötig, die dir helfen, die Algen zu verdauen, aber wenn du kein Sushi magst, brauchst du die nicht. Und wenn du viel Brot isst, benötigst du wiederum ganz andere Bakterien. Wenn du für all diese Aufgaben ein gesondertes Organ bräuchtest, wäre dein Bauch zu klein. Was die schlauen kleinen Gadgets, die technischen Spielereien von Q für James Bond sind, sind die Bakterien für dich. Die Trickkiste in deinem Darmsystem ist nur noch viel erfinderischer als alles, was sich die besten Technikbastler dieser Welt ausdenken könnten. Das hat mit deinen Genen zu tun. Also reden wir erst einmal darüber …

WARUM DU ANSCHEINEND EINFACHER GESTRICKT BIST ALS EINE REISPFLANZE

Zu Beginn dieses Buches habe ich Chromosomen und die DNA erwähnt und dass die DNA-Moleküle fast zwei Meter lang sind. Auch, dass unsere DNA so etwas wie ein Buch voller Anweisungen ist. In jedem DNA-Stück steckt eine Vorschrift. Um einen Menschen zu fabrizieren, brauchst du zum Beispiel die Anweisung, braune Augen herzustellen. Oder eine große Nase. Oder eine Hand mit fünf Fingern. Insgesamt braucht man für den Bau eines Menschen 21 000 Anweisungen, für eine Fruchtfliege immerhin 17 000 und für eine Maus 23 000, also mehr als für einen Menschen! Reis toppt das Ganze noch. Den bekommt man erst nach rund 50 000 Anweisungen! Aber äh, wir wollten doch über Gene sprechen? Nun, genau darüber rede ich. Denn ein anderes Wort für diese Anweisungen ist »Gen«. Du hast zum Beispiel Gene für braune oder blaue Augen.

WARUM BAKTERIEN NÜTZLICHER SIND ALS EIN GADGET VON JAMES BOND

Früher hielt man Bakterien vor allem für Krankheitserreger und wusste noch nicht, wie wichtig sie für unseren Körper sind. In den letzten Jahren hat man viel über die günstigen Auswirkungen von Mikroben geforscht und kam zu ganz erstaunlichen Ergebnissen. Bakterien spielen offenbar auch für ein gesundes Körpergewicht oder eine vorteilhafte Menge Cholesterin in unserem Blut eine Rolle. Auch bei der Produktion der Hormone Dopamin und Serotonin, die dafür sorgen, dass wir uns gut fühlen. Außerdem sind sie wichtig zur Vermeidung von Angstanfällen und Depressionen. Mithilfe von Bakterien funktioniert sogar unser Gehirn besser. Und das ist nur eine kleine Auswahl von dem, was sie bewirken …

Jedes lebende Wesen hat Gene, die bestimmen, wie es aussieht. Das gilt auch für Bakterien. Bakterien bringen es schnell auf einige Hunderte bis Tausende von Genen oder Anweisungen. Und weil wir so viele verschiedene Arten von Bakterien in unserem Darmsystem haben, stammen die meisten Vorschriften in unserem Körper von Bakterien. Nur ein einziges Prozent ist rein menschlich. Die meisten Anweisungen befinden sich im Darmsystem, wie etwa »Hol Nährstoffe aus einer Brokkolifaser«, »Produziere Vitamin K« oder »Vernichte dieses tödliche Bakterium in deiner Speiseröhre«. Dank der etwa drei Millionen Anweisungen aus deinen Bakterien hat dein Körper also allerlei Tricks auf Lager, die später vielleicht gebraucht werden, die aber keinen wertvollen Raum in deinem Körper einnehmen. Übrigens brauchst du dich nicht dafür zu schämen, dass eine Reispflanze mehr Gene hat als du. Es geht nicht um die Anzahl der Gene, sondern was du damit machst!

WARUM DIE EINNAHME VON MEDIKAMENTEN NICHT IMMER SO SCHLAU IST

Bakterien sind für uns nützlich. Trotzdem bleiben sie auch gefährlich und können schlimme Krankheiten verursachen. Zum Glück ist unser Lymphsystem auf sie vorbereitet. Meistens hat unser Körper sie nach einer Weile im Griff. Aber wenn das zu lange dauert, greifen wir zu Medikamenten. Bei einer von Bakterien verursachten Entzündung kann der Arzt ein Antibiotikum verschreiben. Leider greifen Antibiotika nicht nur die Krankheitserreger an, sondern auch die nützlichen Bakterien. Normalerweise ist das kein großes Problem. Die wichtigsten Bakterien sind so hartnäckig, dass sie nicht aus deinem Körper zu vertreiben sind. Nach einer Weile sind sie in normaler Stärke wieder da. Aber es gibt auch nützliche Bakterien, die nicht in so großer Menge im Körper vorkommen. Die können von den Medikamenten vollkommen vernichtet werden. Und damit verschwinden auch die Gene und ihre Anweisungen für immer. Manchmal ist es daher besser, das Lymphsystem in Ruhe seine Arbeit verrichten zu lassen und keine

Antibiotika zu nehmen. Dann bist du zwar ein wenig länger krank, aber auf lange Sicht bleibst du gesünder. Oder du kümmerst dich um eine »Kot-Transplantation«! Dann spritzt man dir ein wenig Kot mit den nützlichen Bakterien gesunder Menschen mit einem Röhrchen über Nase, Speiseröhre und Magen in den Darm … Das funktioniert sehr gut. Noch besser: Wenn dicke Menschen eine Stuhlprobe von einer dünnen Person einverleibt bekommen, nehmen sie von ganz allein ab. Das ist doch mal eine tolle Diät!

IN DER KLOSCHÜSSEL

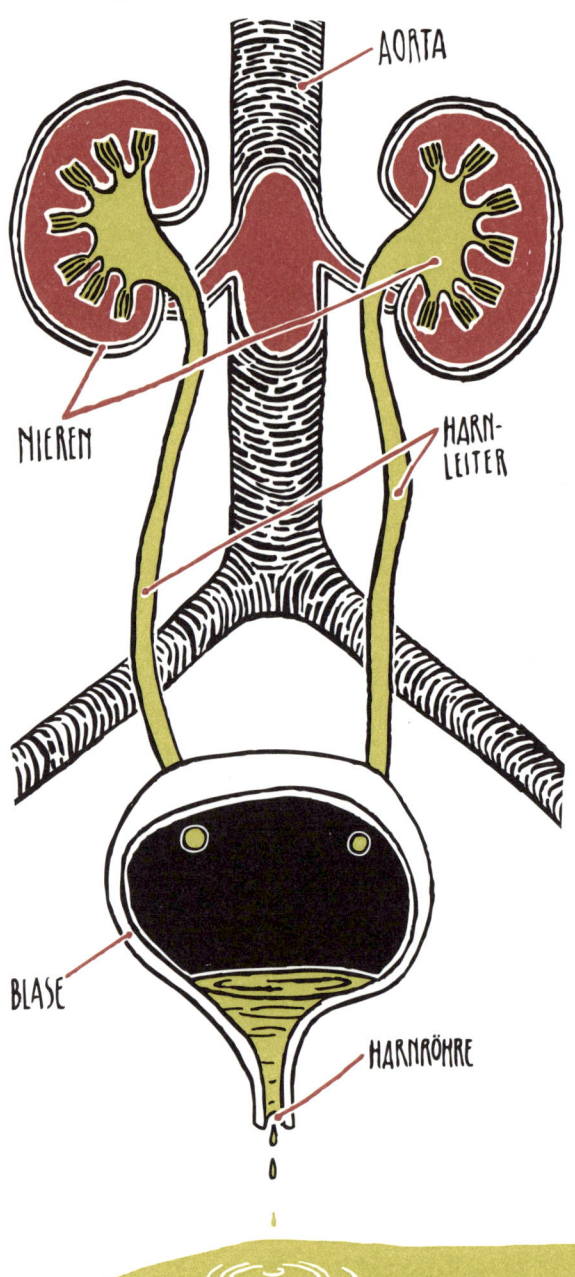

NIEREN & BLASE

AORTA

NIEREN

HARN-LEITER

BLASE

HARNRÖHRE

WARUM TOILETTEN NICHT NUR NACH KOT STINKEN

Im Zusammenhang mit unserer Verdauung haben wir bisher nur den Stuhlgang erwähnt, aber du pinkelst ja auch. Das hat ebenfalls etwas mit der Entsorgung von Abfallstoffen zu tun. Nur geht das in diesem Fall nicht über den Magen und den Darm, sondern nimmt einen Umweg. Magen und Darm haben die wichtigsten Nährstoffe schon ans Blut abgegeben. Von dort aus gehen diese in alle Zellen deines Körpers. Jede Zelle ist eine eigene kleine chemische Fabrik und verursacht auch Müll. Deine Muskeln sind die Hauptverschmutzer. Denn um Muskeln gesund zu halten, braucht man viel Eiweiß. Und in Eiweiß befindet sich Stickstoff, der zum Muskelaufbau gebraucht wird, aber auch giftig ist. Der überflüssige Stickstoff muss daher schnellstmöglich entsorgt werden. Erst geht er in die Leber und danach in die Nieren (die hinter deiner Leber liegen, auf beiden Seiten des Rückgrats), wo auch andere Abfallstoffe aus dem Blut landen, die den Körper schließlich über den Urin verlassen. Einer davon ist Ammoniak. Er ist für den Gestank auf schmutzigen Toiletten verantwortlich.

Urin ist also eigentlich der Abfall, der aus deinem Blut herausgefiltert wurde. Aber so simpel ist das nicht. Dein Blut enthält viele gute und lebenswichtige Stoffe. Die Nieren müssen daher die guten von den giftigen Stoffen unterscheiden können. Und das in einem ziemlichen Tempo, denn die Verschmutzung in deinem Körper geht unaufhörlich weiter, 24 Stunden am Tag. Deine Nieren sind so groß wie eine Faust, aber sie filtern pro Minute gut einen Liter Blut.

WARUM WILLEM KOLFF EIN AUTO, EINE WURSTPELLE UND EINEN BOMBENWERFER BRAUCHTE

Wenn man früher eine Krankheit hatte, die dazu führte, dass die Nieren versagten, war man zum Tode verurteilt. Das brachte den niederländischen Arzt Willem Kolff auf eine Idee. Er wollte wissen, ob es möglich wäre, einen Apparat zu bauen, der die Aufgabe unserer Nieren übernehmen konnte. Das war in den Kriegsjahren, weswegen die benötigten Materialien nicht leicht zu finden waren. Er bekam Glasur aus einer Emaillefabrik, baute eine Wasserpumpe aus einem Auto aus, holte sich Wurstpelle bei einem Metzger und verwendete auch noch Überreste eines deutschen Bombenwerfers. 1943 war das Gerät bereit für den ersten Test. Anfangs arbeitete es noch nicht perfekt, aber Kolff war auf dem richtigen Weg. Und 1945 überlebte der erste Patient dank der künstlichen Niere. Das Ding war aber leider so groß wie eine Badewanne. Heute sind künstliche Nieren viel kleiner und besser als damals. Aber so gut und so klein wie die echten sind sie noch lange nicht.

Deine Nieren produzieren ständig Urin und du müsstest den ganzen Tag pinkeln, wenn du keinen Tank hättest, in dem du vorübergehend alles lagern könntest. Dieser Tank ist deine Blase. Wenn der Urin aus deinen Nieren kommt, läuft er über zwei Röhrchen direkt zu deiner Blase. Wie dein Magen ist auch deine Blase eine Art Ballon, der sich ausdehnen kann. Insgesamt passt ein ganzer Liter hinein, aber meist möchtest du schon zur Toilette, wenn die Blase so viel gespeichert hat, wie in einen Becher passt.

WARUM ES VERSCHWENDUNG IST, DEINEN URIN RUNTERZUSPÜLEN

Warum ist Urin gelb? Tja. Wie du weißt, filtern die Nieren dein Blut. Die nützlichen Stoffe verbleiben im Körper, der Rest wandert in die Blase. Einer der nützlichen Stoffe im Blut ist Hämoglobin. Das ist der Farbstoff, der dafür verantwortlich ist, dass sich dein Blut so schön rot färbt. Ohne Hämoglobin wäre dein Blut auch gelb. Übrigens ist Urin nicht immer gelb. Wer lang ohne Flüssigkeit überleben muss, bekommt ganz dunklen Urin. Aber wenn du Rote-Bete-Saft trinkst, färbt sich dein Urin rot. Und wenn du unglaublich viele Karotten isst, wird er orange – heißt es zumindest.

Früher war Urin ein wertvoller Stoff. Er diente als Heilmittel bei Wunden, als Farbstoff, als Zutat für Brot, als Reinigungsmittel und als Grundstoff für Schießpulver. Heutzutage spülen wir ihn einfach durch die Toilette. Die Frage ist, wie lange noch, denn schottische Chemiker haben eine Methode gefunden, wie man aus Urin Strom erzeugt. Und in den Vereinigten Staaten hofft man, Wasserstoff daraus zu gewinnen. Zu schade zum Runterspülen also …

— TEIL 7 —

MIT HAUT UND HAAR

GANZ NACKT

WARUM WIR SELTSAM MIT UNSERER HAUT UMGEHEN

Haben wir jetzt alle Organe behandelt? Nein, noch lange nicht. Wir haben ja nicht einmal unser größtes Organ besprochen: die Haut. Und damit gehen wir ziemlich seltsam um. Im Westen setzen die Menschen mit heller Hautfarbe alles daran, möglichst schnell braun zu werden. Wenn die Sonne nicht scheint, rennen sie zur Sonnenbank. In Afrika geben Menschen mit dunkler Hautfarbe ein Vermögen für allerlei gefährliche Mittelchen aus, um heller zu werden. Überall auf der Welt lassen sich Menschen tätowieren. Unseren Hautgeruch tarnen wir mit Parfüm. Und dann wäre da noch das Make-up, das Frauen, und hin und wieder auch Männer, auflegen. Es scheint, als wäre jeder unzufrieden mit der Haut, die er oder sie von seinen Eltern mitbekommen hat.

Wir dürften der Haut durchaus dankbarer sein. Unsere Haut ist Panzer, Klimaanlage, Heizung, Apotheke und Alarmanlage zugleich. Welcher Laden hat schon so etwas im Sortiment? Sie hilft uns gegen unerwünschte Bakterien und andere Krankheitskeime. Sie regelt unsere Temperatur, indem sie Wärme speichert oder uns mit Schweiß kühlt. Sie produziert Vitamin D im Licht. Sie warnt uns, wenn wir zu nah am Kamin sitzen, oder sie verschafft uns ein wohliges Gefühl, wenn wir massiert werden. Außerdem scheidet sie auch noch allerlei Stoffe aus, die wir nicht mehr brauchen. Und was ist mit unseren Haaren und Nägeln? Die sind aus dem Material, das auch die Oberhaut robust macht, und gehören ebenfalls dazu. Wie solltest du dich kratzen ohne Fingernägel? Oder deine Schnürsenkel entwirren, wenn sie verknotet sind? Und wie viel Schmutz würde in unsere Augen gelangen, wenn wir keine Wimpern hätten?

WARUM RASSISMUS SO DUMM IST

Wenn du deine Hautoberfläche unter einem Mikroskop betrachtest, sieht sie aus wie eine Felslandschaft mit Reliefs und Steinen und hohen astlosen Bäumen (deine Härchen). Alles, was du siehst, besteht aus abgestorbenen Zellen. Deine Hautoberfläche ist genauso tot wie deine Haare. Darunter brodelt aber das Leben. Dort befinden sich Blutgefäße, Nerven, Zellen und Drüsen, die Schweiß und Talg nach außen befördern. Schweiß besteht zu 99 Prozent aus Wasser und zu einem Prozent aus Salz. Talg ist ein fettiger Stoff, der die Haut geschmeidig und wasserdicht hält. Eigentlich funktioniert Talg wie eine teure Creme, wirkt aber viel besser. Bei Jugendlichen in der Pubertät verschließt die äußere Hautschicht die Öffnung der Talgdrüsen manchmal. Und die produzieren in dieser Zeit besonders viel Talg. Wenn der Talg nicht mehr raus kann, entsteht ein kleiner Knubbel, der sich entzünden kann. Ärzte haben dafür bestimmt wieder so einen Namen auf -itis, aber wir reden einfach von Pickeln.

Rate mal, wie dick deine Haut ist. Falsch! Dünner. Noch mal raten. Wieder falsch. Noch dünner! Deine Haut ist wirklich so dünn wie ein Frühstücksbeutel. Sie fühlt sich dicker an, weil auch noch Fett und anderes Gewebe darunter liegt. Aber deine Haut selbst ist sehr, sehr dünn. Und dabei besteht sie noch aus vier verschiedenen Schichten. Nur an der Innenseite deiner Hände und an den Fußsohlen hast du noch eine zusätzliche Schicht für besseren Halt. Dort ist deine Haut so dick wie Küchenpapier. Es gibt Menschen, die andere nach ihrer Hautfarbe beurteilen. Also aufgrund einer extrem dünnen Schicht mehr oder weniger gefärbter Zellen, die keinerlei Einfluss auf den Charakter oder die Intelligenz einer Person haben. Wie dumm kann man nur sein? Deine Hautfarbe bestimmt allerdings sehr wohl, wie gut du vor den schädlichen Strahlen der Sonne geschützt bist: je dunkler, desto besser. Das passt gut, denn wenn du dir die Weltkugel anschaust, siehst du, dass die Menschen mit der dunklen Hautfarbe aus den Gebieten kommen, in denen die Sonne am heftigsten scheint.

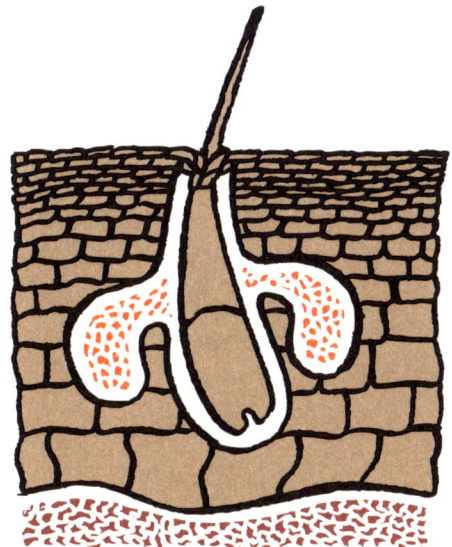

VERSTOPFTE PORE

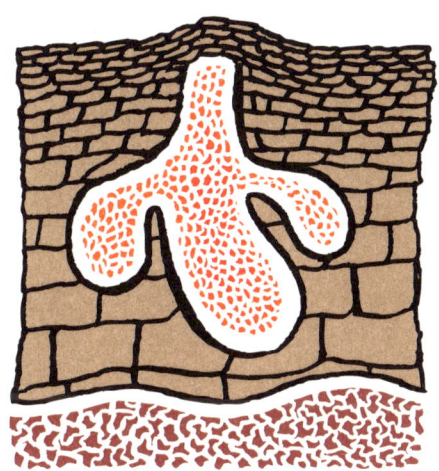

PICKELBILDUNG

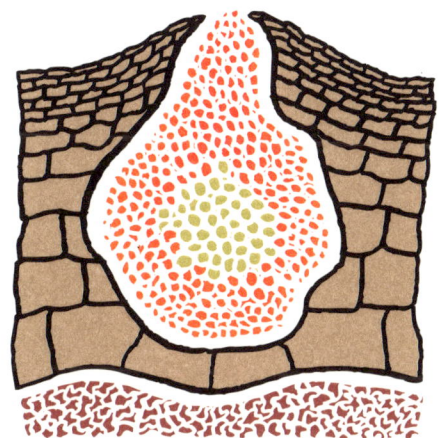

ENTZÜNDETER PICKEL

IN DEINER HAUT

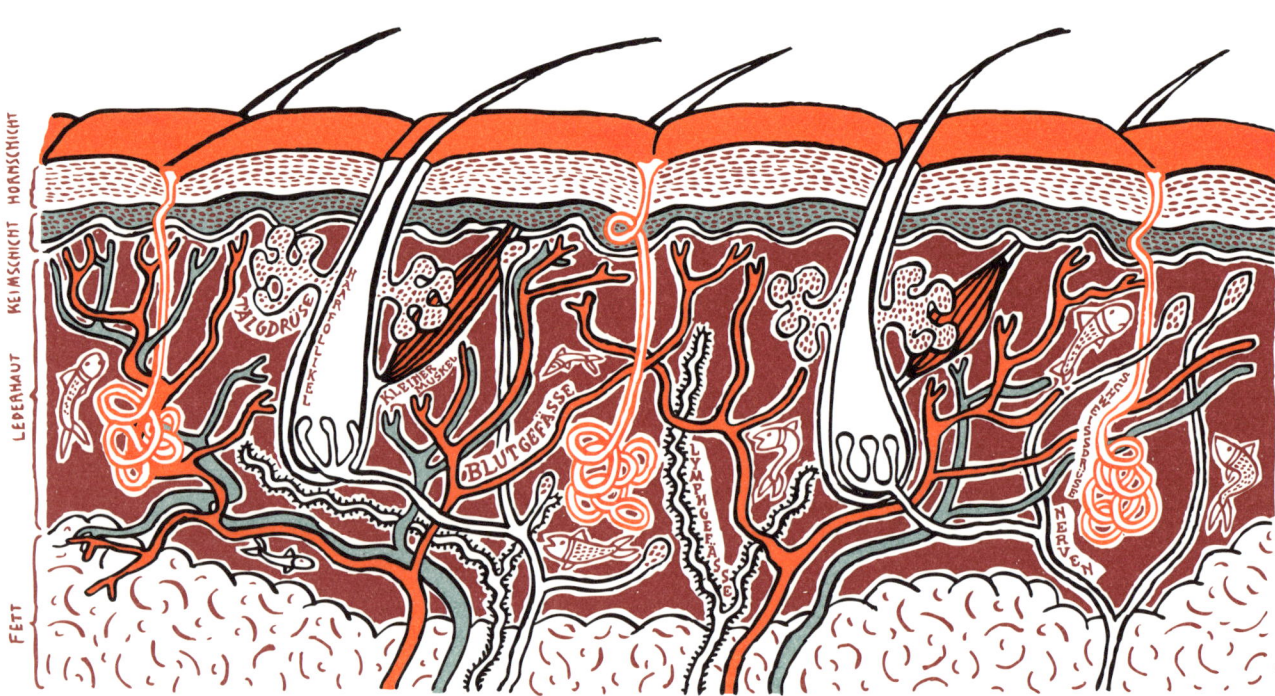

WARUM DU DIR IM STAUBSAUGER BEGEGNEST

Deine Haut ist so clever konstruiert wie eine isolierende, wasserdichte Winterjacke mit mehreren Schichten. Nur wächst sie immer wieder nach und deine Jacke nicht. Die unterste und dickste Schicht heißt Lederhaut. Ihr verdankt die Haut ihre Stabilität und Dehnbarkeit. Hier findest du auch Blutgefäße, Lymphgefäße und Nerven. Die nächste Schicht ist die Keimschicht. Sie enthält keine Blutgefäße und bekommt alle notwendigen Stoffe über die Lederhaut. Die Zellen in der Keimschicht bestimmen deine Hautfarbe. In der Keimschicht teilen sich die Zellen. Die neuen Zellen gehen immer weiter Richtung Außenseite, zur Oberfläche deiner Haut. Die körnigen Zellen der nächsten Schicht, der Körnerzellenschicht, teilen sich nicht mehr, produzieren aber ein sehr festes Eiweiß. Dieses Eiweiß heißt Keratin. Die äußerste Schicht sorgt dafür, dass deine Haut abriebfest und wasserdicht ist. Auf deinen Handflächen und Fußsohlen entsteht außerdem noch eine durchsichtige Schicht, die Glanzschicht, die viel Keratin enthält. Schließlich endet deine Haut in einer dicken Hornschicht. Diese besteht wiederum aus fünfzehn bis dreißig Schichten abgestorbener Zellen, die den ganzen Weg von innen, also von der Lederhaut, nach außen zurückgelegt und unterwegs noch Keratin aufgenommen haben. Von diesen abgestorbenen Zellen verlieren wir etwa 30 000 bis 40 000 pro Minute! Jedes Zimmer im Haus ist voll davon. Sogar, wenn du jeden Tag staubsaugst.

WARUM DEINE FINGER IM BADEWASSER RUNZELIG WERDEN

Die äußerste Hautschicht mag zwar tot sein, aber das heißt nicht, dass nichts darauf lebt. Es wimmelt dort nur so vor Bakterien. Je stärker du irgendwo riechst, desto mehr Bakterien sitzen an dieser Stelle. Dein

Schweiß selbst stinkt nicht, das ist nur Wasser mit ein paar Salzen. Aber die Anzahl der Bakterien steigt schneller an den Stellen, an denen du schwitzt, und diese Bakterien riechst du dann umso mehr. Apropos Schweiß: Lecke einmal an deiner Hand und puste anschließend über die Stelle. Wie fühlt sich das an? Kalt. Das kommt, weil das Wasser auf deiner Hand mithilfe der Wärme aus der Umgebung verdampft. Durch Schwitzen können wir sehr viel Flüssigkeit verlieren. Feuerwehrmänner, die sich in den Flammen eines brennenden Gebäudes bewegen, können durchaus bis zu vier Litern Schweiß pro Stunde verlieren.

Willst du noch ein nettes Experiment? Dann übernimm mal das Geschirrspülen bei euch zu Hause. Es muss sein – für die Wissenschaft! Du wirst merken, dass die Haut an deinen Händen runzelig wird, wenn sie lange nass ist. Die Blutgefäße in deinen Händen ziehen sich nämlich ein wenig zusammen, weswegen deine Handflächen mitschrumpfen. Deine Haut liegt dann nicht mehr straff um deine Finger und wird runzelig. Du kannst übrigens auch etwas für die Wissenschaft tun, wenn du dich eine Weile in warmes Badewasser legst. Das hat dieselbe Wirkung!

WARUM DU HAARIGER BIST, ALS DU DENKST

Haare bestehen zum großen Teil aus dem Hauteiweiß Keratin. Daher befinden sie sich auch an fast allen Stellen deiner Haut. Nur an den Lippen, den Handflächen, den Fußseiten und den Fußsohlen wachsen keine Haare. Und oft sind die Härchen an anderen Stellen so fein, dass du sie nicht siehst. Auf deinem Kopf sind sie gut sichtbar, dort befinden sich etwa 500 000 Haare, und auf deinem restlichen Körper gibt es ungefähr noch weitere zwei Millionen. Haare wachsen sehr langsam, aber alle zusammen doch rund zehn Kilometer pro Jahr! Deine Kopfbehaarung schützt dich vor der Sonne und wärmt dich in der Kälte. Nasenhaare verhindern, dass Stäubchen und Bakterien in deine Luftwege geraten, und Wimpern machen dasselbe für deine Augen. Die Funktion von Schamhaar kennen wir noch nicht so genau. Alles in

allem sind wir ziemlich dicht behaart. Sogar Männer mit Glatzen sind nicht kahl. Sie haben ihre dicken Haare von früher nur gegen unsichtbares zartes Flaumhaar eingetauscht.

Haare wachsen in der Lederhaut und im Unterhautgewebe, also in der Schicht unter deiner Haut. Dort befinden sich Drüsen, die am laufenden Band Hautzellen herstellen. Diese sterben ab und füllen sich mit dem robusten Eiweiß Keratin. An der Stelle wächst also eine kleine Spitze, die Schicht für Schicht mit Keratin bedeckt wird. Deswegen sind deine Haare so kraftvoll und geschmeidig. An deiner Haarwurzel ist auch ein winziger Muskel. Dieser Muskel richtet das Haar auf, wenn du Gänsehaut bekommst. Ein Haar hat übrigens noch mehr Bestandteile. Hautärzte haben dafür auch wieder allerlei Namen: von Haarmark bis Bindegewebsscheide. Aber du findest es bestimmt nicht schlimm, wenn ich das mal eben überspringe.

WARUM HÄNDE PRAKTISCH SIND

Lee Redmond aus den Vereinigten Staaten beschloss eines Tages, ihre Fingernägel nicht mehr zu schneiden. Sie wuchsen weiter mit zwei bis drei Millimetern pro Monat, bis sie 2009 einen Autounfall hatte und manche Nägel abbrachen. Bei der letzten offiziellen Messung waren all ihre Nägel zusammen auf eine Länge von 8,65 m gewachsen. Im Durchschnitt also 86,5 cm pro Finger! Lang genug, um ins *Guinness-Buch der Rekorde* aufgenommen zu werden. Oder um sich an der einen Stelle auf dem Rücken zu kratzen, wo man normalerweise so schlecht drankommt. Wie auch immer, von diesen 8,65 m lebten nur ein paar Millimeter. Denn nur am Anfang deines Nagels, der Nagelwurzel, sind noch Zellen, die leben und sich teilen. Alle anderen Zellen sind abgestorben und stecken voller Keratin. Deswegen sind deine Fingernägel so stark und es tut nicht weh, wenn sie geschnitten werden. Außerdem geben sie den Fingern auch zusätzliche Stabilität. Ohne Nägel wären deine Fingerkuppen sehr weich und dir würde alles Mögliche aus den Händen rutschen.

RIECH MAL, WAS ICH HÖRE

ZUM BESTEN GEHALTEN WERDEN

WARUM KEKSE BESSER SCHMECKEN, WENN DU KOPFHÖRER TRÄGST

Stell dir mal vor, du isst ein cremiges Milcheis mit knuspriger Schokoladenumhüllung. Erst spürst du die kalte Schokolade an deinen Lippen, dann auf der Zunge. Dein Mund fühlt sich kalt an. Wenn du hineinbeißt, hörst du, wie die schokoladige Umhüllung zerbricht. Der frische, süß-sahnige Duft von deinem Eis am Stiel steigt dir in die Nase. Mit der Zunge schmeckst du cremig Süßes. Und wenn du dir das Eis anschaust, von dem du gerade einen Bissen genommen hast, willst du sofort einen weiteren Bissen. Gute Köche wissen, dass du mit allen Sinnesorganen isst und nicht nur mit deinem Mund. Verständlich, dass Eisfabrikanten daher oft gute Köche einstellen! Ernährungswissenschaftler können die witzigsten Sachen über unsere Nahrung erzählen. Mit ein paar

Tricks kann man wirklich jeden zum Narren halten. Alte, weich gewordene Kekse schmecken wieder knuspriger, wenn man über Kopfhörer das Geräusch knuspriger Kekse hört. Austern schmecken frischer, wenn man dabei den Geruch des Meeres in der Nase hat, und 7Up zum Beispiel schmeckt plötzlich nach Cola, wenn man braunen Farbstoff hineingibt. Köche sprechen nicht nur vom Geschmack ihrer Gerichte, sondern auch vom Mundgefühl. Deswegen garnieren sie ihre Salate mit knusprigen Brotwürfeln oder pürieren Suppen mit dem Stabmixer. Eine Nase sieht vielleicht nicht aus wie ein Ohr und eine Zunge nicht wie ein Auge, aber sie haben mehr gemein, als du denkst, denn sie alle wären ohne das Gehirn nutzlos. Du kannst die Nase eines Spürhundes und das Auge eines Habichts haben, aber das bringt dir nichts, wenn dein Gehirn die Informationen, die es von deiner Nase und deinen Augen bekommt, nicht verarbeiten kann.

WARUM »ERST SEHEN, DANN GLAUBEN« NICHT IMMER RATSAM IST

Was für das Essen gilt, trifft auch auf andere Dinge zu. Ein guter Arzt, der einem Kind eine Spritze gibt, lässt es in die andere Richtung schauen. Denn eine Spritze spürt man kaum. Es sei denn, man sieht, wie die Nadel im eigenen Arm verschwindet. Mehr noch, wir spüren sogar auch Schmerzen, wenn wir sehen, wie sich jemand ein Bein bricht. Wir ziehen ebenfalls ein schmerzverzerrtes Gesicht – ganz zu schweigen davon, was man mitmacht, wenn man dazu auch noch hört, wie der Knochen bricht. Vielleicht verziehst du schon beim bloßen Gedanken daran das Gesicht? Wieder ein Beweis dafür, dass du mit deinem Gehirn siehst, fühlst und hörst.

Weil alles, was wir wahrnehmen, in unserem Kopf verarbeitet werden muss, kann alles Mögliche schiefgehen. So können wir Dinge sehen, die gar nicht da sind. Zum Beispiel, wenn du dir die Augen reibst, und plötzlich siehst du Farben oder Figuren. Wir können auch Geräusche hören, die gar nicht da sind. Wer von einem sehr lauten Konzert kommt, verspürt noch eine ganze Weile ein Sausen in den Ohren. Und Menschen mit einem amputierten Arm oder Bein können noch einige Zeit Schmerz in ihrem verschwundenen Arm oder Bein empfinden. Unsere Sinnesorgane sind also nicht 100 Prozent verlässlich, aber wir werden uns damit abfinden müssen, denn andere haben wir nicht. Gibt es überhaupt noch andere Sinnesorgane? Aber sicher! Vögel und Delfine können magnetische Anziehungskraft spüren. Hammerhaie haben ein Sinnesorgan für Elektrizität. Und Fledermäuse können Ultraschall auffangen, als hätten sie ein Radargerät in ihrem Kopf. So können sie in vollkommener Finsternis Zusammenstöße vermeiden. Vor allem in Höhlen ist das ausgesprochen praktisch.

IN EINER FESTEN UMARMUNG

WARUM SCHMUSEN SO GESUND IST

Vor etwa neunzig Jahren empfahl der amerikanische Psychologe John Watson Eltern, ihre Kinder möglichst nicht anzufassen. Kein Kuss, keine Umarmung und vor allem nicht auf dem Schoß sitzen lassen. Morgens konnte man den Kindern eine Hand reichen und nur bei extrem guten Leistungen strich man ihnen kurz über den Kopf. Wer seine Kinder so erzog, sollte Superkinder bekommen, die schon bald erwachsen und sehr intelligent würden. Bleibt nur zu hoffen, dass niemand Watsons Empfehlungen befolgt hat. Das Umgekehrte ist nämlich wahr. Kinder, die nicht liebkost oder umarmt werden, bekommen allerlei Störungen. Das wird aus schrecklichen Experimenten und Geschichten von Kindern deutlich, die so in Waisenhäusern aufgewachsen sind. Diese Kinder wollten keinen Umgang mit anderen, waren ängstlich und benahmen sich seltsam. Zum Glück liebkosen die meisten Mütter ihre Kinder, sooft es geht. Und gerade dadurch wachsen Kinder viel besser auf.

Nicht nur für Kinder ist Berührung wichtig. Erwachsene, die andere kurz anfassen, hält man für sympathischer und sie sind erfolgreicher. Der amerikanische Präsident Obama scheint viele Wählerstimmen bekommen zu haben, weil er das so gut kann und wahrscheinlich auch wusste. Auf Fotos posierte er mit Wildfremden, als wären sie beste Freunde.

WARUM EIN SCHMERZMITTEL ÜBERALL IN DEINEM KÖRPER WIRKEN KANN

Wir mögen es oft sehr, die Berührung eines anderen zu spüren. Aber Fühlen ist längst nicht immer schön. Schmerz empfinden gehört auch dazu. So unangenehm Schmerz auch ist – er warnt uns, wenn mit unserem Körper etwas nicht stimmt. Leider gibt es auch eine Erkrankung, bei der die betroffenen

Menschen keinen Schmerz empfinden. Diese Leute können einen ganzen Tag lang mit einem gebrochenen Bein herumlaufen und merken es nicht. So etwas kann lebensgefährlich sein. Deswegen haben wir nicht nur einen, sondern gleich drei unterschiedliche Schmerzsensoren: einen für extreme Temperaturen, einen für Verletzungen und einen für chemische Stoffe (wie Gift aus einer Brennnessel). Und alle drei arbeiten blitzschnell. Mit der Geschwindigkeit eines Formel-1-Rennwagens schießen die Schmerzsignale von der Stelle, an der etwas nicht stimmt, zu unserem Gehirn, um Schlimmeres zu verhindern.

Auf jedem Quadratzentimeter deiner Haut hast du mehr als hundert Gefühlssensoren. An den Lippen und Händen sogar noch mehr. Dort ist deine Haut auch sehr empfindlich. Genau wie … äh … in deinen … äh … Körperteilen, die im letzten Kapitel beschrieben werden. Wo dein Körper am empfindlichsten ist, kannst du auch den schlimmsten Schmerz empfinden.

Unser Körper kann den Schmerz auch eine Zeit lang ausschalten. Dann produzieren wir so viel Endorphin, dass wir keinen Schmerz mehr spüren. Das sieht man öfter nach einem Fußballspiel. Spieler, die sich neunzig Minuten lang die Lunge aus dem Leib gerannt haben, humpeln nach dem Abpfiff vom Platz, weil sie dann erst merken, wo sie verletzt wurden. In Notfällen kommt das ganz gelegen. So kannst du dich erst in Sicherheit bringen und dich anschließend um deinen Körper kümmern.

Wer kann lang anhaltende, starke Schmerzen besser ertragen, Männer oder Frauen? Leichte Frage natürlich. Du brauchst dir nur mal ein Fußballspiel anzuschauen, dann weißt du, dass Männer wehleidiger sind als Frauen. Deshalb ist es auch gut, dass Frauen Kinder zur Welt bringen und nicht die Männer.

WARUM SCHMERZ UND JUCKREIZ NICHTS MITEINANDER ZU TUN HABEN

Wenn du Schmerzen hast, kannst du natürlich immer ein Schmerzmittel einnehmen. Aber woher weiß so eine Tablette, wo sie wirken soll? Ganz einfach: Das weiß sie nicht. Das Schmerzmittel wirkt wie das Endorphin. Es geht nicht dorthin, wo es weh tut, sondern zu dem Teil in deinem Gehirn, der für

Schmerzen zuständig ist. Denn das Gehirn ist dafür verantwortlich, dass du Schmerzen wahrnimmst.

Aber was ist dann Juckreiz? Tja, das weiß niemand so genau. Manch ein Wissenschaftler kratzt sich bei der Frage unbehaglich am Kopf. Früher glaubte man, Jucken sei eine milde Form von Schmerz. Das stimmt nicht, aber an der Stelle zu kratzen, an der es juckt, hat schon was mit Schmerz zu tun. Auf diese Art verursachst du ein klein wenig Schmerz, der die Aufmerksamkeit für eine Weile vom Juckreiz ablenkt. Ansonsten haben Schmerz und Juckreiz wenig miteinander zu tun. Denn beim Juckreiz sind andere Nerven betroffen als beim Schmerz.

Manche Ärzte vermuten, dass *ein* Molekül für das elende Jucken bei einem Mückenstich oder kratzigen Pullover verantwortlich ist. Dieses nervige Teilchen hat zurecht einen abgekürzten Nachnamen wie ein Verbrecher erhalten, es heißt »Natriuretisches Polypeptid B«. Die gute Nachricht ist, dass Ärzte den Juckreiz ausschalten können, indem sie den Nerv, der auf das Juckmolekül reagiert, ausschalten. Normalerweise ist das nicht notwendig und sogar unpraktisch, weil wir durch den Juckreiz vor gefährlichen Insekten oder reizenden Stoffen gewarnt werden. Aber es gibt Menschen, die vor lauter Jucken ganz verrückt werden.

IM GESTANK

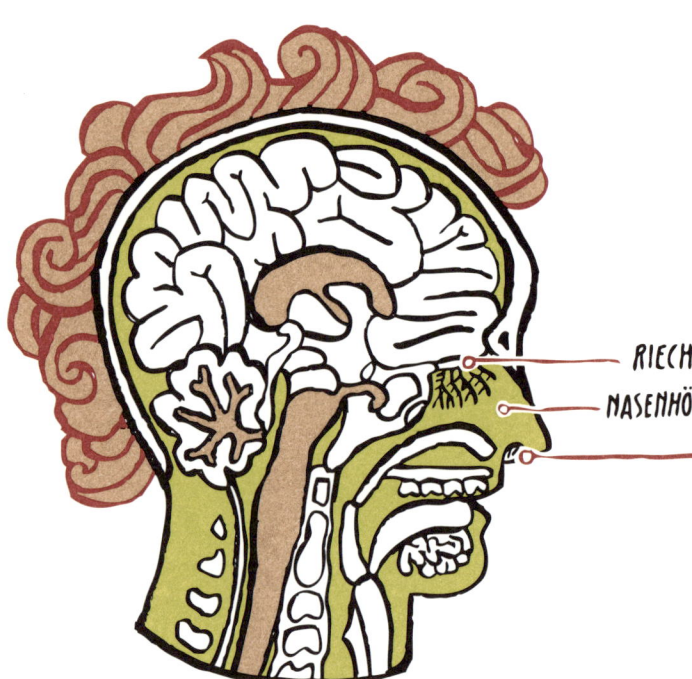

RIECHNERV

NASENHÖHLE

NASENHAARE

WARUM WIR AUF UNSERE NASE GAR NICHT SO STOLZ ZU SEIN BRAUCHEN

Jetzt mal zu weniger guten Nachrichten. Wir haben viele Körperteile, auf die wir stolz sein können, aber unsere Nase hat nicht wirklich viel zu bieten. Einem Hai reicht der Duft eines einzigen Bluttropfens, um zu einer Beute in seiner Nähe zu schwimmen. Polizeihunde können noch einen Tag, nachdem der Verdächtige durch eine gut besuchte Einkaufsstraße gelaufen ist, seine Spur aufnehmen. Manche Nachtfalter können einen anderen auf zehn Kilometer Entfernung riechen! Und wir? Wir müssen unsere Nase tief in eine Rose stecken, um ihren Duft zu schnuppern. Trotzdem strengt sich unsere Nase sehr an, immerhin haben wir auch so etwa sechs Millionen Riechzellen. Aber nun ja … Hunde haben ungefähr dreihundert Millionen! Wenn Tiere wüssten, wie schlecht wir riechen können, hielten sie uns für schwerstbehindert.

Wie unser Geruchssinn genau funktioniert, ist noch gar nicht so lange bekannt. Wir nehmen einen Geruch erst wahr, wenn unser Nasenschleim ein Molekül davon aufgenommen hat. Der Schleim transportiert den Geruch zu einer Riechzelle, auf der kleine Flimmerhärchen sitzen. Wenn die Riechzelle auf das Duftmolekül reagiert, schickt sie ein Signal über die Flimmerhärchen zu deinem Gehirn. Wir haben etwa tausend verschiedene Sorten Riechzellen, die alle auf einen spezifischen Geruch reagieren. Dringt zum Beispiel ein Schwefelmolekül in unsere Nase, dann reagiert nur der eine Typ Riechzelle, der Schwefelmoleküle wahrnehmen kann. Aber unsere Nase kann verschiedene Gerüche gleichzeitig unterscheiden. Wenn also neben dem Schwefelmolekül auch ein Phosphormolekül in deine Nase dringt, reagieren auch die Phosphorzellen. Du riechst dann die Kombination dieser beiden Gerüche: ein Streichholz. So können wir etwa zehntausend verschiedene Gerüche unterscheiden, vom Duft eines frischen Tannenwaldes bis zum Geruch eines muffigen Dachbodenzimmers.

WARUM DICH TRÜFFELÖLHERSTELLER AN DER NASE HERUMFÜHREN

Das Witzige ist, dass manche Stoffe, die nichts miteinander zu tun haben, doch denselben Geruch haben können. Das hat mit der Geschwindigkeit zu tun, mit der ein Molekül schwingt. Alle Moleküle schwingen ein wenig, wie die Saiten eines Klaviers, aber manche schwingen ein wenig schneller als andere. Alle Moleküle mit der gleichen Schwingung haben denselben Geruch. In Petroleum ist zum Beispiel ein Stoff, der genauso riecht wie Blumen. Ein anderer Stoff in Petroleum wiederum riecht nach Trüffel. Der kommt dann auch in billiges Trüffelöl. Und es gibt genügend Menschen, die darauf hereinfallen …

Hast du schon mal gemerkt, dass ein bestimmter Geruch eine starke Erinnerung aufrufen kann? Das liegt wahrscheinlich daran, dass sich unsere Nase sehr nah am Hippocampus und der Amygdala befindet. Geruch geht also geradewegs in die Teile deines Gehirns, die mit Emotionen und Gedächtnis zu tun haben. Deswegen kann dir ein Geruch dabei helfen, Erinnerungen aufzurufen. Der Versuch, sich an einen bestimmten Augenblick zu erinnern, gelingt viel besser, wenn man denselben Geruch riecht wie den, den man damals in der Nase hatte. Verrückterweise vor allem, wenn es ein etwas ekliger Geruch war.

WARUM DU OHNE ERDBEEREN TROTZDEM ERDBEEREN SCHMECKEN KANNST

Deine Nase hilft dir also auf unterschiedliche Art und Weise. Sie warnt dich vor Gefahren, zum Beispiel, wenn du irgendwo Brandgeruch wahrnimmst. Sie sagt dir, dass der Bäcker frisches Brot hat und dass der Sportlehrer schon eine ganze Weile nicht mehr geduscht hat. Und deine Nase hilft deinem Gedächtnis.

Aber auch was du schmeckst, hängt zum großen Teil mit deiner Nase zusammen. Wenn du Limonade »mit Erdbeergeschmack« trinkst, ist die Wahrscheinlichkeit groß, dass keine einzige Erdbeere in dieser Limonade steckt. Es ist sogar sehr wenig drin, was mit dem Geschmack einer Erdbeere überhaupt etwas zu tun hat. Aber aufgrund des Geruchs der Limonade (und der roten Farbe) glaubst du trotzdem, Erdbeeren zu schmecken. Noch ein Beispiel: Vanille schmeckt eigentlich gar nicht lecker. Sie dient nur als Aroma für Pudding und Joghurt und deswegen glaubt man, dass sie schmeckt, doch in Wirklichkeit riecht sie nur köstlich. Mit zugehaltener Nase kann man keinen Unterschied zwischen etwas mit oder ohne Vanille ausmachen.

Übrigens, wo wir gerade von Geschmack reden: Wie ist das eigentlich mit unserer Zunge?

BERND & BETTY HABEN EINEN RIECHER FÜR ROMANTISCHE ORTE

IN DER KÜCHE

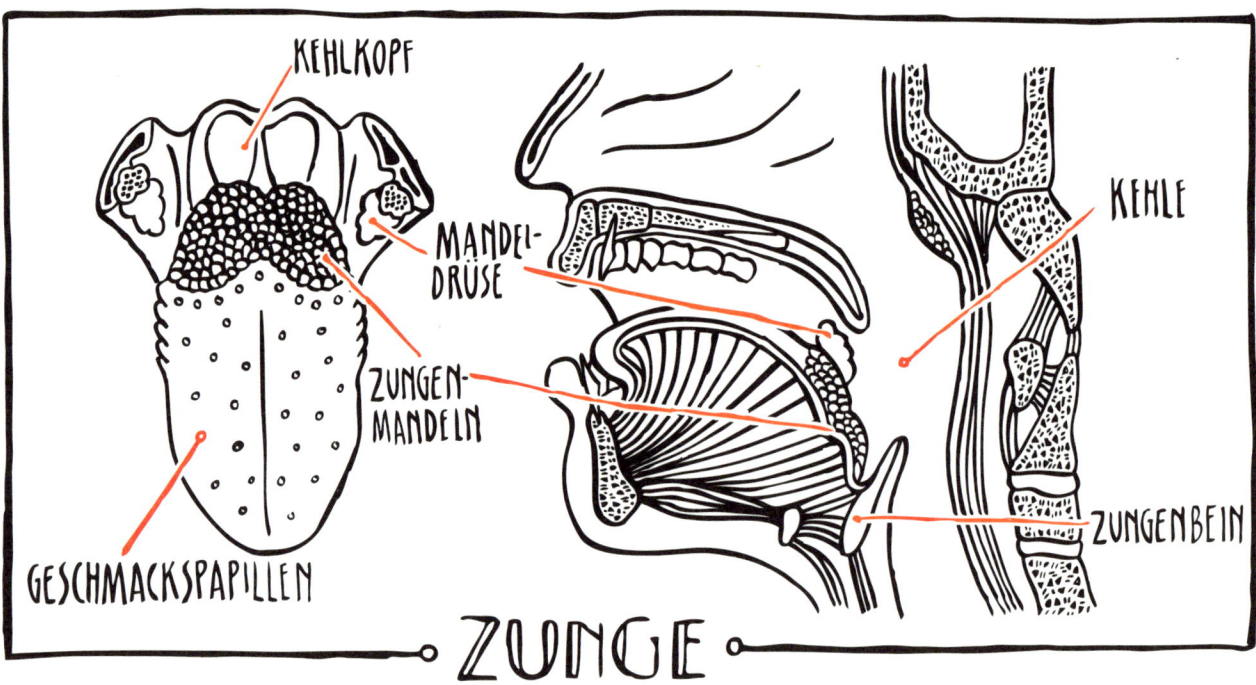

KEHLKOPF

MANDEL-DRÜSE

KEHLE

ZUNGEN-MANDELN

GESCHMACKSPAPILLEN

ZUNGENBEIN

ZUNGE

WARUM DEINE ZUNGE ÄHNLICHKEITEN MIT DEINER NASE AUFWEIST

Ich kenne einen sehr guten Koch, der seinen Gästen erst die Augen verbindet und sie dann Chili probieren lässt – nicht, um sie zu ärgern, sondern als Experiment. Die Versuchspersonen sollen raten, was sie essen. Und keiner kommt dahinter! Alle essen munter weiter. Bis das Tuch vor den Augen weggenommen wird. Sobald sie sehen, dass sie Chili essen, schmecken sie auch Chili. Bei einem anderen Experiment hat jemand Weinkennern ein Glas mit Weißwein gegeben und ein Glas mit demselben Wein, dem man ein wenig roten Farbstoff hinzugefügt hatte. Die »Kenner« ordneten dem ersten Wein alle Merkmale eines Weißweins zu und beschrieben den zweiten als einen typischen Rotwein. Ich selbst habe Schulkinder einmal 7Up mit braunem Farbstoff probieren lassen – fast alle Kinder dachten, es wäre Cola.

Unsere Zunge macht also auch nicht so viel her. Wir lassen uns eher von unseren Augen und der Nase als von der Zunge leiten. Die Arbeitsweise deiner Zunge ist mit der deiner Nase vergleichbar. Auf deiner Zunge befinden sich jede Menge Geschmacksknospen. Diese liegen unter einer schützenden Zellschicht. Genau wie eine Riechzelle jeweils nur *einen* bestimmten Geruch erkennt, kann auch jede Geschmacksknospe nur *eine* Geschmacksrichtung unterscheiden. Wir haben allerdings nicht Tausende Sorten von Geschmackszellen, sondern nur fünf. Die ersten vier kannst du leicht selbst raten: salzig, süß, sauer und bitter. Aber die fünfte? Das ist »umami«. Umami ist ein sehr herzhafter Geschmack: der Geschmack von altem, gut gereiftem Käse, kräftiger Bouillon und der Tomatensauce, die am Topf festklebt, wenn es Spaghetti gibt. Werden Geschmacksrichtungen miteinander vermischt, kann man noch viel mehr unterschiedliche Geschmäcker wahrnehmen.

WARUM SICH ÜBER GESCHMACK ZIEMLICH STREITEN LÄSST

Die Geschmacksknospen für süß und salzig liegen eher weiter vorn auf deiner Zunge und die für sauer und bitter meist ein wenig weiter hinten. Dennoch findet man auch sonst überall Knospen der verschiedenen Geschmacksrichtungen. Daher kannst du auch mit der Zungenspitze bitter und sauer schmecken. Umami liegt weiter hinten auf deiner Zunge. Die Frage ist nur, ob das wirklich alle Geschmacksrichtungen sind, die wir wahrnehmen können. Denn es gibt ja auch Geschmäcker, die wir sehr wohl schmecken, die aber nicht zu den erwähnten fünf gehören. Wie ist das zum Beispiel mit dem fettigen Geschmack von Butter oder Öl? Oder dem Geschmack von Seife? Oder Metall? Oder Pfeffer? Oder Pfefferminze? Die Wissenschaftler haben längst noch nicht alles herausgefunden.

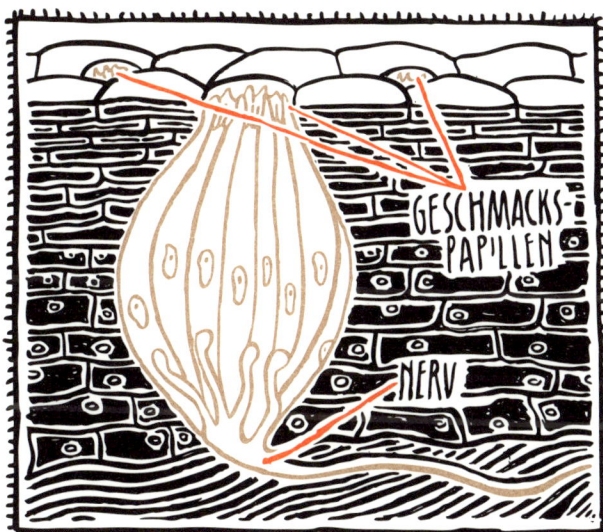

Wir wissen jedoch, dass die Kombination von Geschmäckern wichtig ist. Eines der beliebtesten Gerichte der Welt macht genau das: ein bisschen Süßes vom Ketchup, Saures von der Essiggurke, leicht Bitteres von der Zwiebel, Salziges vom Brötchen und das gewürzte Fleisch schmeckt umami. Fertig ist der Hamburger. Die Kombination der Geschmacksrichtungen ist auch der Grund, weswegen wir nach einer warmen Mahlzeit gern etwas Süßes essen: Die anderen Geschmäcker hatten wir dann schon, aber der

süße Geschmack von Eis oder Fruchtjoghurt war eben nicht in der Lasagne, der Suppe oder dem Eintopf. Zum Glück!

WARUM DU DEINE FREUNDE AM GEBURTSTAG ZU ROSENKOHL EINLADEN SOLLTEST

Ich habe einmal nachgeforscht, welche Geschmäcker Kinder am meisten hassen. Die Top 3 sind Chicorée, Endiviensalat und Rosenkohl. Allesamt bittere Gemüsesorten. Saure Früchte mochten sie auch nicht. Das ist gar nicht so seltsam: In der Natur sind bittere und saure Dinge oft giftig. Soldaten lernen, dass sie vor allem Pflanzen essen sollen, die nicht allzu ekelhaft schmecken, wenn sie im Wald überleben wollen. Die Wahrscheinlichkeit, dass diese Pflanzen giftig sind, ist geringer.

Süß und fettig mögen die meisten Menschen gern. In der Natur stehen diese beiden für viel Energie, sind also wichtig zum Überleben. Außerdem sind es auch die ersten Geschmacksrichtungen, die wir kennen lernen: Muttermilch ist süß und fett. Sie füllte uns den Bauch und sorgte dafür, dass es uns wieder gut ging, nachdem wir müde und hungrig waren. Trotzdem ist Rosenkohl gar nicht so bitter wie viele giftige Pflanzen. Außerdem ist er auch noch sehr gesund. Und eigentlich kann fast jeder ihn mögen. Noch besser: Man kann fast jedes Gericht schätzen lernen, wenn man es nur regelmäßig probiert, denn so gewöhnt man sich daran. Und wenn man dieses Gericht auch noch unter angenehmen Bedingungen isst, verbindet man den Geschmack mit einem schönen Erlebnis. Du müsstest es also mit deinen besten Freunden essen. Eigentlich sollten wir sie am Geburtstag zu Rosenkohl einladen statt zu Kuchen.

PS: Wenn du das Experiment mit dem Chili ausprobieren möchtest, sollte die Zunge deiner Versuchsperson gut trocken sein. Sonst kann es ganz schön Ärger geben ...

IM BLICK

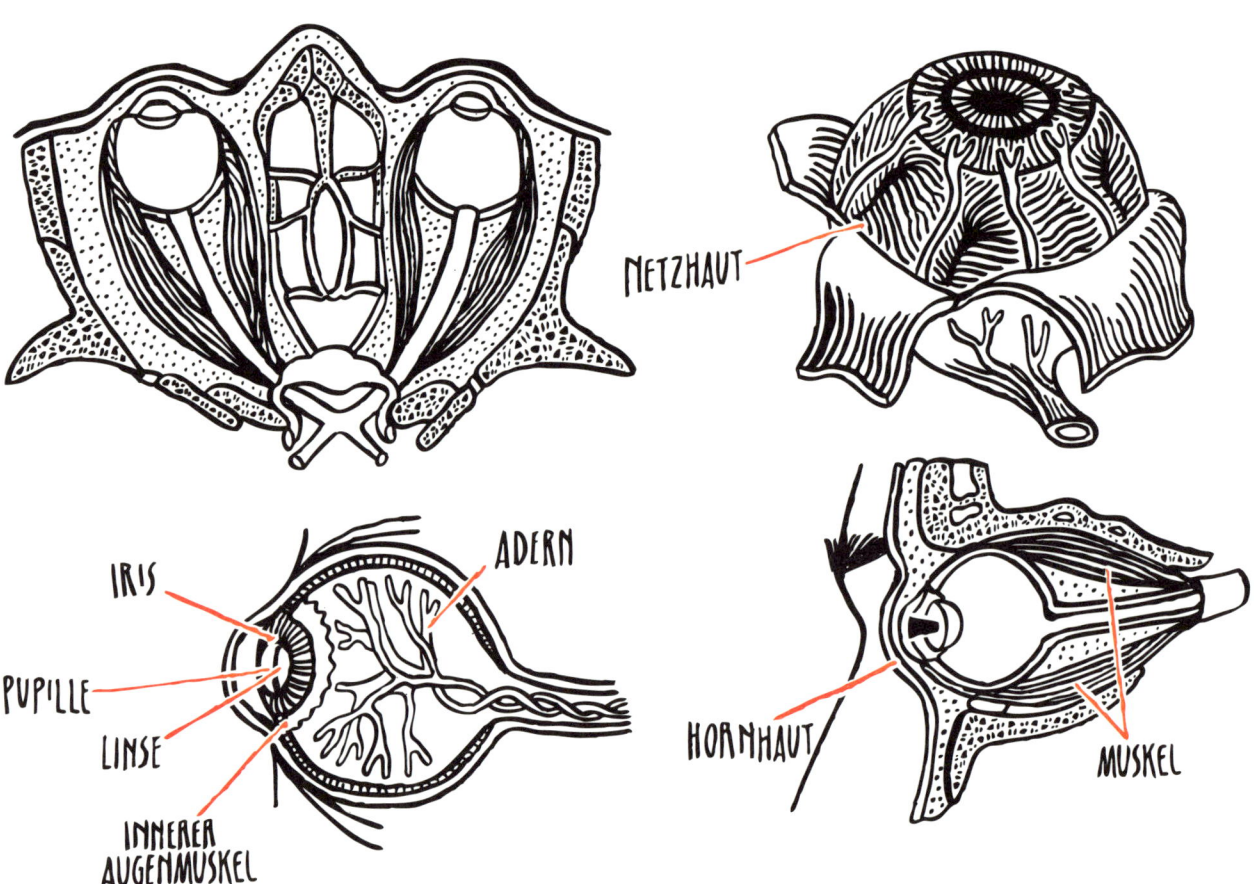

WARUM DEINE AUGEN WICHTIGER SIND ALS DEINE NASE

Deine Augen sind dein wichtigstes Sinnesorgan. Sie wiegen nur acht Gramm und sind knapp so groß wie ein Tischtennisball. Aber trotzdem funktionieren diese beiden puddingartigen Kugeln in deinen Augenhöhlen besser als die teuerste Kamera der Welt. Du kannst tagsüber und nachts damit sehen. Von einem hohen Turm aus können deine Augen eine Kerze im Dunkeln auf fünfzig Kilometer Abstand brennen sehen. Deine Linsen können innerhalb einer Sekunde von weit weg zu ganz nah umschalten. Versuch das alles mal mit deiner Nase!

Unsere Augen haben 100 Millionen lichtempfindliche Zellen – dagegen ist unsere Nase ein Witz mit ihren sechs Millionen Riechzellen! Mit den lichtempfindlichen Zellen können wir zehn Millionen Farben unterscheiden (toll, dass die Biologen die alle für uns gezählt haben ...!).

Daher bekommt dein Gehirn die allermeisten Informationen über deine Augen. Ein Großteil deines Gehirns ist deshalb auch auf das Sehen eingestellt. Wenn du die Augen offen hast, nimmt das Sehen gut zwei Drittel deiner Gehirnaktivität in Anspruch. So wichtig sind sie also. Und zum Glück sind sie auch noch gut geschützt durch eine Fettschicht, die alle heftigen Stöße auffängt.

WARUM KATZEN IM DUNKELN BESSER SEHEN KÖNNEN ALS WIR

Das Licht dringt durch deine Pupille ins Auge. Die Pupille ist von der Iris umschlossen. Das ist der bunte Ring, den es in Braun, Blau, Grün und Grau gibt. Deine Iris kann größer und kleiner werden. Bei viel Sonnenlicht dehnt sie sich nach innen aus; deine Pupille wird dabei kleiner, sodass weniger Licht in deine Augen gelangt. Im Dunkeln wird deine Iris schmal; dann wird die Pupille größer, damit viel Licht hineinfällt. Das Licht geht durch die Pupille und anschließend durch eine Linse. Mit dieser Linse stellst du das Bild scharf. Sie kann kugeliger und flacher werden. Eine kugelige Linse ist gut für das Sehen in der Nähe, eine flache eignet sich besser für die Ferne. Das Licht geht dann durch den Teil deines Auges, der Glaskörper heißt. Schließlich erreicht es die Netzhaut an der Rückseite deines Auges. Sie ist der wichtigste Teil deines Auges, denn hier befinden sich die licht-empfindlichen Zellen, die alle Informationen zum Gehirn schicken.

In der Netzhaut sitzen zwei Typen von Sinneszellen: Zapfen und Stäbchen. Dank der Zapfen können wir Farben sehen. Es gibt Zapfen für blaues, grünes und rotes Licht. Damit kannst du fast zehn Millionen Farben sehen! Die Zapfen sorgen auch für ein scharfes und klares Bild. Sie brauchen bloß ziemlich viel Licht und das gibt es nachts nicht. Deswegen haben wir auch noch Stäbchen. Die funktionieren schon beim geringsten Licht. Nur Farben sehen sie nicht. Nachttiere wie Katzen haben viele Stäbchen. Sie sehen nachts viel besser als wir, dafür tagsüber etwas weniger gut.

WARUM KLEOPATRA GIFT IN IHRE AUGEN TRÄUFELTE

Augen sind die Spiegel der Seele, sagt man. Wenn wir wissen möchten, ob jemand die Wahrheit spricht, schauen wir der Person vor allem in die Augen. Es gibt sogar Ärzte oder Heilpraktiker, die behaupten, sie könnten an der Iris genau erkennen, was ihren Patienten fehlt, aber nicht jeder nimmt das ernst. Augen sind jedenfalls nicht nur zum Sehen nützlich, sondern sie sind auch schön anzusehen! Wenn man Verliebte fragt, was sie an ihrem Partner besonders anziehend finden, dann lautet die Antwort meistens: die Augen.

Die alten Ägypter fanden Augen auch sehr wichtig. Und wie du schon vorher gelesen hast, bekommen verliebte Menschen größere Pupillen. Die wirken schön und freundlich. Darum träufelte sich Königin Kleopatra, ebenso wie viele andere ägyptische Frauen, den giftigen Stoff Belladonna in die Augen. Davon wurden ihre Pupillen schön weit. Aber in Ägypten scheint die Sonne oft und kräftig. Durch die großen Pupillen trat viel mehr grelles Sonnenlicht in ihre Augen, weshalb sie dicke Linien um ihre Augen zogen, die das Sonnenlicht wieder ein wenig abschirmten. Belladonna träufeln wir uns schon lange nicht mehr in die Augen, aber schweres Augen-Make-up ist noch immer beliebt. Millionen Frauen auf dieser Erde gehen nicht ohne Eyeliner und Mascara auf die Straße. Belladonna gibt es auch noch immer. Heute ist es ein häufig verwendetes Medikament bei Herzproblemen.

WARUM DU BLIND SEIN KANNST, OBWOHL DEINE AUGEN PERFEKT FUNKTIONIEREN (2)

Du schaust mit deinen Augen, aber du siehst mit deinem Gehirn. Wenn die Signale deiner Augen dein Gehirn nicht erreichen, siehst du nichts. Manche Menschen wurden schon mit Augenproblemen geboren und sind blind aufgewachsen. Das medizinische Wissen ist jetzt so weit, dass manche dieser Probleme beseitigt werden können, wodurch diese Menschen theoretisch etwas sehen müssten. Das sollte man erwarten, aber so funktioniert es nicht. Wenn wir Teile unseres Gehirns nicht benutzen, verlieren sie ihre Funktion. Das Gehirn eines Menschen, der blind aufgewachsen ist, hat nie sehen gelernt. Der Teil des Gehirns, der beim Sehen beteiligt ist, hat nie gearbeitet. Mit den geheilten Augen bekommen sie zwar die richtigen Bilder herein, aber das Gehirn hat keine Ahnung, was es damit anfangen soll. Es ist, als müsste es ägyptische Hieroglyphen entziffern. Wenn man das Sehen nicht von klein auf gelernt hat, kann man das später nie wieder aufholen.

Schlechte Nachrichten also? Nicht unbedingt. Denn wenn du vorher gesehen hast und dann erblindet bist, ist noch alles möglich. Heute gibt es Brillen, die Licht in elektrische Signale umwandeln, die zum Gehirn laufen. Mit einer solchen Brille können Menschen doch wieder ein klein wenig sehen, auch wenn ihre Augen überhaupt nicht mehr funktionieren. Es gibt sogar einen blinden Bergsteiger, der ein Plättchen auf seiner Zunge liegen hat, mit dem er sieht. Wenn er die Zunge aus dem Mund streckt, fängt das Plättchen Licht auf und schickt das Signal zum Gehirn. Das Bild ist nicht sehr scharf, aber er sieht genug, um nicht abzustürzen.

WARUM WIR DREI AUGEN HABEN

Fast niemand weiß jedoch, dass wir *noch* ein Auge haben ... Affen sind unsere fernen Verwandten und Reptilien sind noch weiter entfernte Vorfahren. Manche Reptilien haben ein drittes Auge mit lichtempfindlichen Zellen. Praktisch, denn bei Reptilien befinden sich die Augen an der Seite und das dritte Auge ist nach oben gerichtet. Es funktioniert meistens nicht so gut wie die beiden anderen, aber gut genug, um zu sehen, ob ein Greifvogel über einem kreist. Weil wir von diesen Reptilien abstammen, haben wir immer noch die lichtempfindlichen Zellen. Wenn du deine Stirn ganz genau betrachtest, siehst du davon ... gar nichts. Die lichtempfindlichen Zellen liegen unter einer dicken Schädeldecke tief in unserem Gehirn. Im Stockdunkeln also. Aber sie funktionieren noch, weil sie mit Nerven vom Auge verbunden sind. Und sie sind sogar sehr nützlich. Sie bilden einen Teil der Zirbeldrüse in unserem Gehirn. Diese Drüse kümmert sich um die Produktion von Melatonin, das uns beim Tag-Nacht-Rhythmus hilft. Es gibt Menschen, die glauben, unser drittes Auge hätte noch allerlei magische Kräfte. Das brauchen wir nicht ernst zu nehmen, denn das wurde nie bewiesen. Erst sehen, dann glauben.

IM GLEICHGEWICHT

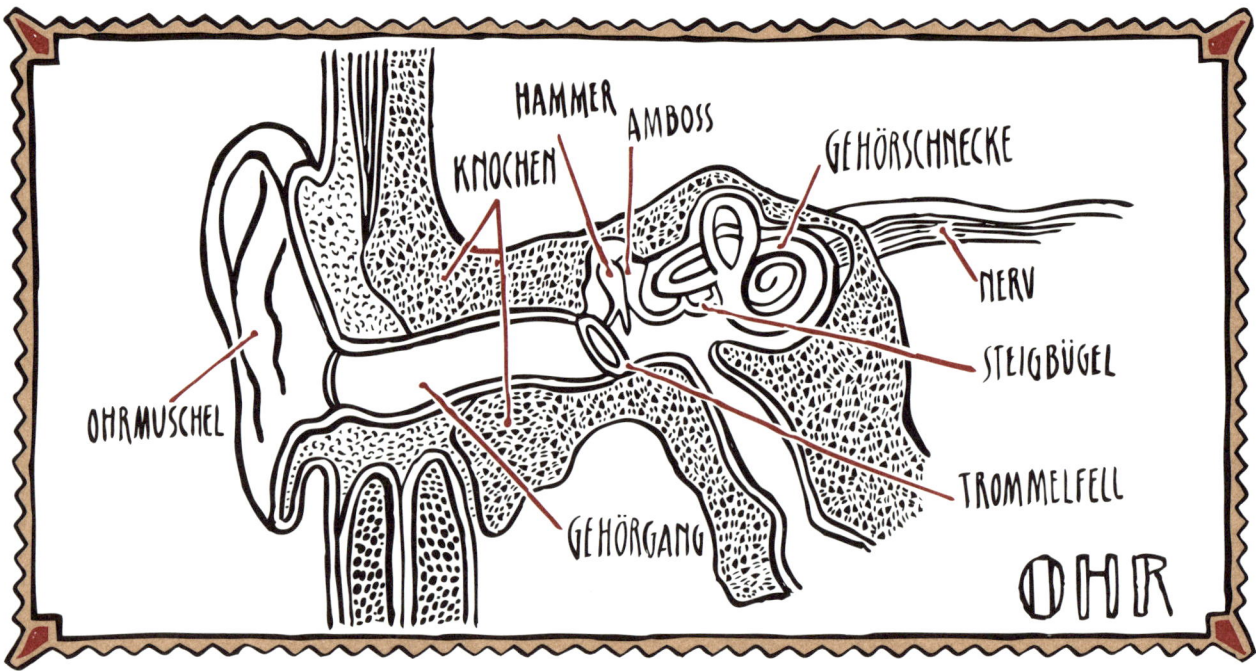

WARUM DU EINE STECKNADEL FALLEN HÖRST

Dann sind wir nun beim letzten Sinnesorgan angekommen: deinen Ohren. Über deine Ohrmuschel gelangt Schall ins Ohr. Dort beginnt eine zarte Haut, eine Membran, zu schwingen. Deine Nervenzellen schicken die Informationen dieser Schwingungen zu deinem Gehirn. Fertig. Nächstes Kapitel!

Nun … nicht ganz. Denn so einfach ist dein Ohr dann doch nicht aufgebaut. Wenn es ein kompliziertes Sinnesorgan gibt, dann dein Ohr! Und sei froh, dass es so verzwickt ist, denn dank seines Bauplans kannst du buchstäblich eine Stecknadel fallen hören. Der Schall gelangt also über deine Ohrmuschel ins Ohr. Diese ist so genial entworfen, dass sie wie eine Art Satellitenschüssel funktioniert. Du kannst den Schall, den dein Ohr auffängt, sogar noch ein wenig verstärken, indem du die Oberfläche deiner Ohrmuschel mit

den Händen vergrößerst. Halte deine Hände einmal hinter die Ohren, wie du es bei schwerhörigen Menschen manchmal siehst. Du merkst den Unterschied sofort. Mit so großen Ohren würdest du natürlich an jedem Ast hängen bleiben. Deswegen hast du eine bescheidene Muschel. Und die funktioniert prima.

Über die Öffnung in deiner Ohrmuschel dringt der Schall in deinen Gehörgang. Dort verhindern Ohrenschmalz und Härchen, dass sich allerlei Getier häuslich in deinem Ohr einrichtet. Am Ende des Gehörgangs landet der Schall bei deinem Trommelfell. Das beginnt dann zu schwingen. Am Trommelfell befinden sich die drei kleinsten Knochen deines Körpers, die Gehörknöchelchen: Hammer, Amboss und Steigbügel. Diese drei schwingen mit und wirken wie ein Verstärker. Sie helfen dir, die Mücke in deinem Schlafzimmer zu finden, die meterweit entfernt herumschwirrt. Sie funktionieren so gut, dass du manchmal zu viel Schall hereinbekommst. Zum Glück greift dein Ohr dann zur Selbsthilfe. Bei zu viel Lärm treten zwei kleine Muskeln in Aktion, die an den Knöchelchen in deinem Ohr ziehen, damit sie weniger stark schwingen.

Wir haben es noch lange nicht geschafft, denn der Schall gelangt über die Gehörknöchelchen in dein Innenohr. Dort findest du die Gehörschnecke und ein damit verbundenes Flüssigkeitssystem in Form von Röhrchen. Die Wände dieser Röhrchen sind von Gehörzellen bedeckt. Das sind Zellen mit winzigen Härchen, die bei jedem Schall mitschwingen. Die Gehörzellen wiederum stehen mit Nervenzellen in Verbindung, die zum Gehirn führen. Im Innersten deines Ohres findest du Zellen, die tiefe Töne weiterleiten. Die für die hohen Töne besser geeigneten Zellen liegen etwas weiter außen. Je mehr Zellen dort schwingen, desto lauter ist der Ton, der Klang oder das Geräusch. So. Jetzt weißt du, wie das Ohr funktioniert.

WARUM DU GANZ UND GAR GRATIS NOCH EIN SINNESORGAN DAZUBEKOMMST

Können wir denn jetzt zum nächsten Kapitel übergehen? Nein! Wir sind noch nicht fertig. Denn dein Ohr ist nicht nur fürs Hören zuständig, sondern es hält dich auch im Gleichgewicht. Du hast also zwei Sinnesorgane zum Preis von einem bekommen! Dein Gleichgewicht könnte man sozusagen als sechsten Sinn bezeichnen, nach Fühlen, Riechen, Schmecken, Sehen und Hören.

Es funktioniert ganz einfach. Wenn du stehen bleibst, bleibt auch die Flüssigkeit in deinem Ohr stehen. Genau wie die Flimmerhärchen im Inneren. Und wenn du wie irre anfängst, den Kopf zu schütteln, dann schwappt die Flüssigkeit in deinem Ohr mit. Deine Flimmerhärchen berichten dann deinem Gehirn, dass du gerade Headbangen übst. Dann können deine Muskeln aktiv werden, damit du dein Gleichgewicht bewahrst. Dank deiner Ohren kannst du also gehen, Rad fahren und auf einem Seil balancieren, das zwischen zwei Wolkenkratzern gespannt ist.

Jetzt verstehst du auch, warum dir schwindelig wird, wenn du dich im Kreis drehst. Wenn du in einem Eimer Wasser rührst und dann mit dem Rühren aufhörst, steht das Wasser nicht auf einen Schlag still. Es dreht noch ein paar Runden, bevor es zur Ruhe kommt. Das gilt auch für die Flüssigkeit in deinem Ohr, nachdem du dich im Kreis gedreht hast. Es dauert einen Moment, bevor sie zur Ruhe kommt. Also bekommt dein Gehirn von den Ohren das Signal, dass du dich noch drehst. Aber deine Augen sehen, dass du stehst, und sie geben diese Nachricht ans Gehirn weiter. Dein Gehirn weiß nicht mehr, wem es glauben soll, und gerät durcheinander. Dadurch fühlst du dich schwindelig. Umgekehrt geschieht dasselbe im Auto oder im Zug. Deine Augen sehen Bewegung, während deine Ohren nichts merken und angeben, dass du stehst. Dann wirst du reisekrank und dir wird übel. Wenn du zu den Leuten gehörst, denen schnell übel wird, schaust du am besten auf einen festen Punkt in der Ferne. Dieser Punkt bewegt sich nicht und so erhält dein Gehirn keine widersprüchlichen Signale.

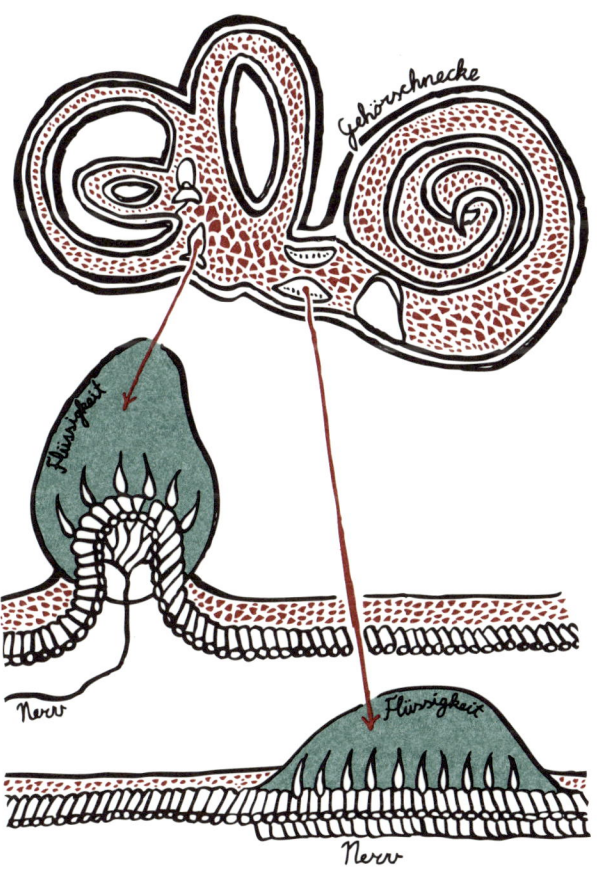

RENNEN, SPRINGEN,
FLIEGEN, TAUCHEN,
FALLEN, AUFSTEHEN,
WEITERMACHEN

DEINE HALTUNG

WARUM DU RUHIG MAL AUSFLIPPEN DARFST

Flipp doch einfach mal aus. Ja, wirklich, nur zu! Mach mal ganz schnell alle möglichen seltsamen Bewegungen. Und noch ein paar. Ich warte einen Moment. Fertig? Überlege dir jetzt mal, dass all diese Bewegungen in deinem Kopf angefangen haben. Und dass die Befehle von deinem Gehirn mit einer unglaublichen Geschwindigkeit über deine Nerven zu den Muskeln geleitet wurden. Deine Muskeln haben die Befehle sofort befolgt. Das alles kam durch die Fortbewegung von Molekülen zustande. Von den Nerven zu den Muskeln, genauer gesagt. Ein paar winzige Zellen in deinem Kopf können also dafür sorgen, dass sich dein ganzer Körper in Bewegung setzt. So sind Billionen Muskelzellen aktiviert worden, ohne dass du dich dafür sehr anstrengen musstest. Sie haben perfekt zusammengearbeitet, wie die Musiker in einem Orchester, damit jede Bewegung, die du dir ausgedacht hast, ausgeführt werden konnte. Das ist doch ein Wunder?

So faul du auch sein magst – ohne Muskeln geht es nicht. Du brauchst sie, um dein Gleichgewicht zu wahren, wenn du auf dem Sofa hängst. Um deine Augen zu öffnen und zu schließen. Um die Taste der Fernbedienung zu drücken. Um jemanden zu rufen, der sie für dich drückt, wenn du selbst zu faul dafür bist. Und für jeden Muskel brauchst du auch wieder einen »Gegenmuskel«. Denn ein Muskel ist wie eine Schiebeleiter, die sich nur von selbst zusammenschieben kann – man braucht einen anderen Muskel, der diese »Leiter« wieder auseinanderzieht. Schließlich gibt es noch die glatten Muskeln, über die wir schon einmal gesprochen haben. Ohne die glatte Muskulatur in deinem Herz und im Darmsystem könntest du nicht überleben.

WARUM DU QUALLEN NIE BEIM GEWICHTHEBEN SIEHST

Du hast etwa 650 Muskeln, die alle leichten und schweren Arbeiten für dich erledigen. Ungefähr vierzig Prozent deines Gewichts stammt aus Muskelmasse. Schon für das Anheben einer Tasse Tee benutzt du etwa siebzig verschiedene Muskeln. Dank deiner Knochen arbeiten sie auch sehr wirkungsvoll. Stell dir mal vor, du müsstest einen schweren Koffer mit gestrecktem Arm auf einen Schrank hieven. Das wäre viel schwerer und mühsamer. Weil du deine Arme beugen kannst, wirken deine Knochen wie ein Hebel, der deine Kräfte verteilt. Übrigens würdest du den Koffer ohne Knochen kaum hochheben können. Oder hast du mal eine Qualle beim Gewichtheben beobachtet? Na also!

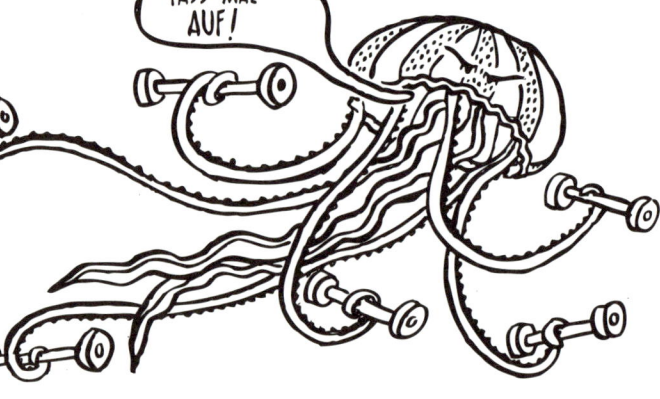

Ein Muskel besteht aus vielen langgestreckten Zellen, die zusammengefasst zum Bündel werden, wie Seilstränge, die ein Tau bilden. Deine Muskeln verbrauchen viel Energie, deswegen verlaufen zwischen den Muskeln auch allerlei Blutgefäße, die für Sauerstoff und Nährstoffe sorgen. Durch das Verbrennen der Nährstoffe hinterlassen deine Muskeln wiederum Abfallstoffe. Wenn du zu lange und zu viel Sport treibst, kann dein Körper sie nicht mehr schnell genug abtransportieren. Deine Muskeln werden dann müde und tun weh. Sportler nennen das »Übersäuerung«.

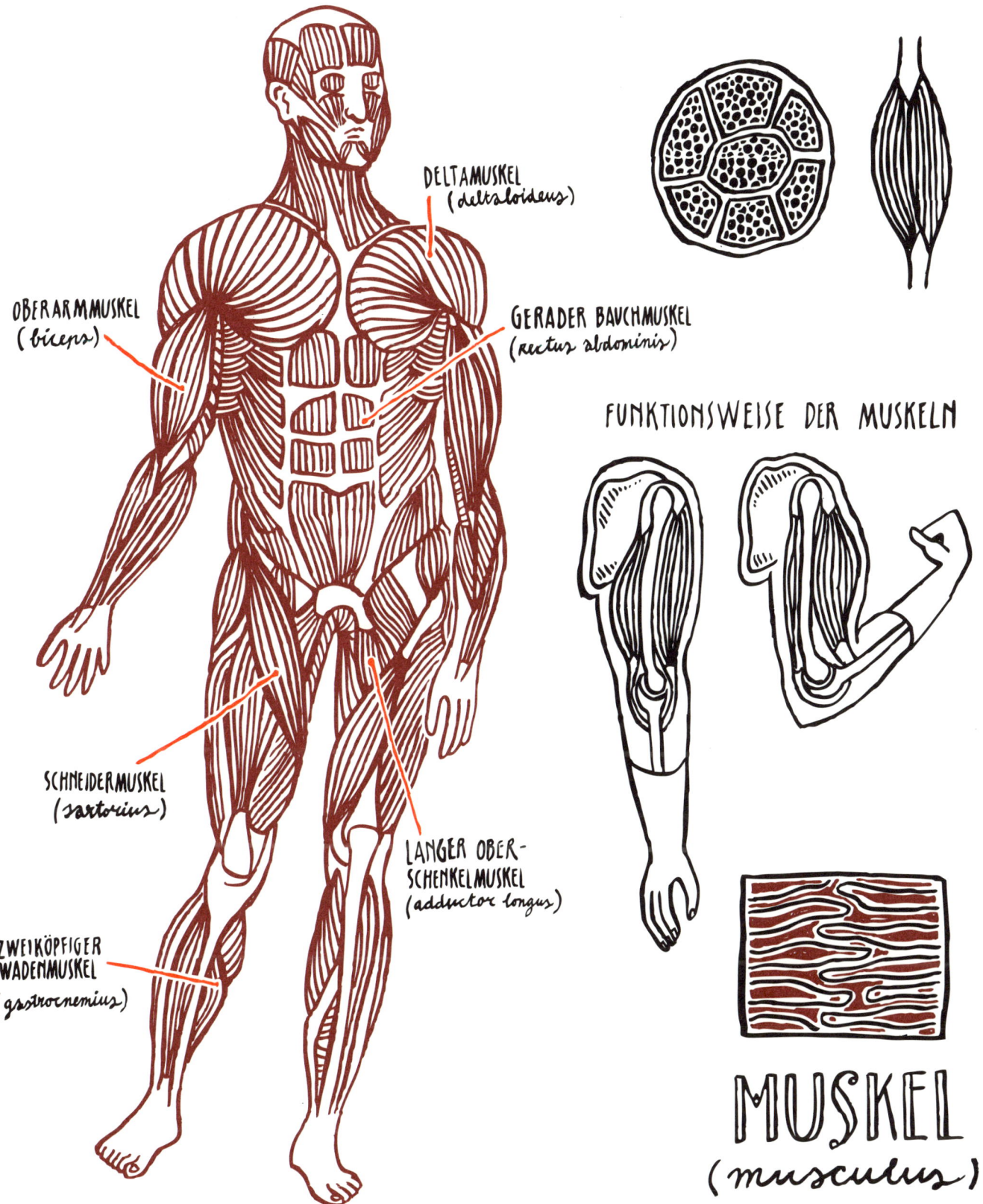

DELTAMUSKEL
(deltaloideus)

OBERARMMUSKEL
(biceps)

GERADER BAUCHMUSKEL
(rectus abdominis)

FUNKTIONSWEISE DER MUSKELN

SCHNEIDERMUSKEL
(sartorius)

LANGER OBER-
SCHENKELMUSKEL
(adductor longus)

ZWEIKÖPFIGER
WADENMUSKEL
(gastrocnemius)

MUSKEL
(musculus)

IM FITNESSSTUDIO

WARUM DU DEINE HERZMUSKELN TRAINIEREN KANNST, ABER DIE DARMMUSKELN NICHT

Deine glatte Muskulatur kannst du nicht bewusst steuern. Sie arbeitet vollkommen selbstständig. Im Fitnessstudio findest du deswegen auch kein Trainingsgerät für deine Magen-Darmmuskulatur. Wenn du einen dicken Bauch hast, kannst du also nicht behaupten, der käme von deinen extrem trainierten Darmmuskeln. Für deine Herzmuskeln gibt es zwar auch kein Trainingsgerät, aber trainieren kannst du sie trotzdem. Deine Herzmuskulatur wird durch regelmäßige und flotte Bewegung kräftiger. Je mehr Sport du treibst, desto größer wird dein Herz.

Die meisten anderen Muskeln kannst du leichter trainieren. Aber nicht alle. Beispielsweise wurde für den winzigen Steigbügelmuskel in deinem Ohr noch kein Trainingsgerät entwickelt, für einen der größ-ten Muskeln in deinem Körper jedoch schon: den »gluteus maximus«. Das ist der große Muskel, der einen ziemlichen Teil deiner Pobacken beansprucht. Auch die bekanntesten Muskeln deines Körpers, die am Bizeps, sind gut zu trainieren. Wenn du regelmäßig Gewichte stemmst, bekommst du ganz von allein beeindruckende Muskelpakete am Arm.

WARUM DU DEINE MUSKELN KAPUTT MACHEN MUSST, WENN DU STARK WERDEN WILLST

Bei deiner Geburt sind all deine Muskelzellen schon vorhanden. Du kannst keine dazu züchten. Du kannst sie aber stärken, und zwar wenn du trainierst und wenn du schläfst. Wie, im Schlaf? Ja. Im Schlaf kommen die Muskeln zur Ruhe und das hilft ihnen, sich zu erholen. Viel schlafen hilft dir außerdem, dich in deiner Sportart zu verbessern. Wenn du während eines Trainings viel gelernt hast, behältst du alles besser, wenn du in der Nacht darauf gut schläfst. Aber Training ist immer noch die beste Methode, die Muskeln zu kräftigen. Und das schaffst du, indem du deine Muskeln kaputt machst. Wenn du sehr viel Sport treibst, bekommen sie kleine Risse. Die umgebenden Zellen eilen dann zu Hilfe und verschmelzen mit deiner Muskelzelle. So bekommen die Muskeln zusätzliche Eiweiße und werden kräftiger.

Wenn du nach dem Sport Muskelkater hast, ist das ein Zeichen dafür, dass deine Muskeln eine ungewohnte Übung machen mussten, aus der sie gestärkt herausgehen. Lästig ist allerdings, dass das alles nicht besonders schnell geht. Ein deutlich sichtbares Ergebnis kann monatelang auf sich warten lassen. Außerdem musst du immer weitertrainieren. Tust du das nicht, verkümmern deine Muskeln wieder. Das siehst du zum Beispiel, wenn dein Bein eine Weile im Gips war. Die Beinmuskeln wurden in dieser Zeit dann so wenig benutzt, dass die Muskelzellen schlaffer und dünner geworden sind. Astronauten im Weltraum haben damit auch Probleme: Sie brauchen nichts zu heben, sie können nicht laufen und es gibt auch keinen Tennisplatz. Sie brauchen sich nicht einmal anzustrengen, aufrecht zu bleiben, denn sie sind vollkommen gewichtslos. Kein Wunder, dass sie mit einer viel schlechteren Kondition zur Erde zurückkehren.

WARUM GEWICHTHEBER SCHWERER SIND ALS MARATHONLÄUFER

Es gibt zwei Muskelarten: schnelle und langsame. Die schnellen Muskeln heißen so, weil sie sich in einer hundertstel Sekunde schon zusammenziehen können. Schnelle Muskeln sind sehr starke Muskeln, die unglaublich viel Kraft entwickeln können. Langsame Muskeln sind halb so dick und dreimal langsamer, dafür halten sie eine Weile länger durch. Bodybuilder oder Sprinter haben viele schnelle Muskeln und Marathonläufer oder Radrennfahrer viele langsame. Bei Hähnchenfleisch ist dieser Unterschied gut zu sehen. Auf einer Hühnerbrust sind die Muskeln, mit denen Hühner kräftig flattern, die schnellen Muskeln. Die haben weißes Fleisch. An den Beinen befinden sich die Muskeln, auf denen sie den ganzen Tag stehen und laufen. Das sind die langsamen Muskeln und deren Farbe ist rötlicher. Bei uns laufen beide Muskelarten durcheinander. Würde man uns in einer Pfanne braten, bekäme man eher rosa Fleisch.
Und wo sitzt der stärkste Muskel in unserem Körper? Im Arm? Im Bein? Nein, es ist wohl dein Kaumuskel! Der Weltkaumuskelrekordhalter Richard Hofmann konnte mit seinen starken Kiefern mit einer Kraft beißen, die einer Gewichtskraft von gut 442 Kilo entspricht. Das wird noch eine harte Nuss, diesen Rekord zu brechen.

AM LEBEN

WARUM EIN SCHÄDEL EIGENTLICH FÜR LEBEN STEHEN SOLLTE

Welches Bild wird oft zur Darstellung des Todes verwendet? Ein Schädel! Denn bei Knochen und Skeletten denken wir sofort an den Tod. Knochen ähneln abgebrochenen Ästen, in denen nur noch wenig Leben steckt. Aber in Wirklichkeit wimmelt es in deinen Knochen vor Leben. Sie verändern sich ständig und passen sich deinem Lebensstil an. Stell dir vor, ein Gewichtheber hätte sehr dünne Knochen, das wäre nicht so praktisch. Wer seine Muskeln trainiert, kräftigt auch seine Knochen. Archäologen können bei einem mehrere Jahrtausende alten Skelett noch sehen, ob die Person Links- oder Rechtshänder war. Wenn du Rechtshänder bist, sind die Muskeln auf dieser Seite ein klein wenig stärker und die Knochen etwas dicker. Außerdem erneuern sich Knochen am laufenden Band. In den vergangenen sieben Jahren hast du komplett neue Knochen bekommen. Alle Zellen haben sich erneuert. Seit deiner Babyzeit ist die Zahl der Knochen in deinem Körper jedoch geschrumpft. Nicht, weil du weniger Knochen brauchst, sondern weil viele Knochen miteinander verwachsen sind. Deine Knochen sind auch viel kräftiger geworden, denn das Skelett eines Babys besteht noch zu einem großen Teil aus Knorpel, der allmählich verknöchert. Knorpel ist weicher und biegsamer als Knochen.

Es ist nur gut, dass sich deine Knochen ständig erneuern, denn sonst hättest du bei einem Knochenbruch ein Riesenproblem. Zum Glück repariert der Körper den Bruch also selbst. Ein Chirurg muss deine Knochen möglicherweise wieder an die richtige Stelle rücken, aber den Rest erledigt dein Körper.

WARUM KNOCHEN STÄRKER SIND ALS BETON

Deine Knochen haben einen eigenen Leim. Deswegen kann man aus Knochen auch Leim herstellen! Das wird schon seit Jahrhunderten gemacht. Der Klebstoff in deinen Knochen heißt Collagen. Das ist ein wichtiges Eiweiß, das bei allen Menschen und Tieren vorkommt. Es befindet sich außer in deinen Knochen auch in deinen Zähnen und deiner Haut. Der andere wichtige Stoff in deinen Knochen ist Calciumphosphat. Ohne Collagen wären deine Knochen so zerbrechlich wie Glas und ohne Calciumphosphat wären sie so biegsam wie Gummi.

Gemeinsam stehen Collagen und Calciumphosphat für ein unglaublich starkes Material. Knochen sind um einiges stärker als Beton. Hundert Gramm Knochen können eine Menge mehr Gewicht vertragen als hundert Gramm Beton. Der Oberschenkelknochen eines Erwachsenen kann ein Gewicht von gut tausend Kilo verkraften, bevor er bricht. Unsere Knochen haben außerdem eine perfekte Beschaffenheit: Sie sind nicht zu schwer und nicht zu dünn.

Knochen sind also wirklich großartig. Sie schützen uns – denke nur mal an unsere Rippen und den Schädel – und sie bieten unseren stärksten Muskeln Halt, damit sie sich mit ganzer Kraft an die Knochen hängen können. Und trotzdem wiegen sie zusammen nur ein paar Kilo. Übrigens haben Knochen noch mehr Aufgaben, als Schutz und Halt zu gewähren. Jede Minute stellen sie Millionen neue Blutkörperchen her: rote und weiße. In manchen Knochen steckt ein weicher Kern, das Knochenmark. Knochenmark ist eine einzige große Blutzellenfabrik. Außerdem sind deine Knochen auch eine Art Calciumbank. Sie speichern das Calcium, wenn du zu viel davon hast, und geben es wieder ab, wenn dein Körper es braucht.

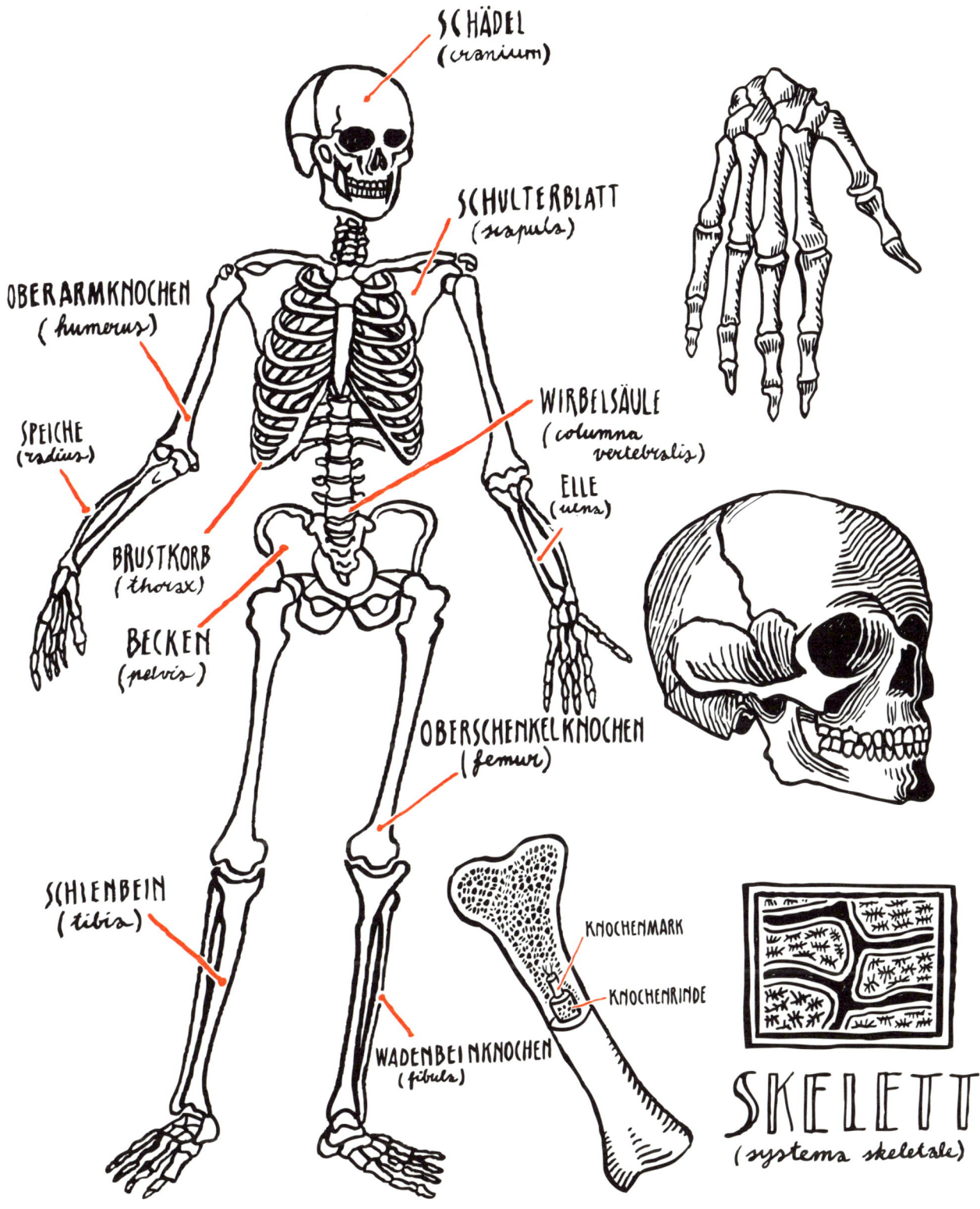

SCHÄDEL
(cranium)

SCHULTERBLATT
(scapula)

OBERARMKNOCHEN
(humerus)

SPEICHE
(radius)

WIRBELSÄULE
(columna
vertebralis)

ELLE
(ulna)

BRUSTKORB
(thorax)

BECKEN
(pelvis)

OBERSCHENKELKNOCHEN
(femur)

SCHIENBEIN
(tibia)

KNOCHENMARK

KNOCHENRINDE

WADENBEINKNOCHEN
(fibula)

SKELETT
(systema skeletale)

IN BEWEGUNG

WARUM DU DEINEN ZEH BRAUCHST, WENN DU MIT DEN HÄNDEN WINKST

Insgesamt hast du 206 Knochen in deinem Körper, über die Hälfte davon in deinen Händen und Füßen! Dort sind besonders viele sehr kleine Knochen, wie die Fingerknochen und die Fußwurzelknochen. Erinnerst du dich an den Beginn dieses Kapitels, als du mal so richtig ausflippen solltest? Dabei kamen fast all deine Knochen in Bewegung. Das liegt daran, dass sie untereinander verbunden sind. Wenn du mit den Händen winkst, werden auch die Knochen in deinen Zehen aktiviert und helfen dir, dein Gleichgewicht zu wahren. Bei einem Skelett im Biologieraum kannst du gut sehen, wie alle Knochen aneinander befestigt sind. Bis auf einen einzigen: Das Zungenbein an deinem Kehlkopf; das ist der einzige Knochen, der völlig losgelöst ist von den anderen.

Für uns sind die Knochen im Körper vollkommen normal. Aber in der Natur ist ein Skelett im Körperinneren eher die Ausnahme als die Regel. Die weitaus meisten Tiere haben ihren Panzer an der Außenseite; Krabben und Krebse zum Beispiel. Und alle Insekten. Aber viele können sich genauso leicht bewegen wie wir. Das merkt man sofort, wenn man nachts versucht, eine Mücke zu fangen.

WARUM DU DEINE KNOCHEN KNACKEN LASSEN KANNST

Bis jetzt haben wir nur über das harte Knochenmaterial gesprochen. Aber du hast auch noch Knorpel. Er stützt zum Beispiel deine Ohrmuscheln und den biegsamen Teil deiner Nase. Knorpel ist auf eine andere Art sehr stark. Er besteht zum großen Teil aus elastischem Collagen und ist deswegen das ideale Material für die Verbindung zwischen zwei Knochen. All unsere Gelenke enthalten diesen weichen Knor-

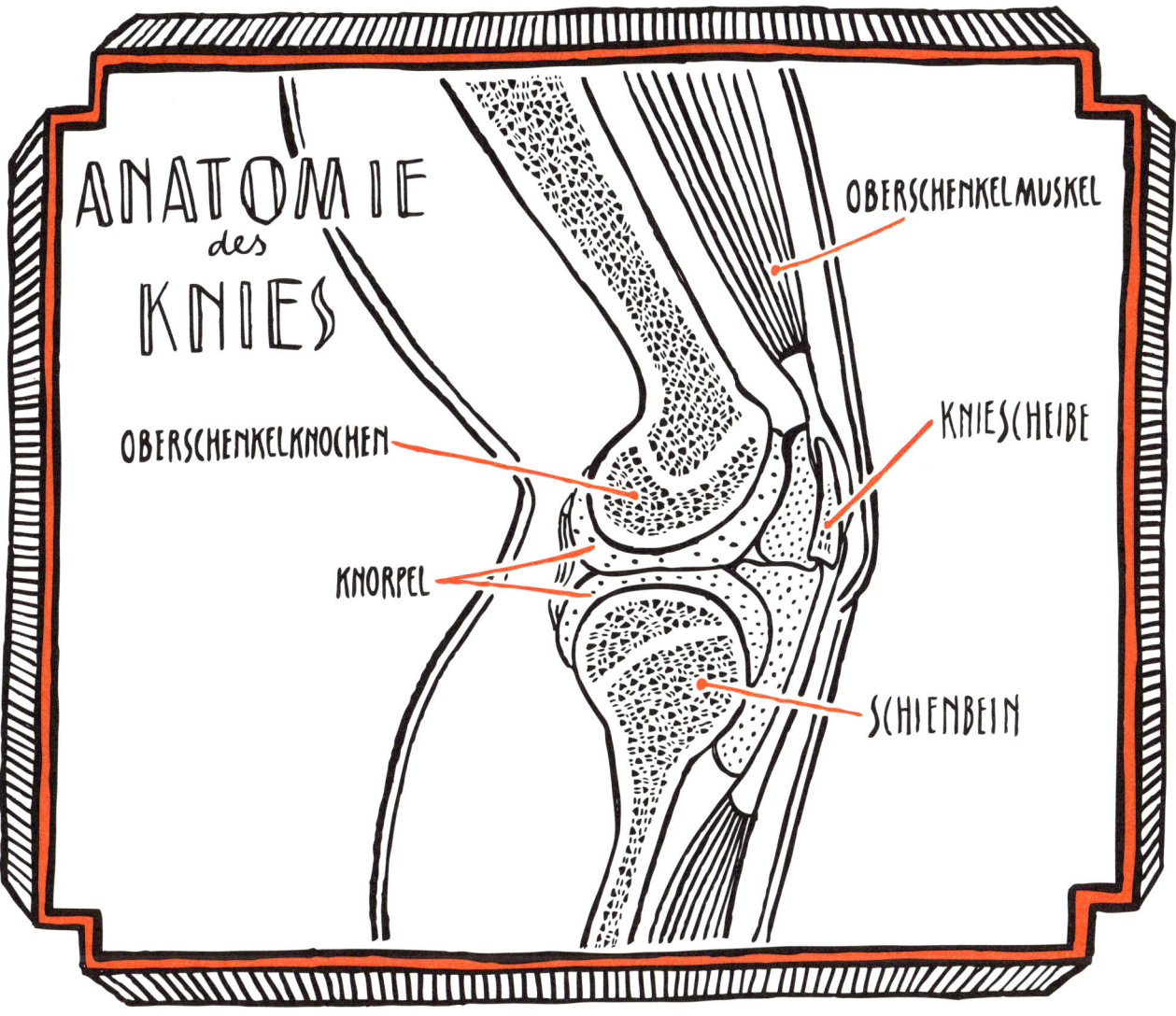

ANATOMIE des KNIES

OBERSCHENKELMUSKEL

OBERSCHENKELKNOCHEN

KNIESCHEIBE

KNORPEL

SCHIENBEIN

pel. Du findest ihn zum Beispiel an deinen Knien. Dort kommen die großen Knochen von Unterschenkel und Oberschenkel zusammen. Das gesamte Gewicht deines Oberkörpers stützt sich darauf. Und manchmal rennst und springst du ja auch mit diesem schweren Körper! Dein armes Knie muss das alles abfedern. Zum Glück ist es genau darauf ausgelegt. Nicht nur der Knorpel verhindert, dass die Knochen von Ober- und Unterschenkel aneinanderreiben, sondern auch eine Flüssigkeitsschicht, die sie auseinanderhält und als zusätzlicher Stoßdämpfer dient. Deine Gelenke verschleißen irgendwann schon, vor allem, wenn du sie stark belastest. Aber vorläufig halten sie noch eine ganze Weile.

Auch in deinen Fingern befinden sich Gelenke. Die kann man so schön knacken lassen. Viele Leute denken, dadurch nutze man die Finger ab. Aber so schlimm ist das gar nicht. Dieses Wissen verdanken wir dem Wissenschaftler Donald Unger. Der bekam als Kind von seiner Mutter zu hören, er solle nie mit den Fingern knacken. Aber ein Wissenschaftler ist ein Wissenschaftler. Und Donald Unger zog über fünfzig Jahre lang an den Fingern seiner linken Hand, um sie knacken zu lassen, doch er verschonte die Finger seiner rechten Hand. Und das Ergebnis? Kein Unterschied. Siehst du, solche Wissenschaftler braucht man!

— TEIL 10 —

ÜBERLEBEN

SCHWANGER

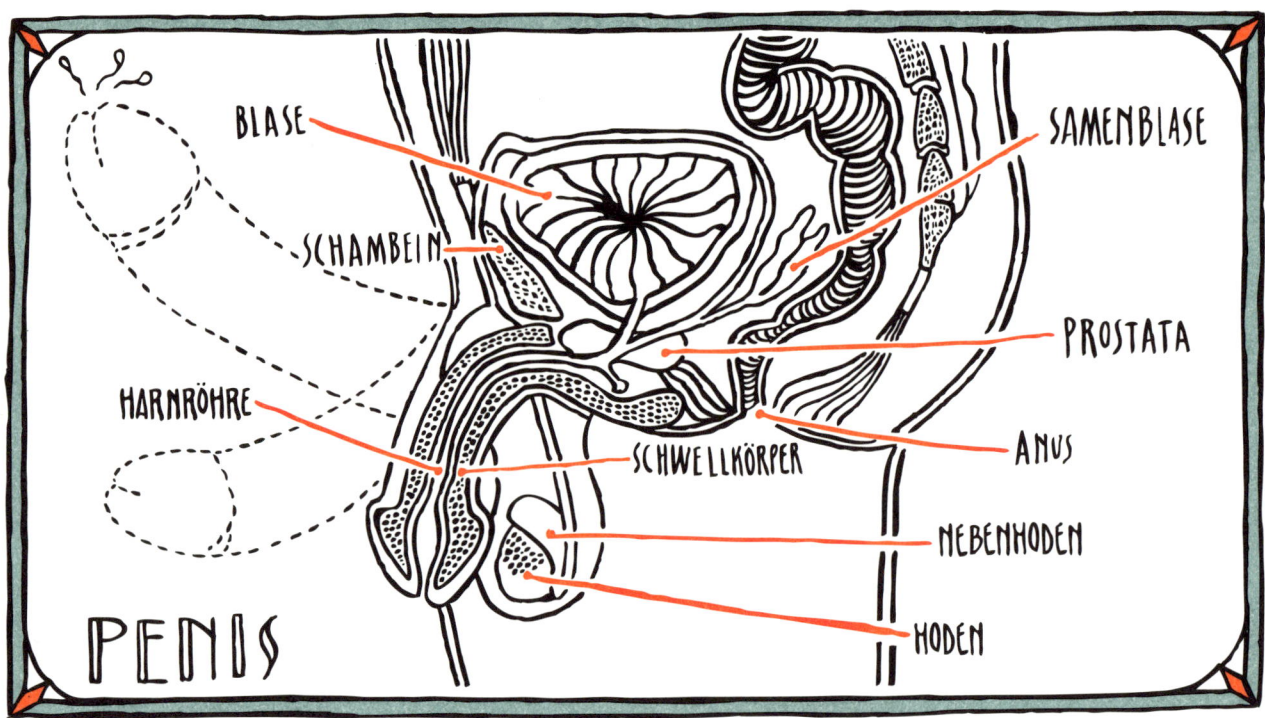

WARUM WIR WIEDER GANZ ZUM ANFANG ZURÜCKKEHREN

So, höchste Zeit, mal über Sex zu reden. Na ja, zumindest ein wenig. Denn manche Dinge kann man nicht erklären. Wie erklärt man Menschen, die ohne Elektrizität und Technik aufgewachsen sind, was WLAN ist? Wie vermittelst du einem von Geburt an blinden Menschen, wie die Gemälde von Rembrandt aussehen? Oder wie erklärt man, wie sich das genialste Gefühl anfühlt, das es gibt? Ein Gefühl, das so unvorstellbar schön ist, dass du für einen Moment an gar nichts anderes denken kannst ... Das kann man nicht erklären, das muss man erleben. Aber ich kann dir wenigstens sagen, wo du es spürst. Nämlich ausgehend von einer Stelle deines Körpers, an der Tausende von Nerven zusammenkommen, wodurch du alles noch intensiver erlebst. Wo diese Stelle ist? Yep. Da unten. Und das Gefühl heißt »Orgasmus«. Wenn

ein Mann einen Orgasmus hat, schießt aus seinem Penis eine Flüssigkeit, in der sich Hunderte von Millionen Samenzellen befinden. Auch Frauen können einen Orgasmus bekommen, aber bei ihnen gibt es keinen Samenerguss. Einen Orgasmus bekommst du nur von Sex, sei es mit einem Partner, sei es mit dir selbst (und wenn du von Sex träumst). Sex ist etwas Schönes, aber auch etwas sehr Persönliches. Er kann heftige und komplizierte Emotionen auslösen. Und nicht alles, was mit Sex zu tun hat, ist genauso fantastisch wie ein Orgasmus. Sex kann auch unangenehme Gefühle hervorrufen, zum Beispiel, weil sich Menschen dafür schämen oder weil sie dazu gezwungen werden. Darum solltest du lieber damit warten, bis du älter bist. Außerdem kann Sex weitreichende Folgen haben: Dabei kann nämlich ein Kind entstehen! Und damit sind wir wieder bei dem Kapitel »Das Rennen deines Lebens« ganz zu Anfang dieses Buchs. Wie war das da noch?

WARUM FRAUEN MÜHELOS ATTRAKTIVER SEIN KÖNNEN

Um deinem Gedächtnis ein wenig auf die Sprünge zu helfen, wiederholen wir dieses Kapitel, aber dieses Mal nicht aus Sicht der Samenzelle, sondern ausgehend von der Eizelle. Du hast schon gelesen, dass die meisten Samenzellen keinerlei Chance haben, am Leben zu bleiben. Für die meisten Eizellen gilt das ebenfalls. Die Zelle, aus der du entstanden bist, gab es schon, als deine Mutter selbst noch im Bauch ihrer Mutter, deiner Oma, war. Die ersten Eizellen sind schon nach acht Wochen entstanden. Nicht acht Wochen nach ihrer Geburt, sondern acht Wochen, nachdem sie selbst erst eine befruchtete Eizelle geworden war, und deine Mutter eher einem winzigen Weltraumwesen ähnelte als einem Baby. Im Zeitraum danach kamen hunderttausend Eizellen dazu. Es hat also eine ganze Weile gedauert, bevor eine dieser Zellen zu dir werden konnte.

Eizellen kommen aus den Eileitern im Unterbauch einer Frau. Mal aus dem linken und mal aus dem rechten. Bei jedem Eileiter befindet sich eine kleine Ansammlung von etwa einer Million Eizellen in einem Organ, das »Eierstock« heißt. Jeden Monat löst sich daraus nur ein einziges Ei, umgeben von einer dicken Schicht Helferzellen, die diese Zelle versorgen und beschützen. Die Zelle nistet sich dann in der Schleimschicht der Gebärmutter ein. Wenn sich eine Eizelle löst, nennt man das »Eisprung« und der kommt etwa 400 Mal im Laufe eines Frauenlebens vor. Mit den allermeisten Zellen passiert also gar nichts. Und wenn eine Eizelle nicht innerhalb eines Tages befruchtet wird, war das jahrelange Warten ganz umsonst. Die Zelle zerfällt dann und kann nie wieder befruchtet werden. Bemerkenswert ist, dass Männer eine Frau an den fruchtbaren Tagen attraktiver finden als sonst. Das haben verschiedene Studien ergeben, auch wenn niemand so genau weiß, wie das funktioniert. Aber die Wahrscheinlichkeit, dass in so einem Augenblick eine Samenzelle anklopft und mit der Eizelle verschmilzt, ist dadurch ein klein wenig größer.

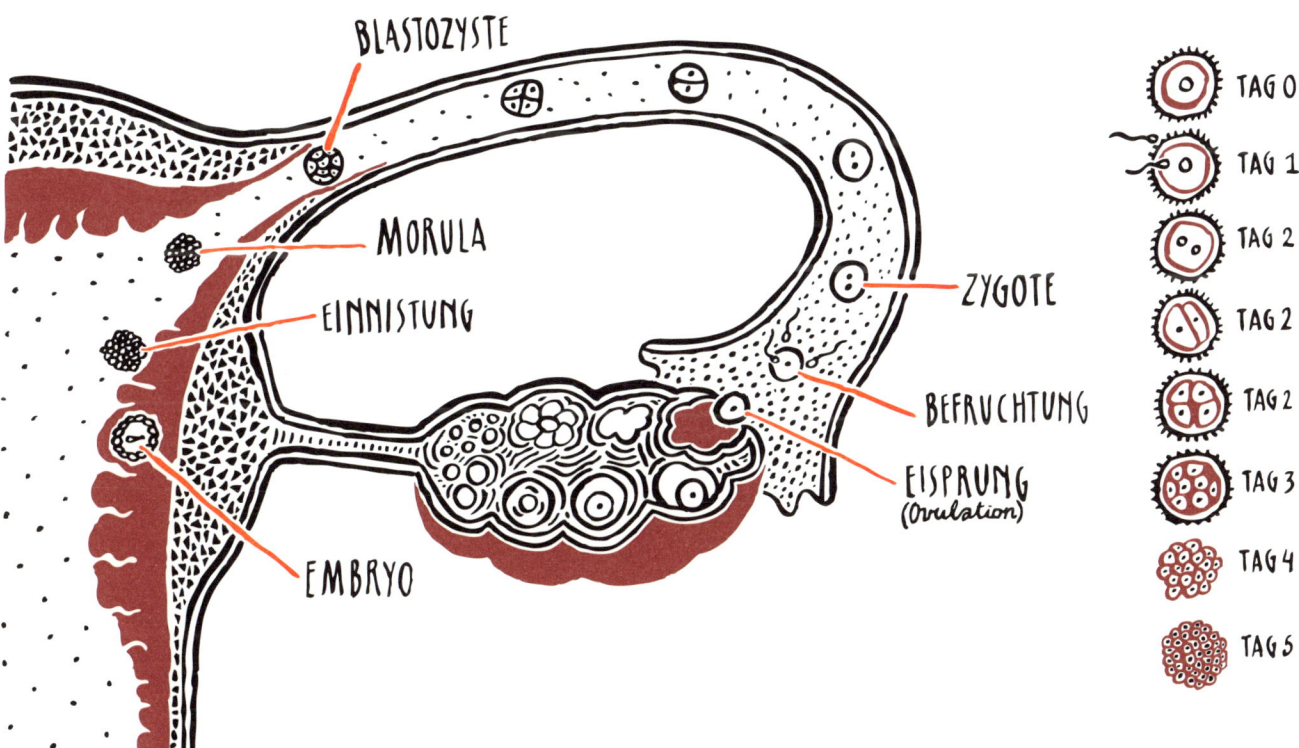

BLASTOZYSTE

MORULA

EINNISTUNG

EMBRYO

ZYGOTE

BEFRUCHTUNG

EISPRUNG
(Ovulation)

TAG 0

TAG 1

TAG 2

TAG 2

TAG 2

TAG 3

TAG 4

TAG 5

WARUM DU FERNSEHWERBUNG NICHT ALLZU ERNST NEHMEN SOLLTEST

In den meisten Fällen wird die Eizelle nicht befruchtet. Zum Glück, muss man sagen, denn sonst gäbe es auf der Erde nicht nur 7, sondern vielleicht 70 Milliarden Menschen. Die unbefruchtete Eizelle, die sich gelöst hatte, verbleibt nicht sehr lange im Körper. Nach zwei Wochen räumt der Körper auf, das gilt auch für die Schleimhaut der Gebärmutter. Die wird abgestoßen und dabei fließt auch ein wenig Blut. Dieser Prozess heißt Menstruation, Periode oder auch Regel. In Werbespots im Fernsehen wirkt das oft sehr fröhlich: Sie zeigen lachende Frauen, die während der Menstruation enge, weiße Hosen tragen. Die Wirklichkeit sieht meist anders aus. Die Periode geht oft mit Bauchschmerzen einher und während der Regel werden auch noch allerlei Hormone im Körper der Frau aktiv, die dafür sorgen können, dass sie sich nicht wohlfühlt, manchmal sogar schlecht gelaunt und leicht reizbar ist oder in eine trübselige Stimmung gerät. Und der Blutverlust ist natürlich auch ganz schön blöde und nervig.

Im alten Ägypten verschlossen Frauen ihre Vagina mit Papyrusfetzen, um zu verhindern, dass ihre Kleidung vom Blut beschmutzt wurde. Römische Frauen benutzten Wolle. Später war es in Europa ganz normal, gar nichts dagegen zu machen und einfach die Kleidung vollzubluten. Erst im Ersten Weltkrieg kamen Krankenschwestern an der Front auf die Idee, den Verbandsmull für die verletzten Soldaten als Monatsbinden zu benutzen. Die Mullfabrikanten waren darüber sehr glücklich. So konnten sie plötzlich noch viel mehr verkaufen. Heutzutage verdienen die Hersteller Milliarden an Monatsbinden und Tampons. Dank dieser Produkte ist die Menstruation für die Frauen jedoch deutlich weniger unangenehm geworden.

WARUM DAS LEBEN EINER SAMENZELLE NICHT AUF ROSEN GEBETTET IST

Wenn eine Eizelle weiterhin existieren will, braucht sie also eine Samenzelle – und damit auch Sex. Beim Sex gelangen etwa 300 Millionen Samenzellen in die Vagina einer Frau. Für die meisten Samenzellen ist es unmöglich, auf diese Weise eine Eizelle zu erreichen.

Die Eizelle ist die größte menschliche Zelle, die es gibt, Samenzellen dagegen sind die kleinsten menschlichen Zellen. Sie sehen aus wie winzige Kaulquappen mit einem riesig langen Schwanz. Der sorgt dafür, dass sie vorankommen. Nur wissen sie nicht, in welche Richtung sie müssen. Außerdem wartet die Vagina nicht gerade auf die Samenzellen – die sieht die Zellen eigentlich als Krankheitserreger. Deswegen ist ihre Wand von einer tödlichen Säureschicht bedeckt. Innerhalb einer Stunde sind die meisten Samenzellen tot. Die Überlebenden haben noch eine ziemliche Strecke vor sich – sie müssen die gesamte Gebärmutter durchqueren. Dort ist es aber nicht viel sicherer, denn es wimmelt nur so vor weißen Blutkörperchen, die sich wie hungrige Piranhas auf die Samenzellen stürzen.

Eine Eizelle mag zwar die größte existierende Zelle sein, aber sie ist noch immer winzig. Und deswegen leicht zu verfehlen. Daher sendet die Eizelle auch ein chemisches Signal aus, auf das die Samenzellen zusteuern. So lange, bis es einer der männlichen Zellen gelingt, in die Zellwand einzudringen. Augenblicklich kommt es dann zu einer anderen Reaktion, wodurch sich die Zellwand der Eizelle sofort vor anderen Zellen verschließt. Die Eizelle und die Samenzelle verschmelzen jetzt und ein neues Leben entsteht.

Nicht jedes Kind wird heutzutage auf diese Weise gezeugt. Manchmal gelingt es einem Mann und einer Frau einfach nicht, Kinder so zu bekommen, wie es hier oben beschrieben wurde. Ärzte und Mitarbeiter können dann in einem Labor eine Eizelle und eine Samenzelle zusammenbringen. Wenn du auf diese Weise entstanden bist, hast du also kein Rennen gewonnen. Aber immerhin wurdest du von Hand und von einem erfahrenen Arzt ausgesucht. Und das ist mindestens genauso außergewöhnlich!

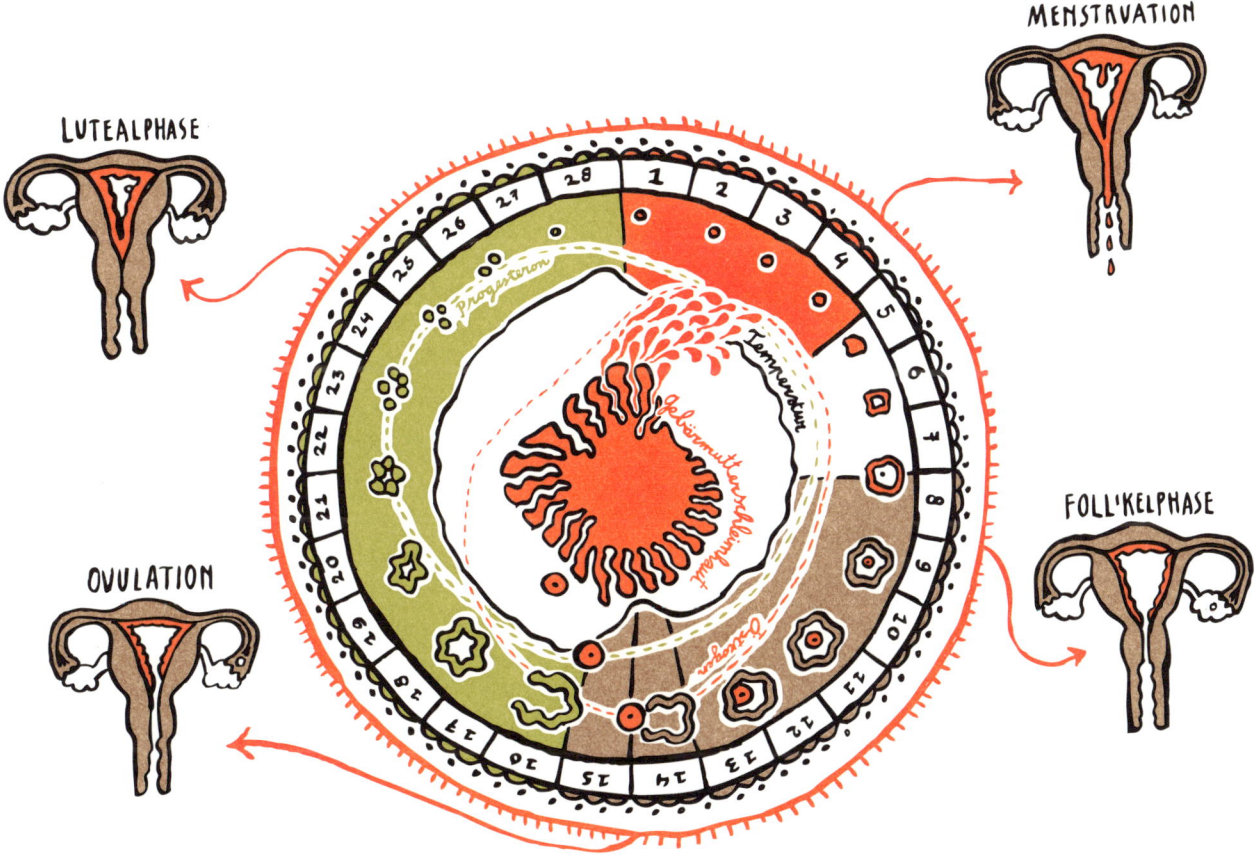

IN DER GEBÄRMUTTER

WARUM SCHON NACH EINER SEKUNDE KLAR IST, OB AUS EINER BEFRUCHTETEN EIZELLE EIN GROSSER PIANIST WERDEN KANN

Wenn Samen- und Eizelle zu einer neuen Zelle verschmelzen, passiert etwas Besonderes. Auch wenn es sich bislang nur um eine einzige Zelle handelt, ist sofort klar, ob das Kind ein Junge wird oder ein Mädchen. Genauso ist schon vorgegeben, wie das Kind später aussehen wird. Aus den Genen von Vater und Mutter ist eine neue Mischung von etwa 21 000 Genen entstanden, die jeweils zur Hälfte vom Vater und von der Mutter stammen. Vielleicht die Ohren von der Mutter, das Kinn vom Vater, die Nase von seiner Oma, der Mund von ihrem Opa – und so weiter. Ab der ersten Sekunde steht sogar schon fest, ob daraus ein großer Pianist oder ein Mathematiker werden kann. Aber dazu braucht es natürlich mehr als nur Gene. Wenn du nie mit einem Klavier in Berührung kommst, kannst du noch so viel Talent haben,

du wirst nie ein Pianist. Umgebung und Lebensumstände sind also mindestens so wichtig wie deine Gene.

Eine befruchtete Eizelle heißt Embryo. Und Embryos sind sehr verletzlich. Die Zellen teilen sich sehr langsam, sodass nach drei Tagen erst zwölf bis sechzehn Zellen da sind. Aber in den Tagen danach geht es immer schneller. Erst besteht der Embryo nur aus einem Zelltyp: den Stammzellen. Das sind Zellen, die sich zu jeder Art von Zelle entwickeln können. Schließlich entstehen etwa 200 verschiedene Typen, darunter Knochen-, Blut-, Haut- und Nervenzellen. Und während sich der Embryo verändert, passiert auch alles Mögliche bei der Mutter. So bekommt sie zum Beispiel mehr Blut und produziert mehr rote Blutkörperchen, um Sauerstoff zu ihrer Gebärmutter und dem Körper des Kindes zu schicken. Als eines der ersten Organe des Embryos können wir sein Herz sehen: Der kleine Körper ist dann gerade mal so groß wie ein Traubenkern, aber das Herz schlägt schon.

WARUM BABYS EIGENTLICH SCHON LAUFEN KÖNNEN

Vier Wochen nach der Befruchtung ist der Embryo so groß wie eine grüne Erbse und plötzlich sind zwei schwarze Punkte im Kopf zu erkennen: Daraus werden später die Augen. Während der Körper pro Tag einen Millimeter wächst, entstehen jetzt auch kleine Stümpfe, die zu Armen und Beinen werden sollen. Aber der Embryo sieht einem Menschen noch nicht ähnlich – und es kommt noch heftiger: Embryos von Schweinen und Affen sehen ganz genauso aus! Nach sechs Wochen ist er schon wieder etwas gewachsen, passt aber immer noch bequem in eine Walnuss. Nach sieben bis acht Wochen ist zum ersten Mal zu erkennen, dass aus diesem Embryo ein kleiner Mensch wird. Von dem Moment an sprechen Ärzte nicht mehr von einem Embryo, sondern von einem Fötus. Wenn der Fötus neun Wochen alt ist, wird er allmählich aktiv. Die Muskeln werden kräftiger und fangen an, sich zu bewegen. Der Fötus plantscht von Kopf bis Fuß in einer mit Wasser gefüllten Fruchtblase. Er atmet sogar ein wenig, wobei er jedoch keine Luft, sondern Flüssigkeit hereinbekommt. Das ist nicht schlimm, weil das Baby den Sauerstoff nicht über die Lunge bekommt, sondern aus dem Blut der Mutter. Zwei Wochen später macht der Fötus seine ersten Schritte. Nicht mit Schuhen und auf der Straße, sondern im Bauch der Mutter. Diese Bewegungen werden nicht vom Gehirn gesteuert, es ist ein Reflex. Bei Neugeborenen sieht man den Strampelreflex noch immer.

WARUM BABYS NICHT SOFORT GEBOREN WERDEN, OBWOHL SCHON ALLES FUNKTIONIERT

Drei Monate nach der Befruchtung besteht das Kind also aus 200 verschiedenen Zelltypen. So ungefähr alle Zellen, aus denen auch du bestehst. Nach vier Monaten fängt das Gehirn an, die Bewegungen zu bestimmen. Auch die Knochen werden immer größer und stärker. Die Augen lagen anfangs noch seitlich am Kopf, wie bei einem Vogel, stehen jetzt aber dichter zusammen. Manchmal bewegen sich die Hände zum Kopf oder zu den Beinen.

Nach fünf Monaten öffnen die Babys schon manchmal die Augen. Nicht, dass es im Bauch etwas Spannendes zu sehen gäbe, aber sie können jetzt mit den Augen blinzeln. Das Baby ist dann schon ziemlich »fertig«. Es hat sogar schon Fingerabdrücke! Das Kind muss aber noch weiterwachsen, damit es außerhalb des Bauchs überleben kann, vor allem, weil die Lunge noch nicht ganz ausgereift ist. Erst nach sechs Monaten hat das Kind eine kleine Überlebenschance. Am besten ist es aber, wenn es noch eine Weile im Bauch bleibt, um zu wachsen und kräftiger zu werden. Nach sieben Monaten funktioniert alles, wie es soll, aber das Kind ist noch immer sehr klein und verletzlich.

WARUM DIE MUTTER DEN GESCHMACK IHRES KINDES SCHON IM BAUCH BESTIMMT

Es gibt zwar wenig zu sehen oder zu hören im Bauch, aber trotzdem funktionieren die Sinnesorgane schon recht gut. Das Kind schmeckt ein wenig von der Nahrung der Mutter. Wenn die Mutter zum Beispiel Knoblauch isst, wird es den später auch mögen. Das Kind hört das Grummeln im Bauch der Mutter und laute Geräusche von außen, vor allem tiefe Brummtöne. Für ein Baby klingt das, als fände in der Ferne ein Popfestival statt. Ein Baby reagiert übrigens auch auf Musik: Bei schnellen Rhythmen regt es sich auf, und wenn es langsame klassische Musik hört, beruhigt es sich. Außerdem lutscht das Kind schon am Daumen, am linken oder am rechten. Daran kann man erkennen, ob es später Links- oder Rechtshänder wird. Die Augen funktionieren auch schon, aber ihre Farbe ist noch nicht vorherzusagen. Blaue Augen können sich durchaus noch in braune verwandeln. Erst einige Monate nach der Geburt steht die Farbe wirklich fest. Das Baby ist manchmal wach, aber es schläft auch viel und hat denselben REM-Schlaf wie wir, wenn wir träumen. Möglicherweise träumt es schon – leider können wir es nicht danach fragen.

Nach acht Monaten ist das Kind fertig und kann geboren werden, aber je länger es im Bauch der Mutter bleibt, desto gesünder wird es. Das Baby lacht jetzt auch regelmäßig. Und es hat schon alle Gehirnzellen: alle 86 Milliarden! Trotzdem ist es nicht das Gehirn, das bestimmt, wann das Kind geboren wird, sondern die Lunge. Wenn die fertig ist, ist auch das Kind startklar. Aus der Lunge stammt ein Hormon, das den Augenblick der Geburt bestimmt. Die Lunge ist sehr wichtig, denn schon gleich nach der Geburt muss sie aktiv werden. Die Flüssigkeit muss raus aus den Lungenflügeln und der Sauerstoff hinein. Kaum außerhalb des Bauches, ist das bequeme Dasein vorbei. Zum ersten Mal erfährt das Kind Schmerzen, Hunger und Kälte. Das Lachen vergeht ihm daher auch für eine Weile. Erst vier Wochen nach der Geburt kann es wieder so fröhlich lachen wie im Bauch.

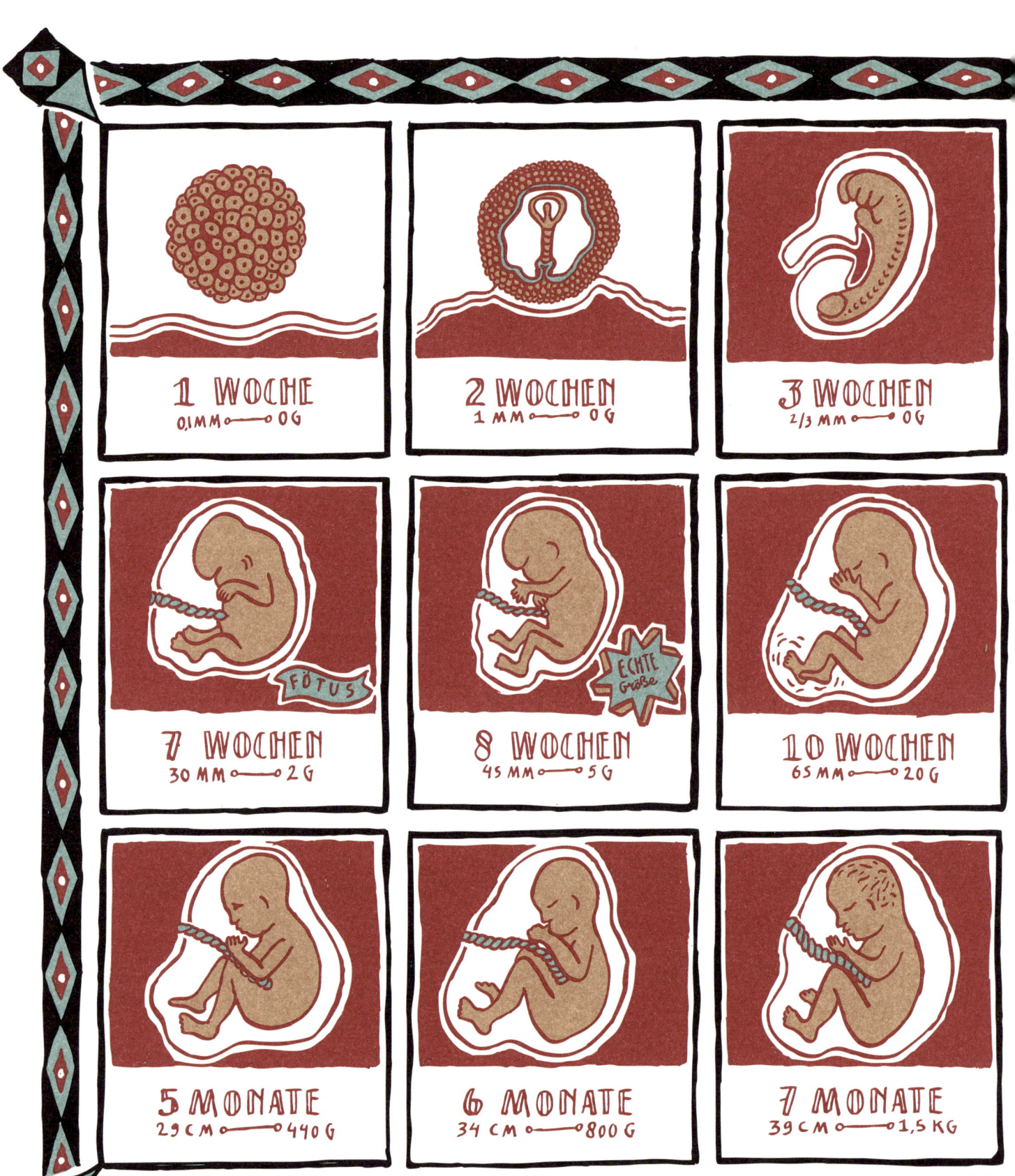

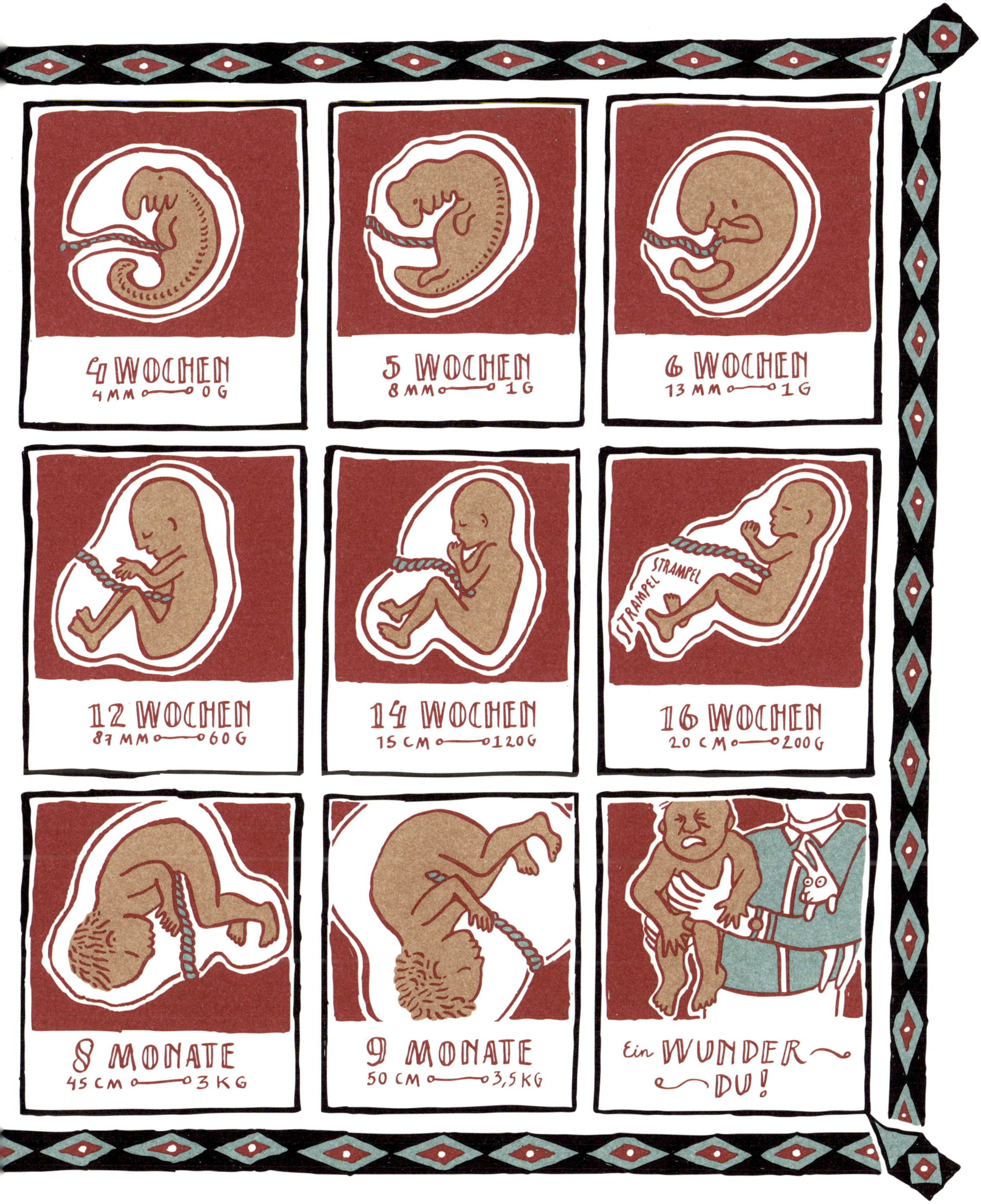

4 WOCHEN
4MM ○———○ 0G

5 WOCHEN
8MM ○———○ 1G

6 WOCHEN
13MM ○———○ 1G

12 WOCHEN
87MM ○———○ 60G

14 WOCHEN
15CM ○———○ 120G

16 WOCHEN
20CM ○———○ 200G

STRAMPEL
STRAMPEL

8 MONATE
45CM ○———○ 3KG

9 MONATE
50CM ○———○ 3,5KG

Ein **WUNDER** — DU!

IN DER ZUKUNFT

WARUM TOT SEIN NICHT SO SCHLIMM IST

Anfangs warst du also eine Zelle, die zu dem heran-wuchs, was du jetzt bist. Unterdessen teilen sich deine Zellen immer weiter, damit du noch größer und stärker wirst. Solange du lebst, werden sich deine Zellen immer weiter teilen. Die meisten Zellen, die sich teilen, werden eine Kopie ihres Vorgängers. Nur kann bei all den Zellteilungen schon mal etwas schiefgehen. Meistens ist das eine Kleinigkeit ohne allzu große Folgen. Du kannst es mit einem Stäubchen vergleichen, das einen Punkt hinterlässt auf einem weißen Blatt, das du kopierst. Das Blatt bleibt auf den folgenden Kopien größtenteils weiß, nur dieser eine Punkt geht nicht mehr weg. Leider kommen im Laufe der Zeit immer mehr solcher Punkte hinzu. Vor allem, wenn siebzig Jahre und länger kopiert wird …

Dasselbe gilt für die Fehler in deinen Zellen. Diese Zellen werden schließlich immer weniger gut funktionieren. Damit bekommt es jeder zu tun, der alt wird: Die Haut wird faltig, die Muskeln werden schwächer, Knochen brüchiger und so weiter. Daneben gibt es auch noch Zellen und Körperteile, die sich nicht erneuern, wie deine Gehirnzellen, die Netzhautzellen und die Zähne. Darum sehen Ältere oft schlechter und ihr Gedächtnis kann nachlassen.

Zum Schluss funktioniert unser Körper so schlecht, dass das Unvermeidliche geschieht: Du stirbst. Tot sein ist übrigens gar nicht so schlimm. Denk doch mal an die Zeit, bevor du geboren wurdest. Fandest du die so unangenehm? Nein, oder? Es gab dich nicht, also konntest du dich auch nicht selbst vermissen. Wenn du tot bist, ist das ganz genauso. Außerdem gibt es viele Menschen, die an ein Leben nach dem Tod glauben. Wenn sie recht haben, stirbst du also nicht wirklich. Dennoch ist der Tod eines Menschen für diejenigen schlimm, die zurückbleiben. Für Freunde und Familie. Und auch wenn Totsein vielleicht nicht so schlimm ist, das Sterben ist es manchmal schon. Also lasst uns vor allem noch eine Weile leben, einverstanden? Nur … wie geht das?

WARUM NICHT ALLE HUNDERTJÄHRIGEN IN EINEM SENIORENHEIM SIND

Es wurden schon jede Menge Untersuchungen angestellt, um herauszufinden, wie lange wir am Leben bleiben können. In einer der Studien wurden Menschen über hundert erforscht. Das führte zu interessanten Ergebnissen. Wenn du hundert werden willst, solltest du dir am besten Eltern aussuchen, die alt werden. Alt werden liegt nämlich in der Familie. Genau wie ein Schachtalent oder die Veranlagung für Schweißfüße. Manche Familien haben starke Gene, mit denen man sehr lange lebt. Andere Familien haben Pech. Aber ich fürchte, es ist sowieso schon zu spät, dir jetzt noch Eltern auszusuchen.

Was kannst du stattdessen noch tun? Zuallererst: Stress vermeiden. Viele über Hundertjährige führen ein ruhiges Leben. Oft sind es Bauern oder Fischer, die sich nicht von Aktienkursen, Gewinnen oder der Anzahl der »Gefällt-mir«-Klicks auf Facebook aufscheuchen lassen. Sie bleiben aber dennoch in Bewegung und arbeiten weiter, auch nach ihrem neunzigsten Geburtstag. Sie machen einfach die Sachen, die alle machen. Die alten Leutchen sitzen auch nicht in einem Seniorenheim, sondern leben ganz normal zu Hause. Sie rauchen nicht und außerdem essen sie gesund. Nicht zu viel Fleisch oder gar keins. Viel Obst und Gemüse und viel Olivenöl. Manchmal ein wenig Fisch und Soja. Und sie essen vor allem nicht zu viel. Aus verschiedenen Studien geht hervor, dass Tiere, die weniger fressen, ein gutes Stück älter werden. Für Menschen gilt wahrscheinlich dasselbe.

WARUM DU MIT 120 VIELLEICHT FITTER BIST ALS JETZT

Aber wenn du Pech hast und aus einer Familie stammst, in der man nicht so alt wird? Dann kannst du immer noch auf die Medizin vertrauen. Zurzeit gibt es zwar allerlei tödliche Krankheiten, für die man noch keine Medikamente gefunden hat. Aber die Ärzte werden immer klüger. Krankheiten, die uns heute bedrohen, sind in zehn oder zwanzig Jahren vielleicht schon heilbar. Es gibt sogar Menschen, die glauben, wir könnten eines Tages ewig leben – wenn wir nicht unter einem Felsblock begraben oder von einem Hai gefressen werden. Sie glauben nicht nur, dass die Ärzte in den kommenden Jahren immer mehr Krankheiten heilen können, sondern auch, dass es eine Methode geben wird, Krankheiten zu verhindern. Zum Beispiel, indem wir dafür sorgen, dass sich unsere Zellen nicht mehr falsch teilen. Dann bist du mit 120 kein klappriger Senior oder eine Seniorin, sondern so gesund wie heute ein Vierzigjähriger.

Mediziner arbeiten auch intensiv an Lösungen für nicht mehr funktionstüchtige Körperteile. Sie ersetzen sie zum Beispiel durch ein künstliches Herz oder künstliche Nieren. Oder sie suchen nach einer Methode, wie man ein neues Körperteil mithilfe eigener Zellen züchtet. Es gibt schon Menschen, die mit einem Roboterarm herumlaufen, der von ihrem Gehirn gesteuert wird, oder mit einer Blase, die aus ihren eigenen Zellen gezüchtet wurde. Wie wäre es mit einer Hand, die nach einem Unfall neu anwächst? Geht das? In Zukunft vielleicht schon ...

WARUM WIR IN ZUKUNFT VIELLEICHT NICHT MEHR STERBEN MÜSSEN

Bei jedem gesunden Menschen heilen Wunden von selbst. Aber wenn du dir einen Arm absägst, wächst der nicht einfach wieder nach. Trotzdem geschieht das bei einigen Tieren! Eine Eidechse kann ihren Schwanz verlieren und ihr wächst ein neuer. Seesterne können sogar mehrere Arme verlieren, die wieder nachwachsen, wenn auch manchmal kürzer. Wahr-

scheinlich könnten sogar Menschen diesen Trick lernen. Das Geheimnis steckt in einer Kombination aus Spezialzellen und einem Pulver, das aus »extrazellulärer Matrix« gemacht ist. Extrazelluläre Matrix ist das Material, das sich zwischen deinen Zellen befindet, und die Spezialzellen heißen Stammzellen. Diese können sich so teilen, dass genau der Zelltyp daraus wird, den dein Körper braucht.

Mit den Stammzellen und der extrazellulären Matrix ist es bereits gelungen, eine verlorene Fingerkuppe neu wachsen zu lassen. Mit Fingernagel und sogar mit exakt demselben Fingerabdruck wie vorher. Ärzte experimentieren jetzt bei Soldaten mit schweren Beinverletzungen. Die Ergebnisse sind verblüffend. Diese Heilmethode gibt es erst seit ein paar Jahren, wir dürfen in der nächsten Zeit wohl noch einiges aus dieser Richtung erwarten. Die ersten Fernsehgeräte und Computer funktionierten schließlich auch noch nicht perfekt. Aber du kannst sicher sein, dass auf medizinischem Gebiet noch viele Fortschritte erzielt werden, bis du siebzig bist.

Vielleicht bekommen die Menschen, die glauben, dass wir in Zukunft nicht mehr krankheits- oder altersbedingt sterben werden, ja doch noch recht. Bloß ... wo sollen dann all diese Menschen bleiben? Wir sind ja jetzt schon 7,3 Milliarden! Daran werden wir in der Zukunft noch lange zu knabbern haben.

DANKSAGUNG

Ich bin Autor, kein Biologe oder Mediziner. Alle Informationen in diesem Buch stammen daher aus Büchern von Menschen, die wirklich etwas vom menschlichen Körper verstehen, viel mehr als ich. Diesen Experten habe ich viel zu verdanken. Aber noch viel mehr Dank schulde ich den Ärzten und Sachverständigen, die ich interviewen durfte, die meine Texte auf Fehler durchsahen und sie mit noch viel mehr Wissenswertem ergänzten oder mir auf eine andere Weise halfen.

Ein großes Dankeschön daher an: Esther Nielen, Gerard Kerkhof, Bruno Loos, Dick Swaab, Tjeerd de Faber, Ellen de Jong, Jeanine Roeters van Lennep, Sweder van de Poll, Geraldine Schutten, Ingrid Seitz, Martin Meijer, René de Wijk, Gertrude Zeinstra, Annemarie Mulders, Bibi Dumon Tak, Claire Loots und Elisabeth de Haas van Dorsser.

REGISTER